JN427557

교육학개론

이 책은 저작권법에 따라 보호받는 저작물이므로 무단전재와 무단복제를 금지하며, 이 책 내용의 전부 또는 일부를 이용하려면 반드시 저작권자와 동문사의 서면동의를 받아야 합니다. 무단전재나 무단복제 행위는 저작권법 제136조(벌칙)에 의거, 5년 이하의 징역 또는 5천만 원 이하의 벌금에 처하거나 이를 병과할 수 있습니다.

Introduction to Education

안영진·고연경 공저

교육학개론

동 문 사

교육이란 무엇인가에 대한 여러 가지 관점이 존재함에도 불구하고 교육이란 인간의 행동을 바람직한 방향으로 변화시키기 위한 계획적이고 의도적인 활동이라는 관점에는 재론의 여지가 없다.

교육학개론은 교육의 현상과 교육이론을 이해하는 데 필요한 기초 개념과 방법에 대한 개론서이다. 따라서 예비교사에게 있어 전문적인 교육학이라는 분야에 대한 기초라고 할 수 있다. 교육학은 교육에 관한 다양한 문제를 연구하는 학문으로 철학, 역사, 사회학, 심리학, 수업, 평가 등의 학문적 접근으로 이루어진다. 이러한 이유로 예비교사들에게 있어 교육학개론은 그 양이 방대하고 광범위하여 자칫 지루하고, 재미없는 과목으로 생각되기 쉬운 것도 사실이다. 그래서 본서는 예비교사들은 물론, 교육학을 처음 접하는 모든 사람들에게 조금은 쉽게 읽히도록 노력을 아끼지 않았다. 교재의 양에 대해서도 30여 년간 교직에 몸담으면서 필자가 직접 체험하고 느꼈던 모든 이론과 내용을 싣고 싶었음에도 불구하고, 반드시 익혀야 하는 내용을 중심으로 가능한 한 이해하기 쉬우면서 교육학의 여러 분야에 대해 생각해 볼 수 있도록 기술하였다.

대학에서 사용하는 교재는 가르치는 사람이 학습자에게 어렵고 복잡한 현상과 실제를 간결하고 쉽게 전달할 수 있게 기술되어야 한다. 단지 교육학에 대한 학문적 이론을 쉽게만 이해시키고자 한 것이 아니라, 학문적이고 논리적인 관점 역시 살피되, 교육현상에 대한 다양한 현상과 문제점의 제기 등을 현실감 있게 사고할 수 있도록 하였다. 그리하여 학생들과 '교육이란 무엇인가?', '교육을 어떻게 실천할 수 있는가?', '교사로서 어떠한 노력과 준비를 해야 하는가?'에 대하여 스스로 끊임없이 질문하고 답을 찾아갈 수 있도록 조직하고 정리하였다.

이 책은 총 12장으로 구성하였다.

각 장에는 수업 전 목표기술과 수업 이후 수업내용에 대한 이해 확인을 위하여 질문지를 제공하고 스스로 자신의 이해 정도를 점검할 수 있도록 하였다. 제1장 교육의 기초, 제2장 교육의 역사적 기초, 제3장 교육의 철학적 기초, 제4장 교육의 심리학적 기초, 제5장 교육의 사회학적 기초, 제6장 교육과정, 제7장 교수-학습, 제8장 교육평가, 제9장 생활지도 및 상담, 제10장 교육공학, 제11장 교육행정, 제12장 교직과 교사로 구성되어 있다.

집필하고 보니 부족한 점이 많고, 막상 출판하려니 아쉬운 부분도 많다. 다음 집필 시에는 좀 더 연구하고, 많은 분들의 조언을 수용하여 더 발전된 모습을 보이고자 한다.

바쁜 일정에도 흔쾌히 출판을 허락해 주신 동문사 사장님과 편집부에 감사를 드린다. 특히 항상 나의 버팀목이 되어 주는 가족과 나를 아껴 주는 모든 분들께 감사의 마음을 전하고 싶다.

2018년 봄을 기다리며...
행원동산에서 대표 저자 안영진

CONTENTS

Chapter 01

교육의 기초

교육목표

- 교육의 어원을 이해하고, 교육의 본질적 속성을 파악할 수 있다.
- 교육의 다양한 정의를 이해한다.
- 교육의 목적을 이해한다.
- 교육의 3요소 및 교육의 장(場에)서 3요소의 상호작용을 이해한다.
- 교육의 다양한 형태를 이해한다.

1 교육의 의미

1) 어원으로 본 교육

(1) 동양적 어원

교육(敎育)이라는 한자어를 살펴보면, 敎育은 가르칠 교(敎)와 기를 육(育)으로 구성되어 있다. 가르칠 교(敎)는 다시 본받을 효(孝), 아들 자(子), 칠 복(攴)으로 나뉜다. 따라서 가르칠 교(敎)의 의미는 부모나 교사가 손에 막대기를 들고 자식이나 학생에게 그들을 본받게 한다는 뜻이다. 위에서 베푼 바를 아래에서 본받는다는 의미는 학습자 스스로 성인을 모방해 가거나 교사가 바람직한 방향으로 이끌어 간다는 의미를 내포한다. 즉, 가르칠 교(敎)는 윗사람이 베푸는 바와 아랫사람이 본받는 바를 의미한다. 기를 육(育)은 아들 자(子)와 살(사람의 몸, 동물의 살) 육(月 : 肉)으로 구성되어 자식에게 살을 붙여 성장시킨다는 의미로서 부모가 자식을 따뜻한 가슴에 안아서 선한 행동을 할 수 있도록 조장해 나간다는 뜻이다. 이를 합쳐 교육(敎育)은 '윗사람이 베풀고 아랫사람은 본받는다'라는 의미와 미성숙자를 '사랑과 관심으로 기른다'는 의미로서, 성숙한 부모나 교사가 미성숙한 자녀나 학생에게 솔선수범하여 착하게 사는 모습과 가치 있는 것에 대하여 가르치고, 자녀나 학생들은 그것들을 본받고 배우는 것으로 이해하였다.

글자를 통해 살펴본 동양 교육의 어원은 모두 교사, 부모, 어른이 교육의 주도적 역할의 주체로서 능동적이고 적극적인 역할을 하며, 학생, 자녀, 아동은 수용 및 양육되어야 할 존재로서, 윗사람의 가르침을 따르는 수동적인 존재의 의미를 가진다. 이처럼 교육의 동양적 어원에는 윗사람이 아랫사람에게 무엇인가 가르치고, 아랫사람은 윗사람의 가르침을 받아들이는 수직적인 관계에서 나오는 교육관이 강하게 스며들어 있다.

(2) 서양적 어원

교육의 서양적 어원은 영어의 페다고지(pedagogy)와 에듀케이션(education)에서 찾아볼 수 있다. 페다고지는 '어린이(paidas)'와 '이끈다(agogos)'의 두 가지 단어가 합쳐진 라틴어 'paidagogos'에서 유래하였다. 에듀케이션(education)은 밖을 의미하는 'e'와 양육하다(ducare), 꺼내다 · 이끌어내다(ducere)로 구성된다. 따라서 부모나 교사가 자녀나 아동을 가르치고 양육한다는 의미와 아동의 잠재적 능력이 잘 발현될 수 있도록 이끌어 내는 일이라는 두 가지 의미를 동시에 가지고 있다. 즉, 서양에서 교육(教育)이란 성숙한 인간이 부모와 같은 마음으로 한편으로는 지도와 모범을 통하여 미성숙자를 외적인 가치들로 이끌고, 다른 한편으로는 격려와 관심을 통하여 미성숙자의 능력과 잠재되어 있는 가능성들이 발현되도록 하는 활동이라 할 수 있다.

2) 교육에 대한 정의

'교육'을 정의한다는 것은 쉽지 않은 일이지만, 교육을 정의하는 공통적인 견해에 따라 '기능적 정의', '규범적 정의', '조작적 정의'로 구분할 수 있다.

(1) 기능적 정의

교육에 대한 기능적 정의는 교육을 '무엇을 이루기 위한 수단이나 도구'로 규정하는 것이다. 교육의 가치판단을 기능적 관점에서만 객관적으로 기술하고 서술하고자 하는 것이다. 기능적 정의에 따라 '교육'을 정의해 보면 다음과 같다(김희수 · 최정선 · 홍성훈, 2014/2017).

> '교육은 국가 · 사회 발전을 위한 수단이다'
> '교육은 경제 발전에 필요한 수단이다'
> '교육은 전통 문화의 계승 및 발전 수단이다'
> '교육은 개인의 사회적 출세를 위한 수단이다'

(2) 규범적 정의

교육에 대한 규범적 정의는 기능적 정의와는 반대 입장으로 교육의 궁극적 목적을 고려하여 규정하려는 것이다. 규범적 정의로서 교육은 국가·사회적 차원 그리고 개인적 차원에서 전인적 인격완성이나 자아실현이라는 내재적 가치의 실현을 중요한 목표로 한다. 규범적 정의에 따라 '교육'을 정의해 보면 다음과 같다(김희수 외, 2014/2017).

> '교육은 영원한 진리로의 접근 과정이다'
> '교육은 인간을 인간답게 형성하는 과정이다'
> '교육은 민주적 시민이 갖추어야 할 자질을 함양하는 과정이다'

(3) 조작적 정의

교육에 대한 조작적 정의는 교육을 기술적(記述的) 또는 조작적(操作的) 관점에서 설명하고자 하는 것이다. 즉, '교육'을 조작적으로 정의하기 위해 교육이 일어나는 현상을 기술하는 것이다. 어떤 활동이나 계획을 실시한 후 그 결과를 통해 인간행동의 변화가 이루어졌다면 그 활동은 교육이 되는 것이고, 그렇지 못할 경우 교육이 아니라는 것이다. 조작적 정의로서 '교육'을 정의해 보고, 주요 용어에 대한 설명은 다음과 같다.

> '교육은 **인간행동**의 **계획**적 **변화**이다' (정범모, 1995)

❶ '인간행동'의 개념

교육은 인간을 대상으로 하는 실천적 활동이다. 인간을 좀 더 분석적으로 파악하고, 동시에 교육이 다루는 인간의 개념을 보다 분명히 하기 위하여 사용하는 개념이 '행동' 내지 '인간행동'이다. 여기서 말하는 '행동'이란 뛰고 말하고 우는 등 겉으로 나타난 행동만을 의미하지는 않는다. 지식, 사고, 가치관,

동기체제, 성격특성, 자아개념 등 이른바 내면적이고 보이지 않는 행동이나 특성까지 미친다. 따라서 이런 내면적인 것은 보다 일반적인 것도 된다는 견지에서 '행동' 대신 '행동형' 또는 '행동특성'이라는 개념을 쓰기도 한다.

❷ '변화'의 개념

'변화'란 육성, 조성, 양육, 계발, 교정, 개선, 성숙, 발달, 증대 등을 포함하는 포괄적인 개념이다. 교육은 인간행동의 변화, 즉 그 육성이나 교정, 개선에 관심을 갖는다. 교육은 이런 성장, 발달, 조성 등 변화의 길이 개인에게 선천적으로 결정되어 있지 않다고 전제하는 데서 출발한다. 왜냐하면 교육은 인간행동이 자연적으로 변화해가는 것에 관심이 있는 것이 아니라 그것을 의도적으로 변화시키는 데에 있기 때문이다.

❸ '계획'의 개념

'계획'이란 기르고자 하는 또는 길러야 할 인간행동에 관한 명확한 교육목적이 있다는 말이다. 길러야 할 인간행동으로서의 교육목적에 관한 명확한 의식이 없거나, 이론적으로나 실증적으로 아무런 교육계획이 없다면 거기에는 교육이 없다고 말할 수 있을 것이다.

종합적으로 교육에 대한 동양과 서양의 어원의 의미는 용어에 있어서 개념적 차이가 조금씩 있지만, 미성숙자에 대한 성인과 사회의 적극적 노력이 포함되어 있다는 공통점이 있다. 즉, 교육이란 자연적인 상태에 있는 미성숙자인 피교육자를 이끌어 그들의 잠재가능성을 교육자인 어른들이 교육을 통해 계발시켜 이상적인 상태로 나아가도록 하는 과정이다.

2 교육의 목적

교육의 목적은 교육의 방향성을 제시해 주고, 교육을 통해 무엇을 가르쳐야 하는지와 관련된 교육내용을 선택하게 하며, 교육의 효과를 검증하는 평가와 관련하여 평가내용의 기준을 마련해 준다. 즉, 교육목적에 따라 교육활동을 통해 형성하고자 하는 인간상이 달라질 뿐 아니라 선정하는 교육내용과 교육평가의 기준에도 차이가 있을 수밖에 없다(김민한 등, 1999).

교육의 목적은 정치적 목적, 경제적 목적, 사회적 목적으로 구분할 수 있으며, 또 다른 하나는 내재적 목적과 외재적 목적으로 구분하는 것이다. 교육의 정치적 · 경제적 · 사회적 목적을 살펴보면 다음과 같다.

1) 정치적 목적

교육은 미래시민 양성, 정치체제의 안정 그리고 정치체제를 구체화한다. 이는 교육제도나 교육활동이 정치조직의 특성에 따라 달라진다는 것을 의미한다. 따라서 교육의 정치적 목적은 집권층이 누구인가에 따라 달라진다. 능력 중심, 엘리트 중심의 정치지도자와 관료양성은 교육의 중요한 정치적 목적 중 하나이다. 즉, 교육은 사회구성원들이 보편적으로 공유할 가치를 형성하여 정치적 사회화(political socialization)를 겪게 하며, 이를 통하여 사회의 질서를 유지한다.

2) 경제적 목적

교육은 학생의 능력과 적성에 따라 실행되어 개인의 미래 직업, 사회경제적 지위와 일정한 교육제도를 이수한 자에게 소득 정도를 예언해 주기도 한다. 교육은 사회구성원을 사회화시키고, 그에 상응하는 보상과 지위를 부여해줄

뿐 아니라 사회구성원 각자의 능력과 관심에 적합한 직업을 선택할 수 있게 하는 제도적 장치의 기능을 한다. 이는 교육의 목적이 국가의 경제 성장과 부를 증대시키고, 기술 개발을 촉진시키는 것임을 나타낸다.

3) 사회적 목적

교육의 과정은 사회현상의 여러 요소로부터 영향을 받는 동시에 사회현상에 영향을 주기도 하며, 이를 교육의 사회적 목적이라고 한다. 교육은 사회가 유지 발전될 수 있도록 사회적 안정을 제공하고, 사회 발전의 방향을 제시하며, 사회 개혁을 시도한다. 즉, 사회는 교육을 통하여 사회구성원들이 우리 사회의 산물, 이념, 이상, 관습, 전통 등을 알고 습득하게 함으로써 그 사회의 안정을 유지시켜 나가는 수단인 사회화의 보수적 기능과 사회를 변화, 개혁시키는 사회화의 진보적 기능을 하게 한다.

교육의 목적은 크게 내재적 목적(intrinsic aim)과 외재적 목적(extrinsic aim)으로도 구분된다. 교육의 내재적 목적은 교육 자체에 내포되어 있는 가치와 의미이며, 외재적 목적은 교육이 어떤 목적을 달성하거나 가치 실현을 위한 수단이나 도구로 활용되는 것을 말한다.

4) 내재적 목적

교육의 내재적 목적은 교육활동을 벗어나서는 존재하지 않으며, 교육 그 자체로서 의의가 있다고 본다. 교육의 내재적 목적에 포함되는 내용으로는 지적 창의성, 이해관계를 초월한 호기심, 지적 희열과 열정, 지적 정직성, 정확성, 근면, 지적 우아, 논증에 따른 기질, 진리와 정의에 대한 사랑, 세계와 우주를 이해하는 포용성으로서의 지적 영역과 사물을 이치에 맞게 생각하는 능력이나 성향으로서의 합리성 그리고 자기를 스스로 규제할 수 있는 자율성, 선, 절제, 관용, 우정, 사랑, 동정과 같은 도덕적 덕목, 예술을 통한 아름다운 영혼의

육성과 조화로운 인간의 삶을 지향하는 심미적 덕목이 있다. 교육의 내재적 목적으로서의 지적, 정의적, 심미적 영역과 합리성, 자율성은 오랜 기간 교육과정을 통한 내면화가 있어야만 얻을 수 있다(김진한, 2007 ; 이병승 등, 2008).

5) 외재적 목적

교육의 외재적 목적은 교육을 실시한 후 실제적 이득과 함께 가치실현으로서의 가시적인 효과들을 바로 확인할 수 있다는 장점 때문에 즉시적 목적 또는 실제적 목적이라 부르기도 한다(이병승 등, 2008). 외재적 교육목적의 매력은 개인의 생계를 위한 수단을 성취 가능하도록 하며, 국가를 위한 인재의 배출이 국가의 발전을 가져왔다는 결과적 평가, 교육을 받음으로써 얻게 되는 사회적 평판과 지위의 상승 등을 들 수 있다. 이는 교육을 받고자 하는 동기뿐 아니라 피교육자 간의 경쟁을 불러 일으켜 사회 발전을 가져오기도 한다. 이러한 교육의 외재적 목적은 교육의 수단화를 정당화시키고 있다(김진한, 2007; 이병승, 2008).

이상에서 살펴본 교육의 내재적 목적과 외재적 목적은 어느 것이 우선한다고 단정적으로 말할 수 없다. 이 두 가지는 이론적, 철학적 구분이지 실제로는 명확하게 구분짓기 어렵다. 김진한(2007)과 이병승 등(2008)은 교육목적의 우선성에 대해 교육학자들은 평생 학습자를 교육받게 한다는 측면에서 내재적 목적이 우선 실현되기를 원하지만, 대부분의 사람들은 현실적인 이유로 외재적 목적을 선호한다고 설명하고 있다.

교육이 내재적 목적이나 외재적 목적의 어느 한 가지만을 추구할 것이 아니라 내재적 목적과 외재적 목적이 필요에 따라 적절하게 달성될 필요가 있다. 그러나 궁극적으로는 교육의 내재적 목적을 달성할 때 직업, 사회적 지위, 부, 명예, 국가 발전과 같은 외재적 목적이 부수적으로 저절로 달성될 수 있어야 한다고 본다. 왜냐하면 외재적 목적을 실현한 많은 사람 중에 인격적으로 부족하거나 덕과 인품을 찾아볼 수 없는 극단의 사람도 있기 때문이다. 그러므로 교육의 내재적 목적을 추구하는 노력들이 개인의 품성을 함양하게 될 때, 삶을 바라보는 높은 질적 수준의 사회 분위기를 가져올 뿐 아니라 더불어 성장 발전하며 살아가는 이상적인 사회로 나아가게 할 것이다.

표 1.1 ● 교육의 내 · 외재적 목적

내재적(본질적) 목적	외재적(수단적) 목적
• 교육과정이나 교육개념 속에 존재하는 목적	• 교육활동 외부에 존재하는 목적
• 교육활동 그 자체가 목적	• 교육활동은 목적 달성을 위한 수단(도구)
• 합리성의 발달, 지식의 형식 추구, 비판적 사고의 발달, 자율성 신장, 도덕적 탁월성, 미적 경험의 발달, 자아실현, 인격 완성 등	• 국가발전, 경제성장, 사회통합, 직업 준비, 생계 유지, 출세, 입시 수단 등
• 현실 그 자체를 중시	• 미래 생활 대비를 중시
• 교육의 가치지향적 입장 중시	• 교육의 가치중립적 입장 중시

출처 이선화(2017) 上. p.72-73 재인용.

3 교육의 구성 요소

일반적으로 교육활동이 이루어지는 장면을 생각해 보면 교육은 교육을 행하는 교육자와 교육을 받는 피교육자 그리고 교육자와 피교육자가 상호 교섭할 수 있도록 연결하는 매개체인 교재로 이루어져 있다. 이는 각각 교육자로서의 교사, 피교육자로서의 학습자 그리고 가르치고 배우는 내용인 교육내용이 되며, 교육활동이 이루어지는 상황에는 반드시 이 세 가지 요소가 존재한다. 이러한 의미에서 교사, 학습자, 교육내용은 교육을 성립하게 하는 가장 기본적인 구성 요소로 교육의 삼요소라 불린다. 또한 교육적 가치를 실현하기 위해 교사와 학습자가 교육내용인 교재로 상호작용할 수 있는 여건인 교육의 장(場)이 있다.

1) 교사

교육의 3요소 중 가장 핵심적인 요소는 '교사'이다.

교육은 학습자가 현재의 상태가 불완전하므로 성숙한 상태로 변화시키려고 노력하는 일련의 과정이라 볼 수 있다. 이러한 과정에서 계획적이고 조직적으로 학습자를 바람직한 방향으로 이끌어 가는 사람이 곧 교사이다. 교사는 학습자를 이끌어가는 사람이기 때문에 바람직한 가치관과 높은 도덕성과 투철한 교직관(교육철학)이 요구된다.

아무리 좋은 교육내용이라도 학습자에게 제대로 전달되지 않으면 무의미한 것이다. 교육내용(지식)을 학습자에게 전달하는 사람이 교사이기 때문에 학생들의 교육 성과에 대한 성공 여부가 교사에게 달려 있다고 해도 결코 과언이 아니다. 따라서 효과적인 교육을 위해서는 교사의 인격, 교사의 학문적 자질 그리고 교수 방법 등 능력과 인격을 제대로 갖춘 교사들이 필요하다.

2) 학습자

교육의 목적은 미성숙한 학습자에게 교육내용(지식)을 매개로 하여 성숙자로 변화 시키는 것, 즉 바람직한 방향으로 변화할 수 있게 안내해 주는 데 있다. 그래서 학습자를 교육의 대상, 즉 교육받을 대상, 피교육자 또는 교육의 객체라고도 한다(듀이(Dewey)와 같은 진보주의 교육철학자들은 교육의 주체를 아동·학생으로 보기도 함). 비록 학습자가 신체적, 정신적으로 미숙할지라도 하나의 인격체로서 학습자가 본래 가지고 있는 잠재적인 능력을 발견하여 이를 계발시켜 주는 것이 진정한 의미의 교육이다. 그러므로 지금껏 교육 현장에서 행해 온 학습자의 의사와는 상관없이 어른들이 옳다고 생각하는 교육내용(지식)을 일방적으로 주입시키는 교육에서 하루속히 탈피하는 인식의 전환이 절실히 요구된다.

3) 교육내용

학교교육에서의 교육내용은 교사와 학습자를 연결하는 교육의 매개체이다. 교과내용은 긴 역사를 통하여 인류가 쌓아 올린 방대한 경험 가운데 가치 있는 것만을 조직한 지식체계이다. 각 학문 영역에 독특한 체계와 탐구 방법을 중심으로 구분한 것이 학과(disciplines) 혹은 교과목(subject matters)이며, 국어, 수학, 물리, 예술 등으로 구분된다. 형식적 학교교육이 시작된 이래 교과는 항상 교육내용이 되어왔다. 그러나 형식적 교과의 틀 속에서도 교육내용은 현재의 삶과 관련하여 의미 있고 가치 있는 것으로 현재와 다음 세대에 전달할 필요가 있는 내용으로 구성된다. 또한 교육내용은 발달의 주체인 학습자의 바람직한 성장을 유도할 수 있고, 학습자의 개인적 차원과 사회적 차원에 모두 적합한 것으로 고려해야 한다.

위의 세 가지 요소가 상호 실천적으로 작용하여 나타난 교육의 결과를 교육의 가치라 하고, 교육의 가치를 낳기 위한 실천 과정을 교육의 과정이라 한다. 교육의 과정을 합리적·효과적으로 수행하는 절차나 방법을 교육의 기술이라고 한다. 그리고 교육의 3요소가 서로 마주치고 여기에 교육의 기술을 잘 발휘하여 교육의 가치를 얻을 수 있도록 조건을 형성해 주는 장소나 장면을 교육의 장(場)이라고 한다. 이를 그림으로 표현하면 그림 1.1과 같다.

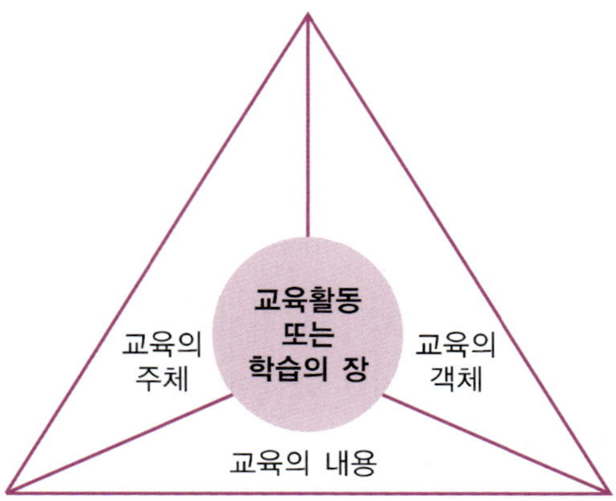

그림 1.1 ● 교육의 장(場)과 교육의 3요소

4) 교육의 장(場)

교육의 장(場)이란 교육의 주체인 교사와 교육의 객체인 학습자가 교육내용을 매개로 적절한 교육 기술을 적용하여 교육의 가치를 실현하는 곳을 의미한다. 그러므로 교육의 장(場)은 교육의 3요소 이상으로 중요한 위치를 차지한다. 교육의 장(場)은 교재에 의해서 매개된 교육의 주체인 교사와 객체인 학생이 상호작용하는 장면이다.

4 교육의 형태

교육형태의 분류는 기준에 따라 다양하게 구분된다. 그 기준을 교육의 대상에 두었을 때에는 유아교육, 아동교육, 청년교육, 성인교육으로 구분하며, 교육이 일어나는 장소에 따라 가정교육, 사회교육, 학교교육, 직장 교육으로 구분되며, 교육내용의 면에서는 일반 교양교육과 전문 직업교육으로 구분할 수 있다. 그리고 교육방법의 면에서 구분하면 강의식 교육, 문답식 교육, 발견식 학습, 프로그램 학습, 문제해결식 교육 등으로, 교육제도에서 나누는 학습자 수준에 따른 분류로는 초등교육, 중등교육, 고등교육으로 구분할 수 있다.

표 1.2 ● 교육형태

기 준	형 태
대상	유아, 아동, 청년, 성인, 평생
장소	가정, 사회, 학교, 직장
내용	교양교육, 전문직업교육
방법	강의식, 문답식, 발견식, 프로그램 문제 해결식
교육제도(학제)	초등, 중등, 고등
형식유무	형식, 비형식

또한 의도성이나 형식의 유무에 따라 의도적 교육과 무의도적 교육, 형식적 교육과 비형식적 교육으로 구분할 수 있다.

1) 형식적 교육과 비형식적 교육

형식적 교육이란 특정한 교육의 이상과 목적에 따라 계획적이고 지속적으로 일정 기간 동안 실시하는 교육을 의미한다. 따라서 교육의 의도가 있고, 의도에 따라 선정된 교육내용을 특정 장소에서 학습자에게 교육하는 과정이 있을 때 형식적 교육이라고 한다.

듀이는 인간의 삶(생활) 자체가 교육의 과정이라고 하였다. 이는 인간의 삶 속에서 자연적인 형태의 교육인 비형식적 교육이 이루어지고 있음을 의미한다. 삶에서 배우는 것은 지식과 행동, 정서가 통합되어 있는 것으로서 살아 움직이는 실제적 지식이다. 그러나 형식적 교육은 지적인 요소를 제외한 다른 요소들이 배제되어 직접적인 삶의 경험과 불일치가 생길 위험이 있다. 또한 이러한 불일치는 사회적 생활의 영위라는 교육의 일차적 목적과 학교교육을 무관한 것으로 만들 가능성이 있다. 그러므로 형식적 교육과 비형식적 교육 사이에 적절한 균형과 연속성이 유지되어야 한다. 형식적 교육과 비형식적 교육이 연속성을 갖지 못하고 조화와 균형을 상실할 때, 즉 형식적 교육을 통하여 형성된 정보와 전문적 지식이 사회적 성향을 형성하는 데에 이렇다 할 영향을 주지 못할 때 학교와 같은 형식적 교육기관은 단지 공부하는 기계를 양성하는 곳에 불과하게 된다. 그리고 학교와 같은 형식적 교육기관은 삶에 의미 있는 교육활동이 일어나는 장소가 아니라 단지 상급학교 진학이나 취업의 수단으로 전락할 수 있다. 따라서 형식적 교육을 통하여 의식적으로 아는 내용과 비형식적 교육을 통하여 무의식적으로 아는 내용 사이의 불일치를 좁히는 문제가 교육의 방향을 설정하는 데 중요하게 고려되어야 한다.

표 1.3 ● **형식 · 비형식 · 무형식적 교육**

구 분	형식적 교육	비형식적 교육	무형식적 교육
교육 내용	• 과거, 미래의 문화	• 학생과 관련된 문제	• 당면한 경험
교육 내용 조직	• 지속적	• 비교적 지속적	• 즉흥적, 일시적
교육유형	• 일관성, 지속성	• 단속적, 자연발생적	• 즉흥적, 우연적
성립조건	• 의도성, 계획성 • 전인성, 가치지향성	• 의도성, 계획성 • 가치지향성	• 의도성, 계획성 • 가치지향성 없음
3요소 실제유형	• 주체, 객체, 매개체 • 학교교육	• 객체, 매개체 • 학원, 사회단체의 교육, 학교 중심의 사회교육	• 객체(환경) • 클럽 및 자원단체의 토론회, 대중매체로부터의 영향

출처 이선화(2017) 上. p.74 재인용.

2) 가정교육, 학교교육, 사회교육

교육이 이루어지는 장(場)을 중심으로 교육의 형태를 분류하면 교육은 가정교육, 학교교육, 사회교육으로 구분된다. 교육은 학교뿐 아니라 가정과 사회에서도 이루어지고 있으며, 이들은 상호보완적인 성격을 지닌다.

(1) 가정교육

'가정'의 특성을 고려하여 '가정교육'의 특징을 서술해 보면 다음과 같다.

가정교육은 첫째, 자연적·무의도적으로 이루어지는 교육이다. 둘째, 가정은 강한 애정을 중심으로 결속된 집단이기 때문에 애정의 습득과 생성 원리를 학습하는 장이 된다. 가정교육은 강한 애정과 신뢰로 결속되고 연령과 성별이 다른 가족구성원 사이에 실시되며, 부성과 모성의 상보적 관계에 의해 이루어진다. 즉, 부성애와 모성애 그리고 형제애로 응집된 집단에 의하여 이루어진다는 특징을 가짐으로써 인간적인 삶의 원천이 되는 애정을 학습하게 한다. 셋째, 가정교육은 인간성의 기초를 형성하는 장이다. 넷째, 가정교육의 내용은 실제 생활에 필요한 것으로 이루어져 있다. 다섯째, 가정교육은 학교와 같이 일정하게 정해진 프로그램에 의한 훈련에 중점을 두는 것과는 달리, 항상 자녀의 심신의 보호와 배려가 배경이 되고 있다는 특징을 갖는다. 적절한 보호는 아동의 건전한 인성과 심신의 발달을 도와줌과 동시에 계속되는 새로운 변화 속에서도 안정감을 가질 수 있도록 한다는 점에서 매우 중요한 교육적 의의를 지닌다.

이상과 같은 가정교육의 특성과 의의가 제대로 실효를 거두기 위해서는 보다 교육적인 가정환경이 조성되어야 한다. 그러나 현대에 와서 경제적 기능의 변화에 따른 맞벌이 부부의 증가와 핵가족 현상의 심화로 인하여 전통적인 가정이 갖는 여러 교육적 기능을 수행하기가 어렵게 되었다. 학교교육이나 사회교육은 강한 애정과 신뢰에 바탕을 둔 가정교육의 기능을 대신할 수 없는 측면이 많다. 오늘날 사회 전반적인 도덕적 타락, 청소년 범죄의 증가나 학교 붕괴와 같은 우리 사회의 심각한 사회적, 교육적 문제들은 직·간접적으로 가정교육의 약화와 관련이 있다는 지적이 제기되고 있다. 이에 최근 가정교육의 중요성이 새로이 부각되고 있으며, 앞으로 가정의 교육적 기능을 향상시키기 위한 방안을 마련하는 제안이 있어야 할 것이다.

(2) 학교교육

학교는 제도화된 틀 속에서 전문적인 소양과 지식을 갖춘 교사가 일정한 연령층의 학생을 대상으로 축적되고 정선된 문화유산을 교육내용으로 구성하여 계획적으로 교육하는 기관이다. 학교교육은 학교라는 지정된 장소에서 일정 기간 동안 교육의 의도화, 계획화, 조직화가 이루어지는 것을 뜻한다. 일상생활 속에서 이루어지던 교육이 학교라는 조직적인 교육기관을 통하여 이루어지게 된 것은 사회가 발전하면서 지식과 기술 그리고 생활의 양식들이 직접적인 경험만으로는 제대로 학습할 수 없을 정도로 복잡하고 다양해졌기 때문일 것이다. 학교교육의 중요한 기능적 특징을 서술하면 다음과 같다.

첫째, 학교교육은 문화유산을 전승함으로써 사회의 유지와 존속을 가능하게 한다. 둘째, 학교교육은 문화유산을 전달함으로써 사회의 통합과 통제의 기능

을 수행한다. 유사한 인격과 행동 특성을 갖는다는 것은 바로 공동체 의식을 가진 사회구성원이 된다는 것을 의미하며, 그러한 표준에 맞추어 행동하려는 성향을 갖게 된다. 셋째, 학교교육은 사회적 선발 및 지위 결정의 기능을 한다. 학교교육은 청소년에게 앞으로 성인으로서 종사하게 될 직업에 필요한 다양한 지식과 기술을 제공하고, 태도와 가치관을 교육시킴으로써 그들의 직업을 결정하는 힘을 제공한다. 이는 앞으로 그들의 사회적 지위를 결정하는 중요한 요소가 된다. 넷째, 학교교육은 사회변화 및 발전의 기능을 수행한다. 과학 기술문명의 발전, 산업화의 촉진, 물질문명의 발달 등은 모두 학교교육이 사회문화의 창조와 개선 기능을 수행한 결과라고 할 수 있다. 다섯째, 학교교육은 자아실현의 기능을 한다. 학교교육은 개인의 성장과 발달을 최대한 신장시키려는 환경을 조성하려 한다. 교육의 대상이 인간이라는 점과 인간의 가소성은 개인차가 있다는 점에서 학교는 학습자 개개인을 교육의 출발점으로 삼고 있으며, 교육의 목적 또한 개인의 전인적인 성장과 발달을 돕는 데 두고 있다. 흔히 이러한 기능은 수단적 기능으로 분류되는 앞의 기능들과 구별하여 학교교육의 본질적 기능으로 본다. 학교교육의 문제점 혹은 부정적인 측면으로는 학교교육이 집단적인 교육방식을 채택할 수밖에 없다는 점에서 학습자들을 일정한 틀 속에 맞추어 넣는 획일화의 위험을 안고 있다는 것이다. 학교교육의 계획성과 조직성은 지식, 가치관, 사고방식, 행동양식 등의 획일화를 가져올 수 있으며, 그것은 교육의 다양한 기능을 수행하는 데에 역행하는 위험을 갖는다. 또한 학교교육은 학력 위주의 학교교육을 낳을 위험을 안고 있다. 여기서 학력은 학습의 능력을 뜻하는 것이 아니라 학교교육을 받았다는 증명과 같은 것을 의미한다. 이러한 학교교육의 문제점들은 학교교육만의 개혁만이 아니라 전 사회적인 의식과 제도의 개혁을 필요로 한다는 점에서 문제점이 크므로 개선함에 어려움이 많다.

(3) 사회교육

사회는 인간 삶의 터전으로서 가정과 학교와 더불어 또 하나의 중요한 교육의 장이다. 인간에게 있어 사회는 사회생활에 필요한 자원과 지식 그리고 기술 등을 직접 습득하는 장이며, 학교교육을 통하여 습득한 지식을 직접 실습하는 장이고, 평생 동안 삶의 터전으로서 교육의 장이 된다. 이러한 사회의 교육적 기능은 현대에 오면서 점차 보다 구체적이고 체계적으로 이루어져야 한다는 요청을 받고 있으며 또한 그 중요성도 증대되고 있다. 즉, 사회교육은 현대사회에 접어들면서 국민의 복지향상을 위한 교육과 교육의 기회균등에 대한 사회적 요구의 증대, 학교교육의 문제점에 따른 교육적 보완과 확충의 필요성 대두, 산업화에 따른 인간의 적응문제와 가치관 정립의 문제 그리고 인간소외 현상, 여가 선용과 건강증진의 욕구 증가 등과 같은 문제로 점차 그 중요성이 증가하고 있다.

먼저 사회교육은 학교교육과 달리 학습자가 자발적으로 참여한다. 둘째, 사회교육은 실생활에서 부딪치는 현실적인 문제와 직접적인 관련이 깊은 활동을 중시한다. 셋째, 사회교육은 학습내용이나 방법에 있어서 다양성을 갖고 있다. 학교교육과 달리 연령, 성별, 직업, 계층, 거주지역 등에 따라 사회구성원의 성격과 관심이 다양하기 때문에, 사회교육에서의 교육내용은 그에 맞추어 다양한 형태를 띨 수밖에 없다. 따라서 사회교육은 학습자의 성격, 규모, 요구에 따라 강의식 방법 이외에도 세미나, 심포지엄, 강연회, 강습회 등의 방법을 도입한다. 사회교육의 대표적인 예로는 평생교육을 들 수 있다. 평생교육은 전 생애에 걸쳐 교육이 필요하며, 생애에 걸친 교육이 일정한 체계를 이루고 행해져야 한다는 것을 의미한다. 평생교육은 인간 삶의 질을 향상시킨다는 교육적 이념을 추구하기 위해 태교에서부터 유아교육, 아동교육, 청소년교육, 성인교육, 노인교육이 서로 상호 협력하도록 수평적으로 통합된 교육을 말한다. 사회교육과 중첩되기는 하지만 사회교육보다 넓은 범위에서 교육을 생각하는 관점이다.

(4) 평생교육

시대의 급격한 변화로 습득해야 할 지식의 양이 많아지고, 인간의 생활주기 변화, 과학기술의 발달, 세계화와 정보화라는 현대사회 변화에 비해 특정 시기, 특정 연령에만 이루어지는 학교교육이 지니고 있는 한계는 '평생교육', '평생학습'을 필요로 하게 되었다. 평생교육이 필요하게 된 원인은, 첫째, 지식과 정보가 촉발적으로 증가하고 빠른 노후화가 이루어진다는 것이다. 둘째, 기술의 혁신과 직업사회의 변화가 끊임없이 이루어지고 있다. 셋째, 가치관 및 생활양식이 급격히 변화하고 있다. 넷째, 고도 산업화에 따른 환경파괴는 물론, 변화에 적응하지 못하는 소외집단이 증대되고 있다는 것이다. 오늘날 평생교육은 여러 가지 내용과 방법으로 이루어지고 있다. 예를 들어 직업훈련교육, 자격증취득교육, 취미·여가교육, 건강교육, 인문학 강좌, 학점은행, 사이버 강좌 등 지금까지의 교육이 일정 기간에 일정 연령층만을 대상으로 일정 장소인 학교에 의해서만 제공되었다면, 평생교육은 누구나, 언제나, 무엇이나, 학습과 교육이 가능한 시간과 공간이 제공되는 구조로 바뀌고 있다.

평생교육이라는 용어는 1965년 UNESCO의 성인교육추진국제위원회에서 랭그랑(Lengrand)이 평생교육(lifelong education)이라는 연구보고서를 제출하면서부터 등장하게 되었다. 평생교육이란 용어가 국제적 용어로 알려진 것은 1972년 동경에서 개최된 세계성인교육회의부터이다. 우리나라는 1973년 춘천에서 평생교육발전 세미나를 개최하여 평생교육발전에 대해 논의하게 되었고, 그 후 1982년에는 사회교육법이 공포되어 평생교육의 중요성이 인식되었다. 1998년에는 평생교육법이 제정되었고, 2000년 3월 시행령이 공포되어 시행에 들어갔다(성낙돈 외, 2009). 우리나라 평생교육법에서 '평생교육이라 함은 학교교육을 제외한 모든 형태의 조직적인 교육활동을 말한다'고 규정하고 있다. 평생교육 개념의 특성을 고려하여 정리해 보면 다음과 같다.

❶ 평생교육은 통합성의 특성을 갖는다. 평생교육은 학교교육뿐만 아니라, 사회교육, 가정교육 등 모든 교육을 통합적으로 재편성한다. 평생교육은

인간의 평생 동안에 걸친 종합적인 교육체제를 의미한다.

❷ 평생교육은 탈정형성의 특성을 갖는다. 평생교육은 학습자의 연령, 교육 장소, 교육과정, 교수방법, 평가 등 그 어떤 것에 의해서도 제한 받지 않는다.

❸ 평생교육은 학습자들의 자발적 참여를 전제로 이루어진다. 평생교육은 외부의 강제성이나 어떤 의무성에 의한 것이 아니라 학습자의 필요나 욕구에 따른 자발성에 의해 이루어진다. 교육의 전 과정에 학습자가 참여하여 자율적이고 자기주도적인 학습을 하게 하는 특성을 갖는다.

❹ 평생교육은 학습자들의 삶의 질 향상을 추구한다. 평생교육의 궁극적인 목적은 학습자 개개인의 삶의 질을 향상시키는 데 있다.

정리해 보면, 평생교육이란 인간의 삶의 질을 개선하기 위해 누구에게나 장소 구분이 없이 학습할 수 있는 기회의 장이 제공되며, 학습의 참여가 자율적인 인간의 삶과 성장을 총칭하는 것이다(김승현, 2011). 평생교육은 인간의 전인적·조화적 형성을 위하여 모든 형태의 교육을 수직적·수평적으로 통합 재편성하려는 지도원리이며, 모든 사람의 교육기회를 일생 동안 공적으로 보장하기 위하여 기존의 교육체제를 재편성하려는 교육정책이며, 실천적 구조를 말한다(고정민, 2001). 이러한 평생교육의 목적은 계속적인 자아실현과 사회발전 능력의 신장이다. 평생을 통하여 자신이 가진 소질을 계속적으로 계발시키고, 사회 발전에 충분히 참여할 수 있게 하는 교육인 것이다. 평생학습사회는 그러한 평생교육이 이루어져 사회 모든 분야에 걸쳐 누구에게나 가능하고 포괄적인 교육의 혜택을 누릴 수 있도록 사회적으로 보장해야 한다. 이러한 평생학습시대에 다양한 분야에서 개인의 삶과 연결된 학습으로 인간의 총체적 능력 개발과 함께 개개인의 삶을 변화시킬 수 있는 교육의 역할이 요구된다.

5 4차 산업혁명과 교육

"지니야, 오늘 날씨는 어때?"

"지니야, 오늘 난 기분이 너무 별로야. 노래 틀어줘."

퇴근길에 집안의 전자 기기들을 작동시키기도 하고, 급기야 2018년 우리나라에 사우디아라비아에서 시민권을 발급 받은 AI 인공지능 로봇인 '소피아'가 핸슨 로보틱스(Hanson Rpbotics) 초청 기념 만찬에 참석하였다(2018년 1월 29일 서울 플라자호텔, 박영선 의원실과 지능정보산업협회 주최 콘퍼런스).

그림 1.2 ● 인공지능 '소피아' 연설을 지켜보는 데이비드 핸슨

출처 서울 연합뉴스, 2018. 01. 30일자, 김주형 기자

2016년 3월 이세돌 9단과 구글의 인공지능 알파고 간의 바둑 대결과 2017년 7월 알파고와 커제 9단의 바둑 대국에서 연이어 인간이 패배하면서 우리나라는 물론 전세계적으로 커다란 파장이 있었다. 사회의 다양한 분야에서 인공지능의 활약이 이루어지고 있고, 인공지능의 발전에 따라 사회가 풍요로워지기도 하겠지만, 기계에게 인간의 영역을 모두 빼앗길 수도 있겠다는 불안감도 커지고 있는 것이 사실이다. 그다지 멀지 않은 미래, 우리가 이러한 지능정보사회라 불리는 4차 산업사회에서 살아가야 할 방향에 대해 점검하고, 준비해야 한다는 목소리가 높아지고 있는 이유이기도 하다.

그림 1.3 ● 이세돌과 AI

출처 http://xaxo.tistory.com/264

'교육'이라는 분야에 있어서도 마찬가지이다. 4차 산업혁명사회에서 교육의 방향은 어떠해야 하는가? 학교는 어떠한 역할을 해야 하는가? 미래 교사가 될 교원은 지금까지와 어떤 다른 준비와 교육적 노력이 필요한가? 이러한 질문들은 우리 교육계가 시급히 풀어야 할 과제가 되었다. 이에 4차 산업혁명에 대해 알아보고, 미래를 준비하는 현재 교육의 문제점을 점검해 보고자 한다. 마지막으로 4차 산업혁명사회의 교육방향에 대해 생각해 보고자 한다.

(1) 4차 산업혁명이란?

'제4차 산업혁명'이라는 용어는 2016년 세계경제포럼(WEF : Word Economic Forum)에서 처음 언급되었으며, 3차 산업혁명이었던 컴퓨터, 인터넷에서 한 단계 더 나아간 혁명으로 일컬어진다. 클라우스 슈바프(Klaus Schwab, 세계경제포럼의 창립자이자 회장)에 의하면, 1차 산업혁명은 기계화, 2차 산업혁명은 전기화, 3차 산업혁명은 정보화, 4차 산업혁명은 인공지능화, 디지털과 물리세계와의 결합, 바이오 분야의 혁신 등이 주요 특징이다(Klaus Schwab, 2016). 4차 산업혁명사회는 인공지능, 로봇공학, 사물인터넷, 자율주행자동차, 3D 프린팅, 나노기술, 생명공학, 재료공학, 에너지 저장기술, 퀀텀 컴퓨팅의 발달 등 광범위한 분야에서 과학 기술의 혁명적인 변화가 이루어지는 시대를 일컫는다(임종헌 · 유경훈 · 김병찬, 2017).

그림 1.4를 통해 산업혁명이 어떻게 변화되어왔는지 살펴보자.

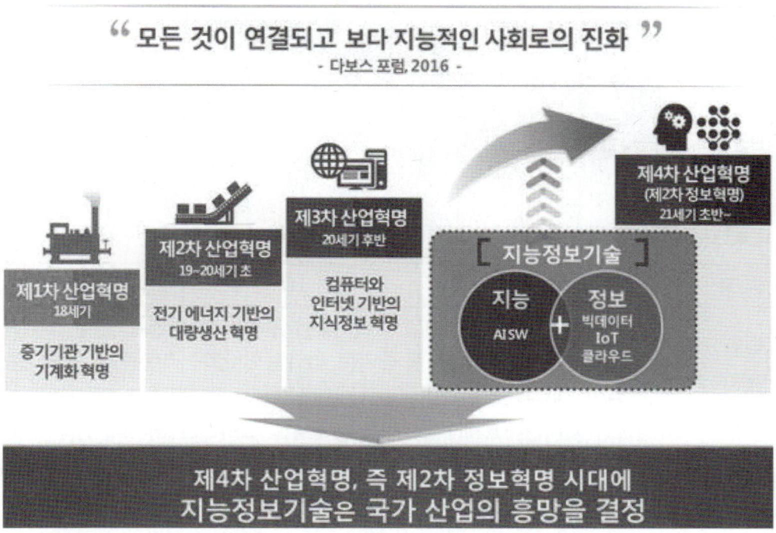

그림 1.4 ● **산업혁명의 변화**

출처 미래창조과학부 블로그

‘1차 산업혁명’은 18세기 증기기관의 발명으로 영국의 섬유공업이 발전하고, 석탄을 에너지로 하는 철도 인프라가 세계적으로 확산된 기계화로 대표된다. 증기기관의 발명과 기술 진보는 인간이 육체노동 등의 굴레에서 벗어날 수 있게 해 주었고, 사회 전체의 생산량을 크게 늘게 하였다. 철도와 선박의 발달은 세계의 물리적인 거리를 급격히 좁힐 수 있게 하였다. ‘2차 산업혁명’은 19세기 후반에서 20세기 초반 전기에너지를 활용한 대량생산 산업 생태계가 본격화된 것이 특징이다. 전자를 기반으로 한 테크놀로지는 자동화를 가능하게 하였고, 산업과 제조업에 큰 변화를 가져다 주었다. 20세기 후반 컴퓨터와 인터넷의 발달로 지식 정보혁명이 이루어졌고, 이것이 ‘3차 산업혁명’이다. 2010년 중반부터 지금까지 IoT, CPS, 빅데이터 인공지능 로봇 등이 대표적인 4차 산업혁명을 이루고 있다. 4차 산업혁명은 세상의 모든 것이 인터넷으로 연결되고, 인간과 사물의 모든 데이터가 축적 활용되는 만물초지능 통신혁명이라는 특성을 갖는다. 인공지능인 AI, 사물 인터넷(IoT), 클라우드 컴퓨팅, 빅데이터, 모바일 등 지능정보기술이 기존 산업과 서비스에 융합되거나 3D 프린팅, 로봇 공학, 생명공학, 나노기술 등 여러 분야의 신기술과 결합되어 실세계 모든 것이 네트워크로 연결하고 사물을 지능화한다(김한욱, 2017). Schwab (2016)의 4차 산업혁명사회의 변화를 속도, 범위와 깊이, 시스템 영향의 측면으로 설명한 표를 살펴보자.

표 1.4 ● 4차 산업혁명사회의 특징

특 징	내 용
속도 (Velocity)	4차 산업혁명사회에서는 과학기술을 포함한 인간 삶의 변화 속도가 산술적 증가를 넘어 기하급수적 증가로 나타날 것이며, 각 분야들 간의 연계 및 융합이 가속화 될 것이다.
범위와 깊이 (Breadth & Depth)	4차 산업혁명사회에서는 디지털혁명을 기반으로 한 과학기술의 변화가 주도적으로 나타나지만, 과학기술의 변화에 머무르지 않고 사회, 경제, 문화, 교육 등 사회 전반의 광범위한 변화로 이어질 것이며, 물질적 측면의 변화를 넘어 인간의 정체성에 대한 철학적 사유, 논의까지 요구하는 변화가 될 것이다.
체제 변화 (Systems Impact)	4차 산업혁명사회는 인류사회에 부분적인 변화가 아니라 시스템 및 체제의 변화, 즉 패러다임의 변화를 가져올 것이며, 이로 인해 개인적인 삶에서부터 국가 체제의 변화를 넘어 세계 체제의 변화까지 이어지는 시대가 될 것이다.

출처 임종헌·유경훈·김병찬, 2017. p.11

지금 우리의 생각으로는 4차 산업혁명의 특징을 보면서도 그 속도와 깊이를 짐작하기 어려울 정도이다. 하지만 속도나 범위 등에 있어 4차 산업혁명사회는 광범위한 범위에서 변화를 만들어 낼 것이며, 이러한 변화는 인간의 정체성에 대한 혼란, 사회·국가·세계 체제에까지 파급될 것이다.

(2) 지금, 우리의 교육

현재 우리나라의 교육은 4차 산업혁명의 변화 등 급속한 변화 앞에서도 학벌의 취득이 더 중요한 목표가 되어 학교에서는 학생들에게 '좋은 대학에 입학하기' 프로젝트가 어린시기부터 이루어지고 있다. 앨빈토플러가 대한민국 교육을 바라보면서 했던 조언을 이 시점에서 다시 한 번 살펴보고자 한다.

"21세기의 학생을 19세기의 교실에서 20세기의 선생이 가르치고 있다."

"입시 위주의 주입식 교육은 미래사회에서 한국의 경쟁력을 떨어뜨릴 것이다. 한국이 세계를 이끌기 위해서는 창의력과 상상력을 키우는 교육으로 혁신되어야 한다."

"한국의 학생들은 하루 15시간 동안 학교와 학원에서 미래에 필요하지도 않은 지식과 미래에 존재하지도 않을 직업을 위해 시간을 낭비하고 있다. … 학교는 더 이상 교육 공장이어서는 안된다. … 한국의 아이들이 미래를 준비하기 위해서는 대량 생산 체제를 위해 고안되었던 한국의 다량 교육 시스템의 전면적인 변화가 필요하다."

여전히 우리 사회는 국가 주도의 획일화된 교육과정에 의해 정해진 진도 범위 내의 교과 지식을 습득한 후, 상대등급에 따라 입학 사정에 반영하는 형태의 대학입시 제도가 초등학교는 물론, 중학교, 고등학교 교육과정의 최대 목표인 것처럼 교육이 이루어지고 있다. 직업인으로서의 인간을 성장시키기 위한 교육이라고 할지라도 세계경제포럼에서 전망한 직업세계는 4차 산업혁명으로 인해 총 710만 개의 일자리가 사라지고, 200만 개의 일자리가 창출된다고 한다. 결국 510만 개의 일자리가 감소된다는 것이다. 다시 말해 현재 초등학교에 입학하는 학생의 65%는 지금 존재하지 않는 직업에 종사하게 될 것이라고 전망한 것이다. 4차 산업혁명 사회로의 변화 속에서 우리는 지금까지의 획일화된 직업을 위한 길 안내식의 교육방향을 일부 수정이 아닌 혁신적으로 변화할 수 있도록 해야 한다.

초지능 초연결사회인 4차 산업혁명의 사회에서 살아남기 위한 인재상은 인간으로서의 가치를 스스로 찾고, 그것이 사회 구성원으로서의 가치로 발전될 수 있는 방향으로 이루어져야 할 것이다.

(3) 4차 산업혁명사회에서의 교육

세계화와 과학기술의 발달, 4차 산업혁명사회로의 급격한 변화에 따라 교육의 방향에 대한 근본적 재검토가 이루어지고 있다. 호주, 미국, 캐나다, 뉴질랜드, 독일, 싱가포르 등 세계 각국은 최근 지식습득에 있어 암기 중심의 수동적 교육보다는 다양한 역량 함양 중심의 능동적 교육을 강조하고, 사회의 변화 요구에 맞추어 교수-학습방법, 평가제도, 교원 전문성 향상을 비롯한 총체적인 변화를 진행하고 있다(Kelley, McCain, & Jukes, 2009; 윤종혁, 2014; 임종헌 외, 2017). 4차 산업혁명사회에서 교육의 변화에 관한 주요 논의들을 정리한 표를 살펴보면 표 1.5와 같다.

표 1.5 ● 4차 산업혁명사회에서 교육의 변화 방향

구 분	내 용
교육철학 및 목표	• '평생학습자' 육성, 개인 개성의 발견과 발전, 협력과 소통, 인간 존중 • 평생교육체제 안에서 총체적 재구성
교육과정	국가교육과정의 유연화, 교육과정 경로 다양화, 삶 중심 교육과정 재구성
교육내용	역량 중심 교육, 인성·시민성·협업능력 강조
교육방법	다양한 교육방법 활용, 학습자주도, 테크놀로지 기반 교육, 온라인 기반, 네트워크 기반
교육복지	교육의 공공성 강화, 소수자와 소외자를 위한 교육복지 강화

출처 계보경 외(2011), 김경애 외(2015), 이혜영 외(2008), 최상덕 외(2014) 등의 내용을 종합한 임종헌 외(2017). p.16

4차 산업혁명사회는 우리 교육에 혁신적인 변화를 요구하고 있다. 교육의 개념 자체가 새롭게 규정되어야 함은 물론, 교육철학 역시 새롭게 세워져야 한다. 지금껏 많은 것들이 이루어진 학교 안의 교육도 그 관점이 변화될 것이다. 교사는 가르치는 사람으로, 학생은 배우는 사람으로의 규정도 변해야 한다. 4차

산업혁명사회가 우리에게 두려움과 재앙이 되지 않고 축복이 되기 위해서는 그 사회에 맞는 인간의 능력과 역량을 갖추어야 할 것이다. 그것은 상황 맥락적 지능, 정서 지능, 대인관계 능력, 경험이나 판단력, 창의성의 수준을 높이는 방향이 되어야 한다. 미래 사회에 인간으로서 살아남기 위해서는 인간으로서의 가치를 스스로 찾고, 그러한 개인적 가치가 사회 구성원으로서의 가치로 발전될 수 있도록 평생학습할 수 있는(임종헌 외, 2017; 김진숙, 2017) 교육적인 방향의 재설정 및 노력이 필요한 때이다.

'하늘을 올려다 봐. 아래를 보고 있으면
결코 무지개를 볼 수 없어'
<찰리채플린>

Check! Check!

01 교육을 조작적으로 정의하고, 설명하시오.

02 교육의 장(場)과 교육의 3요소를 그림을 그려 설명하시오.

03 다음 중 교육의 외재적 목적으로 옳은 것은?

① 배우는 즐거움의 향유
② 전인적 인간의 형성
③ 국가 경제발전에 기여
④ 자아실현

04 다음 중 현대사회에 있어 평생교육이 강조되는 이유로 옳은 것은?

① 사회적 기업으로서의 학교교육의 공교육화가 급속하게 이루어지고 있다.
② 지식과 기술의 폭발적인 증가와 노후화가 이루어지고 있다.
③ 교통과 정보의 발달로 지구가 단일 생활권이 되고 있다.
④ 고도정보화가 가속도적으로 이루어지고 있다.

객관식 정답 03. ③ 04. ②

Chapter 02

교육의 역사적 기초

교육목표

- 우리나라와 서양의 시대 변화에 따른 교육 제도와 교육 사상의 변화 과정을 이해한다.
- 각 시대별로 교육적 사건과 기관 및 특성을 이해하고, 주요 학자들의 사상과 업적을 기억한다.

1 교육의 역사적 기초

'교육의 역사', 즉 '교육사'는 교육의 발생, 사상, 제도 등에 관한 교육과정의 역사 또는 그것에 관해 연구하는 학문을 말한다. 교육사는 과거 교육현상을 역사적으로 규명하고, 규명된 역사적 사실을 기반으로 교육현상의 변화 과정에 있어 여러 가지 법칙이나 경향을 살펴보는 것, 과거로부터 현재에 이르기까지 교육현상을 보는 안목을 기르고, 현재 그리고 미래의 교육 방향에 대해 연구하는 학문적 목적을 갖는다(박영진·장성화, 2014/2016).

2 우리나라의 교육

1) 우리나라의 교육 역사

(1) 삼국시대 및 통일 신라

교육제도에 대한 기록은 삼국시대부터 시작된다. 삼국 중 가장 구체적인 기록을 가진 것은 고구려로서 최초의 관학이자 고등교육기관이라고 할 수 있는 태학(太學)이 중앙에 설립되어 있었다는 것(三國史記)과 지방에 경당(堂)이 있었다는 기록이 있다(舊唐書, 新唐書).

백제에는 학교제도 자체에 대한 직접적인 기록은 없으나, 삼국시대에 백제의 오경박사(五經博士, '박사'는 학문과 기술이 뛰어난 사람)가 일본에 학문을 전한 기록이 있어 유학교육이 상당한 정도로 발달했을 것이라는 추측이 가능하다.

표 2.1 ● 태학과 경당

구 분	태 학	경 당
교육내용	• 중국 영향 • 오경, 삼사, 후한서, 삼국지, 손성의 진춘추 등	• 최초의 사학 • 독서, 활쏘기 등 문무의 균형 • 오경, 삼사, 삼국지, 춘추, 문선 등
공헌	• 유교의 정착을 나태내주는 대표적 교육기관	• 초등~대학교육을 겸비한 교육기관 • 대중적인 교육기관으로 발전 • 고려와 조선시대의 서당 전신이 됨

통일 이전 신라의 경우 제도적 교육기관에 대해서는 알기 어렵지만, 화랑도의 교육기능이 주목되어 왔다. 화랑도는 유교, 불교, 도교의 사상이 혼합되어 이루어진 무사조직으로 국가에 의해 지원되고 인정되어 인재 선별에 활용되었다고 할 수 있다(박균섭, 2006). 화랑도의 목적은 국가에 유능한 인재를 양성시키는 것이었으며, 사군이충, 사친이효, 교우이신, 살생유택을 교육이념으로 하였다. 신라는 삼국통일 30대 문무왕 16년(676) 이후 신문왕 2년(682)에 유학의 대학인 국학(國學) 체제를 정비하였다. 국학의 교육목적은 유학교육으로 입학 자격은 15~30세의 6두품 귀족 자제였다. 또한 수업 연한은 9년이었으며, 교과과정은 논어, 효경을 필수로 하여 수준에 따라 예기, 주역, 춘추, 상서, 문선 등이 추가되었다. 787년 원성왕 때에는 독서삼품출신과를 정하여 인재등용의 한 방법으로 삼았다. 즉, 통일 전의 화랑도 교육을 통한 인물 본위의 인재등용제도가 통일 후에는 학벌 본위, 지식 위주의 등용제도로 교체되었다(박영진 외, 2014/2016).

(2) 고려

고려시대에는 관학, 사학, 과거제도 등 유교적 인재 양성 및 선발의 체제가 갖추어졌다. 고려를 건국한 태조 왕건은 유교의 이념을 교육제도에 적극 반영하여 관리 선발을 위한 과거시험에 유교경전을 출제하였다. 하지만 고려는 지배이념과 사회적 종교로서 유교와 불교가 공존하고, 국왕권에 비해 귀족권이 상대적으로 강하여 문음제(門蔭制) 등이 활성화되어 있는 등 조선시대와는 유

교적 제도들이 다소 다르게 형성되어 있었다. 고려시대의 교육제도를 크게 관학, 사학, 과거제도로 나누어 살펴보면 다음과 같다.

우선 관학은 국가에 의해 설립된 교육기관이다. 중앙의 국자감(國子監) 및 학당(學堂)과 지방의 향교(鄕校)가 있었다. 국자감은 성종 11년(992)에 창건되었고, 식목도감을 설치하여 학식과 학규를 완비하였다. 국자감은 국자학, 태학, 사문학, 율학, 서학, 산학의 6학으로 구성되어 아버지의 관직에 따라 입학 규정이 있었으며, 효경과 논어를 비롯한 유학교과를 가르쳤다. 24대 원종이 설치한 동서학당(東西學堂)은 향교와 비슷한 수준의 교육기관이었다. 지방의 관학으로는 향교가 있었다. 향교는 성종 5년(986)에 경학과 의학박사를 12목에 파견하여 가르치고 교도한 지방 교육기관으로 주로 유가의 전파와 지방민들의 교화를 위해 운영되었다.

고려시대의 사학으로는 12도(十二徒)가 잘 알려져 있다. 최충이 1055년 문헌공도(文憲公徒)라는 사학을 설립하자 유학자들이 이와 유사한 학교들을 세우게 되었는데, 유명한 11개를 더하여 12도라 부르게 되었다. 이들 12도는 과거 시험 준비기관의 성격을 띠었고, 과거 시험관과 합격자 간의 인적 관계인 좌주문생제의 온상이 되기도 하였는데, 고려 말에는 쇠퇴하였다.

지방의 대표적 사학으로는 서당을 들 수 있다. 서당은 지방 서민을 위한 초등교육기관으로서 주로 개인이나 문중, 마을에서 민간차원으로 운영했으며, 서민교육과 교화에 많은 영향을 주었다. 목종의 교서(1003)에 '천인자제'들의 교육에 대한 기록, 인종 2년(1124) 송나라 사신 서긍의 「고려도경」에 미혼 자제의 교육에 대한 기록 등에 근거하여 서당이 상당히 성행했을 것이라고 추정되고 있다.

고려시대의 인재 선발제도로는 과거제도와 음서제도가 있었다. 과거제도는 고려 4대 광종 9년(958)에 처음 실시되었는데, 국자감의 설립보다 일찍 이루어졌다. 과거는 3년에 한 번 치러졌으며 초시–국자감시–동당감시의 3단계로 실시되었고, 국자감에서 3년 재학 시 국자감시가 면제되는 혜택이 있었다.

(3) 조선 전기

조선시대 학제의 기본 틀은 고려시대의 것을 계승하였으나 이를 보다 발전시켰다. 조선시대는 건국 초기부터 숭유억불정책(崇儒抑佛政策)을 펼쳤다. 특히 15~16세기는 유교를 정치 이념으로 삼을 정도로 장려되었다. 교육에 있어서도 유교의 수기치인을 목적으로 삼았다. 조선시대는 한양에 세워진 성균관을 비롯하여 사학과 향교 등의 관립교육기관이 있었고, 서원, 서당과 같은 사학기관도 번창하였다. 조선시대를 대표하는 최고교육기관은 성균관이었다. 고구려와 신라에서는 국학 혹은 태학감으로, 고려시대에는 국자감으로, 이후 성균감으로 부르던 것이 오늘날 성균관으로 이어졌다(박영진 외, 2014/2016). 조선시대의 대표적 국립 교육기관인 성균관은 문묘와 명륜당, 학생 기숙사인 동서양재 등을 기본으로 하여 강학활동과 각종 의례(석전제, 입학례, 대사례, 양로례 등)들이 행해지던 공간이었다(박종배, 2003). 성균관의 입학자격은 생원, 진사를 원칙으로 하였고, 정원은 200명이었다. 한편, 고려 말의 5부 학당(4부학당)을 계승한 4학은 성균관의 부속학교와 같은 성격을 지닌 학교로, 자체 문묘를 가지고 있지는 않았으나 향교와 비슷한 수준의 교육기관 역할을 하였다(장재천, 2000).

조선시대 향교는 1읍 1교 원칙에 따라 문묘, 명륜당 등을 둔 지방의 대표적 교육기관이었다. 향교는 지방의 양반 자제를 가르치기 위하여 지방에 설립된 중등교육기관이었다. 16세 이상의 양반 및 향리의 자제에게 입학자격이 부여되었고, 정원은 행정단위에 따라 부, 대도호부, 목 90여 명, 도호부 70여 명, 군 50여 명, 현 30여 명 등으로 정해져 있었다. 사학기관으로는 서원과 서당을 살펴볼 수 있다. 서원은 풍기 군수 주세붕이 백운동서원을 지은 것이 최초다. 그리고 명종 5년(1550) 풍기 군수로 부임한 이황이 국가에서 재정 지원을 해 줄 것을 요청하여 소수서원이라는 편액과 다수의 서적, 노비, 토지를 하사받은 것이 사액서원(賜額書院)의 시작이다. 조선시대의 서당은 16~17세기까지는 주로 사족(士族) 위주로 설립되고 운영되었으나, 양란 후 신분제 변동으로

18세기 이후에는 동족 부락들을 중심으로 평민층에서 광범위하게 분포하였던 것으로 파악된다. 서당은 고려시대에 많았으나 조선시대에 많이 늘어나 마을마다 없는 곳이 없을 정도였다고 한다. 서당은 기초교육을 담당한 유일한 교육기관이었다(김재복 외 4인, 1995). 조선시대의 과거제도는 문과(文科), 무과(武科), 잡과(雜科)의 세 종류로 나뉘었고, 3년에 한 번씩 식년(式年 : 子, 卯, 午, 酉)에 실시되는 것을 원칙으로 했다. 과거는 갑오경장(1894~1895)까지 조선의 대표적인 관리선발제도였다.

조선 중기부터 성리학 외에도 실학이 발전하게 되었다. 실사구시라는 연구로 학문의 현실성을 추구하였고, 교육기회균등, 교육과정 및 과거제 개혁 등을 주장하였다(박영진 외, 2014/2016).

(4) 조선 후기

조선 후기로 들어서면서 성균관, 향교, 서원, 서당, 과거제도 등의 각종 제도들은 본래의 취지와는 달리 사화, 당쟁, 양란 이후의 사회 변화 등과 연계되어 변질된 양상을 보이고 있었다. 이 시기의 교육에 대하여 일반화하여 부정적으로 논의하기는 어렵지만, 성균관에서의 거관유생의 감소, 원점제 해이, 향교에서의 강학기능 쇠퇴, 서원의 남설과 정쟁, 과거제도의 문란(잦은 비정규시, 유학(幼學)의 급제 증가 등), 서당의 탈명륜화 등이 교육적으로 주목되는 변화로 언급되어 왔다.

특히 이 과정에서 조선 후기에 나타나는 정쟁의 결과로 다수의 지식인들이 자신의 학문적 뜻을 이루지 못하는 현상이 나타나게 되고, 이들에 의해 새로운 학문적 경향이 나타나고 있음을 주목할 수 있다. 실학자들로 분류되는 사상가들은 교육제도의 개혁을 요구하고 있었던 것이다. 특히 인재양성 및 선발방식의 변화를 요구하는 제안들이 많이 나타났음을 주목할 수 있고, 교육내용이나 방법적 측면에서도 새로운 논의들이 등장했다. 또한 기존의 교재들에 대한 실학자들의 비판은 19세기 들어 근대적 교육개혁 논의와 함께 전통적 제도의 이념과는 다른 교육체제로 변화해 가는 밑거름이 되었다고 할 수 있다.

조선시대는 개화기에 이르러 교육을 통한 국가와 민족의 성장을 고취시키기 위하여 노력하였다. 조선사회의 봉건적 전통을 탈피하고 근대 국가로의 변화를 꾀하고자 1895년 2월 2일 교육입국조서를 발표하였다. 교육입국조서를 통해 근대학제의 확립과 교육의 민주성, 국민교육의 필요성, 민족주의의 당위성 등을 제기하였다. 이에 정부가 설립한 학교는 동문학(1883), 육영공원(1886)을, 민간차원의 학교로는 원산학사(1883), 흥화학교(1895), 점진학교(1897), 보성학교(1905), 양정의숙(1907), 대성학교(1907), 오산학교(1907) 등이 설립되었다. 이 외에도 기독교에 의해 설립된 배제학당(1885), 이화학당(1886), 경신학교(1886), 정신여학교(1887) 등이 있었다(박영진 외, 2014/2016).

3 서양의 교육

1) 그리스시대의 교육

고대 그리스는 철학, 예술, 문학, 과학 등 다양한 학문이 생성하고 발전한 시기였다. 그리스는 100여 개가 넘는 도시(polis) 국가들로 이루어져 각각 문화적 독창성을 창조해 나갔다. 대표 도시국가로는 아테네(Athene)와 스파르타(Sparta)가 있고, 각기 서로 다른 교육관과 문화를 이루고 있었다.

스파르타는 북방에서 이주해 온 도리아(Dorians)족이 라코니아에 세운 도시국가이다. 스파르타는 도리아족의 일부 지배계급인 귀족(spartiat)계급, 부용민(periorikoi) 계급과 공노(helot)계급으로 구성되어 있고, 지배계급인 귀족은 전체 인구의 10% 미만이었다. 이러한 상황은 스파르타의 교육사상이 군국주의적 국가주의를 바탕으로 하게 된 배경을 설명해 준다. 스파르타는 B.C. 820년에 제정된 리쿠르구스법을 바탕으로 강인한 신체의 군인 양성을 교육목적으로 한다(김희수 외, 2014/2017). 교육과정 내용은 체육과 군사훈련이 주가 되었고, 도덕적 · 사회적 습관형성을 강조했다. 읽기 · 쓰기 교육은 최소한의 필요를 충족시키는 정도였고, 음악은 군가나 전쟁터에서 죽은 영웅들을 찬양하는 것이 대부분이었다. 훈련은 무자비할 정도로 엄격했으며, 태어나서 죽을 때까지 국가가 교육을 담당했다.

아테네는 이오니아족(Ionians)이 세운 대표적인 도시국가로 그리스의 문화적 중심지이자 수도였다. 스파르타에 비해 훨씬 문화적이고 민주적이었다.

아테네의 교육목적은 자유 시민, 훌륭한 교양인을 육성하는 것이며, 지혜로운 인간을 길러내는 것이었다. 아테네는 지혜롭고 교양 있는 조화된 인간 양성을 선호했고, 개성의 신장, 교양의 심화, 시민다운 덕성을 갖춘 조화로운 인간 교육을 추구하였다(박영진 외, 2014/2016; 김희수 외, 2014/2017).

전기 아테네 교육은 개인적 탁월성이 강조되었다. 개인적 탁월성은 정신과 유기체가 조화된 전인적 성장을 의미하였으며, 행동력 있는 인간보다는 지혜로운 인간으로의 성장을 더욱 중요시하였기 때문에 시민의 자질을 광범위한 전인적 발달에서 구하고자 하였다. 아테네 아동들은 먼저 읽기 · 쓰기 · 셈하기를 배웠고, 다음에 호머(Homer)의 시 · 솔론(Solon) · 이솝(Aesop) 등의 작품에서 선정된 내용들로 학습했으며, 각종 운동경기도 중요시되었다.

후기 아테네 교육은 사상이나 문화가 국제적인 양상을 띠게 되었다. 그래서 종래 문화에 대한 비판이 생겨나고 새로운 것에 대한 혁신의 바람이 불기 시작하였다. 그러나 소크라테스(Socrates, B.C. 469~399), 플라톤(Platon, B.C. 429~347), 아리스토텔레스(Aristoteles, B.C. 384~322) 등의 온건한 사상가들은 개인주의와 사회적 안정의 조화를 위해서 힘썼고, 그것을 위한 행동기준을 제시하였다. 후기 아테네 교육에서는 도덕교육이 매우 강조되었다. 그것은 종교적 사회적 · 시민적 관점에서보다는 실용주의적이고 공리주의적인 철학에 더욱 큰 기초를 두며 개인적 선택에 중요성을 두었다.

표 2.2 ● 아테네와 스파르타의 비교

구 분	아테네 교육	스파르타 교육
법전	솔론 헌법	리쿠르구스 법전
사상	개인주의, 자유주의	군사주의, 국가주의
목적	심신이 조화된 자유시민 양성	국가에 충성하는 무사 양성
내용	지식 중심의 자유교육	체육 중심의 군사교육
방법	개성 중심의 진보적인 방법	국가 중심의 통제주의적 방법
인간상	현자(철학자)	국가에 필요한 강한 군인
국가를 위한 유용한 시민 양성		

표 2.3 ● 아테네와 스파르타의 교육방법

스파르타	아테네	
	아테네 전기	아테네 후기
• 어머니의 아들시대(가정교육기, 출생 6세) : 남아 출생 시 국가시험장에 보내어 건강진단을 받아 합격하면 만 6세까지 가정에서 규칙적이고 엄격하게 교육을 받고, 불합격하면 타이게루스 산속의 동굴에 버림 • 나라의 아들시대(국가교육기, 7세~30세) : 24년간 국가에서 관리하는 Agoge에서 주로 군사훈련을 받게 됨. 엄격한 국가의 관리 하에 비인도적인 군사교육방법을 실시. 교사는 군인과 관리들로 구성됨	• 가정교육 : 7세까지 가정교육 • 초등교육 : 8세~16세까지 Paidagogos에 이끌려 오전에는 체조학교에서 신체의 미 단련을, 오후에는 음악학교에서 음악과 3R's, 시현악기, 피리 등을 배움 • Gymnasium : 16세~18세까지 수준이 높은 운동경기와 군사훈련을 받고 20세까지 군에 봉사 • 20세가 되면 시민권을 얻어 자유로이 결혼 • 스파르타와 달리 여자 아이들에게는 학교교육의 기회가 주어지지 않음	• 가정교육 : 7세까지 • 초등교육 : 8세~13세, 3R's와 체육 등을 위주로 한 사설 초등학교 교육이 실시 • 중등교육 : 13세~16세까지. 사설기관인 중등학교에서 기하, 음악, 천문학, 문법, 수사학 등을 교육 • 고등교육 : 16세 이상. 수사학교에서 법률, 정치, 경제, 역사, 천문학, 변증법, 수사학 등을 교육

2) 로마시대의 교육

로마의 교육은 B.C. 753년부터 서로마 제국의 멸망(A.D. 476)에 이르기까지 1,000여 년에 걸쳐 이루어졌다. 이웃나라들과의 접촉이 빈번한 위치에 있었던 관계로 로마인들은 매우 실제적이고 공리적인 성격을 지니게 되었다. 그리고 인류의 이상을 실현시키는 데 중요한 역할을 하는 제도 · 조직 · 행정체제 발전에 공헌이 컸다.

교육사적 시대구분은 '왕정시대 → 공화정시대 → 제정시대' 3단계로 나누어 살펴 볼 수 있다.

왕정시대의 교육은 실생활을 통한 경험과 모방 정도의 교육이 이루어지며, 주로 가정과 사회속에서 이루어졌다. 이 시기 공식적인 학교교육은 없었다.

공화정시대(건국초부터 약 800년 간)의 교육목적은 애국심 강하고 법률을 준수하는 국가에 유용한 시민을 양성하는 것이었다. 그러므로 조화와 우아함보다는 유용성이 강조되었고, 교육내용에 있어서도 가정생활 · 시민생활 그리고 조상 때부터 전래되어 온 전통과 관습을 배우는 것을 주로 하였다. 즉, 청년기 전에는 자녀에 대한 아버지의 권리, 아내에 대한 남편의 권리, 노예에 대한 주인의 권리, 계약에 대한 자유인의 권리, 재산에 대한 소유권 등을 규정하는 법률을 배우도록 하였고, 군에 입대한 후에는 군사훈련 목적을 위한 체육교육 등의 훈련을 받도록 하였다. 공화정 말기에는 그리스로부터 영향을 받아 문법학교, 수사학교 등이 세워졌다. 초등교육기관인 루두스(Ludus)에서는 고대 로마 최고 성문법인 12동판법(12라는 숫자는 '모든 법률' 또는 '모든 법'을 의미)과 읽기, 쓰기, 셈하기를, 문법학교에서는 문법, 호머의 시를, 15~16세의 학생들에게는 수사학교에서 웅변술을 가르쳤다.

제정시대(제정이 시작되어 서로마제국이 멸망하기까지 약 500년간)는 보다 세계적인 성격을 띠기 시작하여 그리스의 모든 문화적 가치, 즉 문학 · 학자 · 도서관 등을 로마로 옮겨 놓은 것 같은 양상을 띠게 되었다. 제정시대 교육목적은 지적발달을 중시하여 언어능력과 웅변력을 중요시하였다. 로마의 기본적인 전통으로서의 도덕률은 계속 유지되어 로마 교육의 삼대 목표는 도덕교육 · 문화교육 · 화술능력이었다. 교육과정의 내용도 많이 체계화되어 초등학교에서는 읽기 · 쓰기 · 셈하기를 배웠고, 로마의 작품이 라틴어로 번역되어 교재로 쓰여졌다. 중등교육에서는 문법 · 문학 · 수사학을 가르쳤으며, 대학에서는 법학 · 의

학·건축학·기계학 등을 가르쳤다. 교육방법으로는 기억과 훈련(특히 연설학습에서)이 강조되었으며, 특히 작문을 중요하게 다루었다.

3) 중세의 교육

중세는 서로마제국의 멸망(476)으로부터 동로마제국의 멸망(1453)까지를 말한다. 역사적으로 보면 게르만 민족의 이동으로부터 르네상스 이전까지이다.

중세 교육은 내세 중심적·신 중심적·교회 중심적이었다. 특히 교회가 학교 역할을 하였으며, 이성과 철학을 접합한 스콜라철학(Scholasticism)이 중세사상을 이론적으로 뒷받침하였다. 중세의 교육은 기독교적인 체계로서 도덕적인 규율을 엄격히 훈련시키고, 내세에 대한 기본개념과 자세를 확립시키는 데 치중하였다. 그리고 4단계의 학교 조직을 정비하였는데, 문답학교, 고급문답학교, 본산학교, 수도원학교로 나누어진다. 중세 말기에는 시민교육과 도제교육이 성행하였고, 기사 양성을 위한 기사교육이 있었다.

문답학교는 기독교 교리의 문답을 통하여 세례를 받게 하기 위한 준비교육으로 처음에는 성인들만을 대상으로 교육을 실시하였으나, 나중에는 어린이들까지 입학시켰다. 수업기간도 처음에는 짧았으나 나중에는 2년 내지 3년의 기간이 지나야 졸업시켰으며, 교육내용은 읽기·쓰기 등의 초보적인 지식이었다.

고급문답학교는 교사가 될 성직자들을 양성하기 위한 목적으로 기독교 교리뿐만 아니라 그리스의 학문들을 망라하여 신학적 문제해결에 도움이 될 수 있는 문법과 논리학, 기하학, 물리학, 천문학을 가르쳤다.

수도원학교는 신과 같은 깨끗한 생활을 하자는 금욕주의로 순결·청빈·복종의 정신자세가 강조되었다. 수도원의 교육내용은 초등 반에서는 3R's(읽기, 쓰기, 셈하기)를, 고등반에서는 7자유과(문법, 수사학, 논리학, 산수, 음악, 기하, 천문학)를 가르쳤다.

본산학교는 교회 지도자가 될 성직자와 신학자를 양성하기 위한 최고 교육기관이었다. 교육내용은 신학은 물론, 철학, 과학, 수학 등과 같은 그리스의 학문들을 포함하는 최고 수준의 것이었다.

기사교육은 기사에게 요구되는 신체적 능력과 기독교 신앙에 바탕을 둔 정신적 자질함양에 있었다. 교육내용으로는 실무교육에 필요한 말 타기, 활쏘기, 무예 등 신체적 능력을 기르기 위한 것들과 경건한 신앙심, 주군에 대한 충성심, 자신의 명예를 소중하게 여기는 태도, 약자를 보호하는 의협심, 부녀자에 대한 예의 등이 있다.

시민학교는 계층에 따라 상류계층 자녀들에게 시의회 지도자가 되거나 대학 진학 준비를 위한 학교와 하류계층 자녀들을 위한 교육기관으로서 오늘날 초등교육의 전신이라 할 수 있다. 이러한 시민학교들은 교육의 기회를 시민계급에까지 확대 · 보급하는 데 기여하였다.

중세 말기 가장 주목할 만한 교육은 대학의 설립이다. 중세대학은 스콜라 철학자들의 학문자치조합(길드)으로 출발하였다. 이것이 지금의 종합대학교(university)로 발전되었고, 교수와 학생의 합숙소(collegium)가 발달하여 오늘날의 단과대학(college)이 되었다. 최초의 대학으로는 이탈리아의 살레르노(Salerno)대학(1060)과 블로냐(Bologna)대학(1088) 그리고 프랑스의 파리(Paris)대학(1109)을 꼽을 수 있다. 중세 대학에서는 고대 그리스의 철학과 과학 그리고 아라비아의 산술, 의학, 연금술 등의 신학문이 도입되었다.

이탈리아 살레르노대학

프랑스 소르본드대학

이탈리아 볼로냐대학

영국 캠브리지대학

중세대학의 출현과 발달은 교육사적으로 대단히 중요한 의미를 지닌다. 중세대학은 자유로운 지적 연구기관으로서 고전문화를 계승 발전시키고, 르네상스 운동의 선구적인 역할을 하였다. 실제 대학이 출현하지 않았더라면 르네상스 운동이나 종교혁명은 불가능했을 것이다(김희수 외, 2014/2017).

4) 문예부흥과 종교개혁기의 교육

중세 기독교의 타율적이고 지배적인 권위와 전통에서 해방되어 자유로운 인간생활을 향유하고자 하는 움직임 속에서 14세기 초에 문예부흥이 일어났다. 문예부흥은 중세의 신 중심에서 인간 중심으로, 내세주의에서 현세주의로, 금욕주의에서 자연주의로 전환하려는 운동이다. 문예부흥의 근본 사상은 인문주의이다. 문예부흥은 인간성에 대한 재발견 운동으로서 인간을 중심으로 하는 학문을 강조하고 개인 스스로가 자신의 잠재적 능력과 가능성을 인식할 수 있도록 교육하는 데에 주력하였다. 교육내용은 주로 언어 · 문학 등의 능력을 함양하는 것으로 구성되었으며 라틴어 학습을 실시하였다. 그러나 시간이 경과함에 따라 인문주의의 이상과 목적은 점점 쇠퇴하게 된다. 16세기 전반부에 이르러서는 인문주의가 고전을 중시하는 본연의 의도를 잊고 고전의 형식에만 치중하게 되는 소위 '키케로주의(키케로의 문체와 문장 구성법을 그대로 읽고 모방하는 데에만 전력)가 나타나게 된다(김희수 외, 2014/2017).

문예부흥운동은 16세기 종교개혁에도 영향을 미치게 된다.

16세기 종교개혁은 원래 기독교의 교리를 부흥시켜 새로운 사회를 건설하려는 의지에서 출발하였다. 그러나 이 운동은 단순히 종교적인 측면의 개혁운동이라기보다는 당시 사회의 모든 방면, 즉 정치 · 경제 · 도덕 · 철학 · 문학 등에 걸친 제도상의 모순에 대한 일대 개혁이었다고 보는 것이 옳을 것 같다. 이 운동의 전개에 큰 영향을 미친 인물은 마틴 루터(M.Luter)와 존 칼빈(J.Calvin)이었다. 비텐베르그(Wittenberg)대학 교수였던 루터는 1517년 10월 31일 95개 조의 항의문을 통해 면죄부의 불합리성을 비판하며, 인간은 오직

성서와 신앙에 의해서만 구원받을 수 있다고 주장하였다. 이 당시 성서는 라틴어로만 쓰여졌고, 이 사건으로 성서를 독일어로 번역하게 됨으로써 종교의 대중화까지 이루어낸다. 루터(Luter)의 사상은 츠빙글리(U.Zwingli)와 존 칼빈(J.Calvin)까지 계승되었다(김희수 외, 2014/2017).

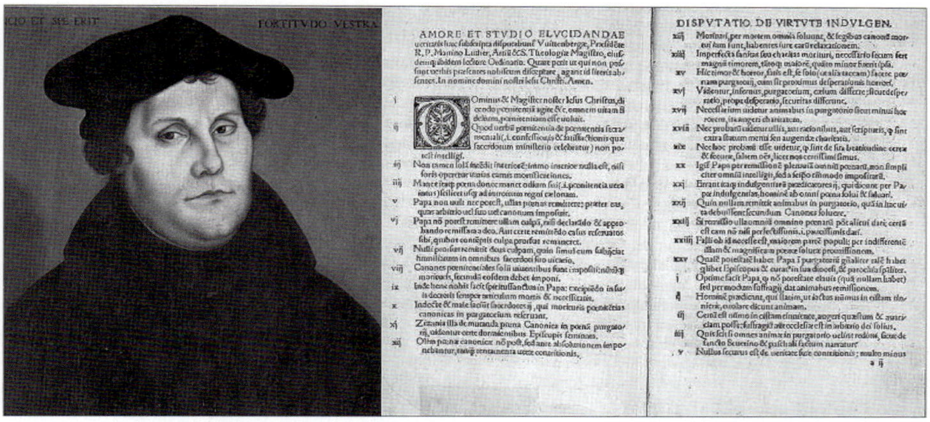

그림 2.1 ● **마틴 루터와 95개조 반박문**

5) 17세기 실학주의 교육

17세기의 실학주의는 인문주의에 대립되는 사상으로서, 교육은 실제의 현실과 관련되어야 한다는 것을 담고 있다. 17세기 실학주의는 키케로주의와 형식주의에 대한 반발, 종교교육 및 도덕교육적인 이상주의에 대한 반발, 코페르니쿠스(N. Copernicus)의 지동설을 비롯한 자연과학의 발달로 인해 관념적이고 추상적인 것에서만 진리를 구하는 것보다 경험적이고 구체적인 것에서 진리를 구하고자 하였다(김희수 외, 2014/2017).

실학주의는 인문적 실학주의, 사회적 실학주의, 감각적 실학주의 세 가지 형태로 나누어진다. 인문적 실학주의는 고전연구를 통하여 실생활에 유용한 인간을 양성하는 데 목적이 있다. 고전의 형식보다는 내용을 중요시했으며, 현실생활의 중요성을 강조하였다. 사회적 실학주의는 실제 사회의 직접적인 접촉을 통해서 유능한 신사를 양성하는 데 목적이 있었다. 따라서 지력·덕육·체육을 포함한 전인적인 교육이 강조되었다. 감각적 실학주의는 실물에 대한 감각을 통해서 얻은 학습은 책이나 말에 의해서 법칙을 배우는 것보다도 훨씬 효과적이라는 이론으로서 교육의 원리를 자연 속에서 발견하려고 하였다. 따라서 자연과학의 지식을 존중하고 감각에 의한 사물의 관찰을 중요시하였다. 대표적인 학자는 코메니우스(Comenius)를 들 수 있는데, 세계 최초의 그림이 든 교과서인 『세계도회』와 교육에 관해 조직적으로 논술한 최초의 교육학서로 유명한 『대교수학(Didactica Magna, 1632)』을 저술하였다.

89 화물선

배는 조타수에 의해서 만이 아니라, 바람의 힘으로도 질주합니다.

배 안에 돛대가 세워져 있고 맷면은 그물로 덮여 있습니다. 그것에 활대가 연결되어 있고 이를 바람에 맞서서 잡아당겨 밧줄로 방향을 바꾸는 돛이 걸려 있습니다.

돛에는 중심돛, 앞돛대, 뒷돛대가 있습니다.

배머리는 앞부분에 있고, 선미(배끝)에는 깃발이 달려 있습니다.

돛대에는 배의 앞을 보는 꼭던 망루(망루)가 있고, 그리고 최상부에는 풍향을 나타내는 깃발이 있습니다.

배는 닻으로 정지 시킵니다.

측연(깊이를 재는 기계)으로 깊이를 탐지합니다.

항해사는 갑판위를 거닙니다.

선원은 승강구를 통해서 분주하게 돌아다닙니다.

이렇게 해서 배는 바다를 통과해 나갑니다.

118 결혼

결혼이란 서로를 원조하고 인류의 번식을 위해서, 신의 낙원으로 들어가는 것입니다.

결혼하는 젊은 남성(독신자)은 부나 직업이나 학문등 여러면을 갖추고 있어야 합니다. 그것은 가족을 부양할 수 있고, 생계를 유지하는데 도움이 됩니다.

그 후 남자는 사랑하는 시집갈 나이의 처녀(혹은 미망인)를 택합니다.

그 경우 용모나 지참금 보다는 오히려 덕성이나 품위에 주의를 기울여야 합니다.

그 뒤 그는 여자와 은밀히 약혼을 하는 것이 아니라 구혼자로서 아버지와 어머니 혹은 후견인이나 친척중에서 중매인을 개입시켜 구혼합니다.

여자가 남자에게 사랑을 다짐하면 두 사람은 약혼자가 되어 혼인이 성립되고 지참금 문서가 쓰여집니다.

그림 2.2 ● 세계도회

6) 18세기 계몽주의와 교육

18세기의 계몽주의 교육사상은 인간이 이성에 의해서만 행복한 삶을 영위해 나갈 수 있다고 믿었다. '계몽'이란 사람이 보편적으로 갖고 있는 이성을 지상원리로 하여, 자유로이 사고하고 연구함으로써 지식을 증진, 보급하여 과거의 모든 비합리적인 사회제도와 형식주의 인간관 및 비과학적인 세계관을 비판하는 사상을 일컫는다(박영진 외, 2014/2016). 계몽주의의 교육목적은 이성의 자유를 속박하는 종교·정치·사회 등의 모든 권력 구조를 제거하는 데 있었다. 사람들이 스스로 생각하게 하고, 모든 인간적·신학적인 문제와 사물을 자신 이성의 힘으로 판단할 수 있게 하는 데 목적을 두었다. 계몽주의 사상의 첫 번째 특징인 자연주의는 인간을 자연 그대로 보는 것을 의미한다. 루소는 아동교육에 있어서 기존에 관습적으로 갖고 있던 일체의 권위를 부정하고, 자연의 원리 속에서 아동의 본성에 알맞은 교육내용과 방법을 탐구하여 가르쳐야 한다고 하였다. 이러한 루소의 자연주의 사상은 페스탈로치, 프뢰벨, 듀이로 이어져 근·현대교육사상에 크게 영향을 미치고 있다. 계몽주의 사상의 두 번째 특징인 합리주의는 인간의 이성과 지성을 존중하는 교육을 하자는 주장이다. 계몽주의 사상 세 번째 특징인 실리적 현세주의는 현실세계에서의 구체적 행복을 추구하는 교육을 하자는 주장이다. 그리하여 자연과학적 발명이 독려되고, 종래의 라틴어 중심 교육에서 모국어 중심의 교육으로 바뀌었다.

루소(J.J. Rousseau)

프뢰벨(Fröbel)

7) 19세기 신인문주의와 교육

신인문주의는 계몽사상의 합리적이고 공리적인 특성에 반해 인간성의 원만한 발달과 정의를 존중하는 사상이다. 18세기 말부터 19세기 초, 독일을 중심으로 일어난 인문주의 운동은 지나치게 이성만을 강조했던 계몽사상에 반대하고, 인간의 조화로운 발달을 바라는 사람들이 인간의 정서와 감정을 바탕으로 전개한 운동이었다.

신인문주의는 교육에 있어서 인간의 지(知), 덕(德), 체(體)의 조화로운 교육을 인간교육의 기본으로 생각하였는데, 특히 머리·가슴·손으로 특징되는 지능력·심정력·기능력 중에서 심정력(도덕, 품성, 정서, 감정, 용기)의 발달을 가장 중요시하였다. 유치원의 창시자인 프뢰벨은 인간주의적 교육관에 기초해 유아교육사상을 집대성하였다. 교육은 창조적 자기활동의 원리에 입각해야 하며, 아동의 가장 자연스러운 활동인 놀이와 은물(恩物)을 통한 교육을 주장하는 등 아동 중심, 아동의 생활 중심의 교육을 주창하고 이를 실천하였다. 이러한 교육사상은 20세기 들어서서 몬테소리의 어린이집, 닐의 섬머힐, 듀이의 아동 중심 교육, 진보주의 교육철학을 이끌었다.

'진정한 지혜는
나 자신이 아무것도 모른다는 것을 아는 것이다'
〈소크라테스〉

Check! Check!

01 다음 중 교육사 연구의 궁극적인 목적은 무엇인가?

① 현재와 미래 교육을 위한 시사점 도출
② 교육문제 해결을 위한 과학적인 처방
③ 교육과 사회제도의 관계 규명
④ 과거의 교육제도에 대한 호기심 충족

02 우리나라 최초의 고등교육기관은 무엇인가?

① 조선의 서당
② 고려의 향교
③ 신라의 화랑도
④ 고구려의 태학

03 문예부흥의 기본적인 특징이라 볼 수 있는 것은?

① 사회주의
② 금욕주의
③ 보통의무 교육의 성립
④ 인간의 본성에 대한 존중

04 다음 중 그리스 문화권의 교육에 대한 설명으로 옳지 않은 것은?

① 로마의 교육은 공화정시대부터 활발하게 이루어졌다.
② 페르시아전쟁 이후의 교육은 주로 개인주의와 지배계급을 위한 교육이 풍미하였다.
③ 아테네의 교육제도는 자유인으로서의 자질을 함양하는 데 주력하였다.
④ 스파르타의 교육제도는 국가가 직접 통제하여 지배계급의 의식을 가르쳤다.

객관식 정답 01. ① 02. ④ 03. ④ 04. ②

Chapter 03

교육의 철학적 기초

교육목표

- 교육철학의 개념과 기능을 이해한다.
- 전통적 교육철학 및 현대적 교육철학의 각 사조를 이해하고 구분할 수 있다.

1 교육철학의 의미

예전부터 동양은 물론 서양에서는 지혜를 사랑하고, 그것을 가르치는 일을 그 본분으로 하였다. 따라서 교육에서 철학은 인간다운 삶을 위해 우리 자신의 삶을 끊임없이 성찰하는 것이었다. 고대인들에게 철학은 삶의 의미를 추구하거나 일상적 삶을 지혜롭고 행복하게 사는 문제였다. 그렇기 때문에 '지혜'의 문제보다는 '지식'의 문제에 관심을 돌리고, 그것을 자신의 본분으로 삼기 시작했다. 즉, 교육에서 철학의 역할은 과학적 지식을 가능하게 하는 논리적 조건을 탐구하는 이론적 작업이었다. 또한 인간에게 있어 삶의 의미나 지식의 본질에 대한 궁극적 지식이나 절대적 진리를 체계적으로 추구하는 활동이라 할 수 있다.

오늘날 철학은 인간의 의미체계를 표현하는 언어와 이 언어가 실제나 현실과 관련을 맺는 방식을 비판적으로 검토하여 그 의미를 이해하고 확장하며 탐구해 자기 형성적이고 실천적인 사고활동으로 제자리를 찾아가고 있다(Rorty, 1979). 그리고 우리가 제도적으로나 일상적으로 접하는 교육적 담론의 기저에 놓여 있는 의미체계가 현실 세계와 관계를 맺는 방식에 대하여 비판적으로 검토하는 활동으로 옮겨가고 있다(Blake et al., 2003). 교육철학이 하는 비판적 탐구활동에는 분석적 역할, 평가적 역할, 사변적 역할, 통합적 역할이 있다(이돈희 · 조화태, 1995).

표 3.1 ● 교육철학의 기능

분 석	• 이론적 혹은 일상적 언어의 의미를 명백히 하며, 논리적 모순이나 모순된 표현을 가려내어 각종 판단의 기준을 밝히는 행위, 언어의 의미 명료화 • 교육이론 및 실천의 좌표, 원리 규명	철학의 1차적 기능
평 가	• 어떤 평가기준을 세우고, 그 평가기준에 입각하여 교육적 의미나 교육 현실이 바람직한 것인지 아닌지 또는 만족스러운 것으로 받아들일 만한 것인지 아닌지를 평가하는 행위	

(계속)

평 가	• 주장에 대한 가치판단 • 규범적 기능(어떤 규준이나 준거에 비추어 교육적 실천, 이론, 주장, 원리의 만족도를 밝히는 행위)	
사 변	• 새로운 가설을 제시하고 새로운 사고를 창출해내기 위해 개별자들과 전체 사이의 질서와 관계가 주는 의미를 찾으려는 체계적인 사고과정 • 평가적 기능을 통해 평가한 것을 해석하는 교육적인 제안과 주장	철학의 중핵 기능
통 합	• 분석적, 평가적, 사변적 기능을 전체적으로 교육철학의 기능으로 종합하여 더욱 합리적이고 타당한 기능으로 수렴 • 교육의 일관성 유지, 전인교육 추구 • 전체적, 종합적인 교육 이해	철학의 고유 기능

출처 박영진 외(2014/2016) p.56-58, 이선화(2017) 上. p.222-227의 내용을 표로 재구성함

교육철학은 '교육은 무엇이어야 하는가?'라는 핵심적 질문, 즉 교육의 의미와 개념에 대하여 지속적이고 적극적으로 탐색하는 것이다. 교육철학은 이러한 여러 사상가들의 교육이론이 던지는 고전적 질문을 교육의 목적과 지식의 성격, 인간의 본성과 실천의 관점에서 검토하고 문제 삼으며 재해석하는 일에 공헌한다. 교육철학을 통해 첫째, '교육이 무엇이어야 하는가?', 즉 교육의 의미와 개념에 대해 보다 적극적으로 탐색할 수 있어야 한다. 둘째, 교육학의 다양한 하위 학문 분야의 접근에 전제된 이론적 가정이나 가치 등을 계속해서 검토하는 작업을 할 수 있어야 한다. 마지막으로, 교육철학의 연구물들이 다양한 분야의 전문가와 대중들에게 활용될 수 있도록 노력해야 한다(이선화, 2017). 이러한 노력을 통하여 교육철학은 오늘날 교육의 의미를 발전시키고 풍요롭게 하는 데 도움이 될 수 있다.

2 전통적 교육철학

1) 관념론

관념론이란 우주의 본질적 실재가 관념(idea), 정신(sprit), 마음에 있다는 것으로 이상주의라고도 한다. 관념론은 정신이나 마음을 최우선으로 두며, 현실

세계의 물질세계와 감각의 세계는 불완전하다고 본다. 그렇기 때문에 관념론에서 참된 인식은 현실세계에서 감각 경험을 통해서 얻어질 수 없고, 이성의 힘에 의해서만 가능하며, 이데아의 세계에 있다고 본다. 관념론을 대표하는 사상가로는 플라톤(Platon), 버클리(Berkeley), 칸트(Kant), 헤겔(Hegel) 등이 있다(김희수 외, 2014/2017).

관념론의 특징은, 첫째, 절대적인 진리, 궁극적인 실재를 인정한다. 둘째, 진선미(眞善美)의 보편성과 영원성을 인정한다. 셋째, 교육에서 마음을 훈련하고 정신을 함양하는 일을 가장 중요하게 여긴다. 이러한 관념론은 교육이론과 실제에도 큰 영향을 주는데, 관념론 입장의 교육이론가들은 정신을 계발, 도야해 가는 일을 중요하게 여기고, 이에 비해 실물교과, 신체교과, 예능교과 등에 대해서는 소홀히 하였다(박영진 외, 2014/2016).

2) 실재론

실재론은 관념론과 반대로 우주만물의 궁극적인 실재가 물질이라고 보는 관점으로 현실주의나 유물론과 같다. 즉, 물질세계는 일정한 자연법칙에 따라 움직이는 불변의 세계이기 때문에 중요한 것은 인간의 마음이나 정신이 아닌 물질세계라는 것이다. 실재론자들은 객관적으로 존재하는 사물을 인간이 안다는 것은 감각과 이성을 통해서 가능하다고 보고, 사물에 대한 지식이 곧 아는 것이며, 이 지식은 인간의 마음과 사물의 상호작용을 통해 인식할 수 있다고 주장한다. 물질세계를 관찰하고 그 법칙을 발견해야만 세계를 제대로 그리고 진정 알 수 있다고 보는 것이다(김희수 외, 2014/2017). 대표적 사상가로는 아리스토텔레스(Aristoteles), 아퀴나스(T.Aquinas), 베이컨(F.Bacon) 등이다. 이러한 실재론이 교육이론 및 실제에 끼친 영향은 이성계발보다 오히려 감각적 경험을 풍부히 하고, 인간의 지력을 계발하는 데 중점을 두며 인문교과와 함께 과학교과도 가르쳐야 한다고 강조한다.

3) 실용주의

실용주의는 실용성, 유용성, 실제성을 가장 중요시 하는 철학적 입장이다. 실용주의는 영원불변하는 실재는 없다고 보는데, 언제 어디서나 늘 진리인 것도 없고, 언제 어디서나 무엇에도 영향을 받지 않는 것도 없다. 실용주의는 진리를 인간의 경험과 관련짓는다. 진리는 인간의 경험에서 제기되는 문제를 풀기 위해 적용되는 하나의 가설에 불과한 것으로, 그러한 가정을 적용함으로써 실제 문제가 해결되고 실생활 향상이 있었을 때만 진리로 생각될 수 있다고 본다. 실용주의 교육론자들은 교육이란 단지 기존의 지식을 습득하는 수단이 아니라 실제적인 문제 상태에 직면하여 그 문제를 해결해 가는데 도움을 줄 새로운 지식을 습득하고, 그 지식을 활용하는 것이 중요하다고 본다. 이때 환경에 적응하고 환경을 개선해 갈 수 있는 능력을 기르는 과정이 교육이다. 대표적 사상가로는 헤라클레이토스(Herakleitos), 프로타고라스(Protagoras), 피어스(Peirce), 듀이(Dewey) 등이 있다.

3 현대적 교육철학

1) 진보주의

진보주의는 실용주의(Pragmatism)와 실리주의(경험중심), 과학주의 등을 배경으로 한 생활중심교육, 경험중심, 아동중심 교육으로 알려지고 적용된 교육사상이다.

실용주의의 발전은 듀이에 이르러 새로운 교육개혁운동으로 전개되었고, 미국의 공교육, 특히 공립 초·중등학교 교육에 큰 영향을 미쳤다. 이에 근거한 여러 교육이론과 방법이 발전되었다. 1929년 경제공황을 계기로 이 교육관은 거센 비판을 받아 본질주의와 항존주의 등의 반발을 받았다. 1944년 스스로 역사적 사명을 다했다는 선언을 하면서 미국 교육협회로 개편되었고, 이후 급격하게 그 영향력을 잃게 되었다. 진보주의는 넓은 의미로는 전통주의나 보수주의에 대비되는 혁신주의를 총칭하는 개념이다. 좁은 의미로 교육철학의 고유한 진보주의(progressivism)는 전통적인 형식주의 교육에 반대하면서 민주주의적인 교육의 이념과 학생의 창의적 활동 그리고 생활 속의 교육의 소재와, 학교와 사회의 밀접한 관련을 구축하는 것 등을 강조하는 혁신적 교육이념을 가리킨다.

진보주의자들은 이 세상에서 변하지 않고 고정된 것은 없으며, 변화 그 자체가 만물의 속성으로서 변하지 않고 영구적인 것이 있다면, '세상은 변하고 있다'는 변화의 법칙뿐이라는 주장을 내놓는다. 따라서 그들은 과학적 관찰에 의해 검증되지 않은 이론은 권위와 편견에 의존하므로 교리(dogma)에 지나지 않으며, 과학적 검증이 되어 있지 않은 모든 믿음은 생각할 수 없다고 단정하고 있다. 진보주의자들은 변화를 당연한 것으로 받아들이며, 사회를 개선하기 위해서는 새로운 방안을 계속적으로 시도해야 한다고 주장한다. 이 세상에는 불변의 지식이란 없기 때문에 오늘 가르치는 내용이 내일에는 타당하지 않을 수도 있다. 그러므로 교사는 학생들에게 지식 축적을 요구하기보다는 문제해결에 필요한 태도와 능력을 키우는 일에 더욱 관심을 가져야 한다. 따라서 진보주의의 교육과정은 체계적인 지식을 담은 독립된 교과가 아니라, 학생들이 직접 해결해야 할 문제나 경험해야 할 과제로 구성된다. 진보주의자들은 경험을 통하지 않고는 학습할 수 없다고 생각한다. 따라서 진보주의자들은 교과내용을 학생들에게 전달하는 전통적인 교육방법을 부정하고, 학생들이 그 내용을 직접 경험해야 한다고 주장한다. 교육이란 다음 사회에 나가기 위한 준비단계일 뿐만 아니라 현재의 학생 생활에도 도움을 줄 수 있어야 하므로, 학교는 전문가나 지식인을 목표로 학생들을 교육하기보다는 건전한 생활인의 육성을 목표로 해야 한다는 것이다.

진보주의자들이 기본적으로 지니고 있는 교육에 대한 관점은 다음과 같다.

❶ 교육은 밖으로부터의 형성이 아니고 안으로부터의 계발이어야 한다.

❷ 아동의 행위는 임의적 법칙에 의해서라기보다는 사회적 요구에 따르는 아동 자신에 의해 지배되어야 한다. 따라서 교육에서는 아동의 창의성과 자기 표현을 위한 최대의 기회가 제공되어야 한다.

❸ 교육은 미래의 사회생활에 대비하는 것이라기보다는 학생의 현재 생활의 필요와 흥미, 욕구를 충족시키는 것이어야 한다.

❹ 교사는 암기적 학습보다는 모든 감각적 경험의 이용과 관찰, 판단을 위한 훈련의 사용을 중시해야 한다. 또 교재나 활동을 포함한 다양한 정보의 원천을 이용하여 아동이 이렇게 수집된 정보를 어떻게 사고하며 어떻게 표현하는지를 가르쳐야 한다.

❺ 교과 과정은 미리 짜여져서는 안 되며 아동의 흥미를 충족시켜 줄 수 있는 내용으로 그때그때 짜여져야 한다.

❻ 교수 내용의 이수보다 더 중요한 것은 그 내용에 접근하는 방법이며, 이 같은 방법을 배우는 것이 내용의 체계적 이해보다 중요하다.

❼ 학교는 기존의 사회체제에 적응하는 사람을 육성하기보다는 이러한 사회체제의 한계를 인식시키는 곳이 되어야 한다.

❽ 학교는 가정과 함께 아동의 자연적 흥미와 활동이 요구하는 모든 것을 가능한 최대로 제공해야 한다.

❾ 교육은 민주주의로 운영되어야 하며 민주적 사고와 실천을 배울 수 있는 활동이 권장되어야 한다.

진보주의 교육철학의 선구자인 듀이와 그의 추종자들의 진보주의 교육에 대한 독특한 견해를 요약하면 다음과 같다.

❶ 교육은 생활이다.

❷ 교육은 성장이다.

❸ 교육은 끊임없는 경험의 재구성이다.

❹ 교육은 사회적 과정이다.

진보주의의 교육 원리를 정리하면 다음과 같다.

❶ 교육은 현재의 생활 그 자체이지 미래의 생활을 위한 준비가 아니다.
❷ 학습은 직접적으로 아동의 흥미와 관련되어야 한다.
❸ 교육내용의 이수보다 더 중요한 것은 문제해결의 방법을 배우는 것이다.
❹ 교사는 아동을 지휘하는 입장이 아니라 도와주는 입장에 서야 한다.
❺ 학교는 경쟁을 시키는 곳이 아니라 협동을 장려하는 곳이 되어야 한다.
❻ 민주주의만이 진정한 성장에 필요한 사상의 교류와 인격의 상호작용을 허용하므로, 민주주의를 가르치기 위해 학교생활 자체가 민주적으로 운영되어야 하며, 민주주의에 대한 이해를 깊게 하고 그것을 실천할 수 있는 과외활동이 권장되어야 한다. 그러나 이러한 진보주의 입장은 학생들을 지도할 때 교사의 역할에 대한 많은 문제점을 드러내기도 하였다.

전통적 교육에 대한 진보주의자들의 비판은 다음과 같다.

❶ 교육은 원래 안으로부터 발전해야 하는데 외부로부터의 주입으로 이루어지는 교육이다.
❷ 학생의 현재 생활보다 미래에 대한 준비를 주로 하고 있다.
❸ 학생의 현재 생활을 위한 필요, 흥미, 욕구보다는 인류의 미래 생활을 위한 사회적 유산의 계승을 강조한다.
❹ 학생의 바람직한 인격 계발에 도움이 되는 교육내용이기보다는 사회적 이상과 신념을 주입하는 데 가장 효율적인 교육내용으로 구성되어 있다.
❺ 지식을 얻는 방법보다 지식의 암기가 중시되고, 학생의 경험보다는 지식 자체를 중시하였다.
❻ 학교는 어린이가 살고 있는 지역사회와 고립되어 있다.

❼ 교육내용이 특정한 신념체계나 지식체계를 학습시키기 위해 권위자나 당국에 의해 사전에 철저히 짜여진다.

❽ 모든 훈련이 소정의 교과과정을 이수시키기 위해 조건화되어 있다.

이들의 주장에 대해 민주주의 이외의 사상체계에 대한 객관적 이해를 소홀히 하였다는 비판도 따른다.

❶ 아동에게 지나친 자유를 부여하고 흥미를 지나치게 존중한 나머지 아동들로 하여금 어려운 과목을 피하고 쉬운 과목을 택하게 하는 결과를 초래하였다.

❷ 자유를 존중한 나머지 방향 감각을 경시했고, 생활화를 중시하여 미래에 대한 교육의 준비성을 소홀히 하였고, 민주 방식을 과신하여 가치의 절대적 측면을 보는 눈을 키우지 못했다.

❸ 아동 중심이 지나쳐 명확한 목표 설정을 하지 못했고, 흥미를 지나치게 강조하여 본질적인 지식을 소홀히 다루었다.

❹ 현재의 생활을 중시하여 어린이가 장차 살아야 할 미래에 대한 감각을 키우지 못했다.

❺ 다중의 협동을 강조함으로써 우수한 소수의 지도성을 반영시키지 못했다.

대표적 진보주의자로는 듀이(Dewey), 킬패트릭(Kilpatrick), 파커(Parker), 보드(Bode), 카운츠(Counts) 등의 인물을 들 수 있다.

듀이(Dewey)

킬패트릭(Kilpatrick)

파커(Parker)

2) 본질주의

본질주의는 모든 사람에게 공유되고 조직적으로 가르쳐져야 할 반드시 필요한 공통적인 핵심내용(지식, 기능, 태도, 이상 등)이 존재하고, 교육을 통해 이 문화의 핵을 일정한 수준으로까지 계승시켜야 한다고 여기는 사상이다. 이와 같은 본질주의의 역사는 1938년 "미국 교육의 향상을 위한 본질파위원회"를 구성하여 강령을 채택하고, 이를 널리 선포하면서 새로운 교육개혁운동으로 시작되었다. 오늘날 이 운동 자체는 크게 진행되고 있지 않지만, 그들의 주장은 당연한 것으로 수용되고 있으며, 특히 1957년 '스푸트니크(Sputnik)' 충격 이후 미국 교육에 큰 영향을 미쳤다. 본질주의는 진보주의가 지나친 아동중심이 되어 교육의 방향성과 목적이 상실되었음을 비판하면서 등장하였기 때문에 본질적인 문화유산을 중시하고 교사 중심 교육을 주장한다. 본질주의의 교육목표는 인류의 과거 핵심적인 경험, 즉 문화유산 가운데 가장 본질적인 것을 골라 조직적인 학교교육을 통해서 다음 세대에 계승시키는 것이다. 따라서 기본적인 교과를 학습함으로써 인간의 지적 능력을 개발하고 새로운 상황에 부딪혔을 때 문제를 해결하고 적응해 나갈 수 있다고 보면서, 학교의 가장 중요한 기능은 학생들에게 지적 능력을 키워주는 것이라는 관점을 가지고 있다.

본질주의자들은 고등학교 수준까지는 교과를 통합하지 말고 별도의 독립된 교과목으로 가르치는 것이 바람직하다고 주장한다. 통합은 각 교과목 내용을 충분히 학습한 뒤 이루어져야 한다는 것이다. 따라서 본질주의는 진보주의가 어린 아동에게도 교과 중심이 아닌 주제 중심, 활동 중심, 흥미 중심의 수업을 실시하는 것은 잘못이라고 지적하고 있다. 초·중등학교 학생들에게는 살아가는 데 필요한 지식·기술을 가르치고, 대학교육은 민주주의 사회의 지도자로 육성하기 위한 준비과정이어야 한다.

본질주의의 교육 원리는 다음과 같다.

❶ 학습은 원래 강한 훈련을 수반하는 것이어야 한다. 따라서 어린이들이 싫어하는 경우에도 시켜야 하며, 응용도 시켜야 한다.

❷ 고차원의 흥미는 처음부터 있는 것이 아니고, 과제나 과목을 수행·이수하는 과정과 결과에서 생기는 것이다.

❸ 교육은 현재의 욕구를 미래의 목적에 종속시켜야 하며 장래의 사태에 대비하여 능력을 닦고, 자제심과 자기 훈련을 촉구해야 하므로 교사는 현재와 미래, 성인과 아동의 사이에서 촉매 역할을 해야 한다.

❹ 어린이가 한 인간으로서의 잠재능력을 충분히 발휘하려면 객관적으로 잘 알고 있는 교사의 지도와 감독을 필요로 하므로 교사는 깊은 학식과 뛰어난 기술을 가지고 어린이의 능력을 계발해야 하며 교육과정에서 주도권을 지녀야 한다.

❺ 교육과정의 핵심은 소정의 교과를 철저하게 이수하고 그것에 몰두하는 데 있다.

❻ 개인의 경험을 초월하는 민족적 경험이나 사회적 유산은 수백만, 수천만의 경험을 함축하고 있으며, 몇 천 년의 시련을 견디고 살아남아 있는 것이므로 이의 계승을 중시해야 한다.

❼ 진보주의가 권장하는 문제해결 방식은 모든 학습과정에 적용될 수 없으므로 전통적 학문적 훈련 방식을 회복해야 한다.

이와 같은 본질주의에 대한 비판은 다음과 같다.

❶ 본질주의는 학문적 훈련을 중시하여 학문 중에서도 가장 체계화되어 있는 자연과학이지만, 역사의식을 강조하는 인문과학을 중시하였기 때문에 사회과학을 경시하게 되었다.

❷ 본질주의는 체계적인 지식의 전수와 교사의 주도권을 강조하여 어린이의 자발적 참여와 학습동기를 가볍게 보았고, 그 결과 민주사회의 필수

요소인 독립심과 비판적 사고, 협동정신 등을 기르는 데 소홀하였다.

❸ 기본적인 지식과 기능의 전수에만 급급하여 시공을 초월한 영원한 진리와 가치에 대한 진지한 종교적 차원의 교육을 소홀히 하였다.

❹ 오늘날 우리 인류가 풀어야 할 과제가 무엇이며, 교육이 그 문제를 해결하기 위해서 무엇을 공헌해야 할 것인가에 대한 미래 전망과 사회혁신의 자세에 부족함이 많았다는 등의 비판이 따른다. 본질주의의 대표자로는 Bagley, Demia-shkevich, Kandel 등을 들 수 있다.

3) 항존주의

항존주의는 실용주의(진보주의) 교육이념에 정면으로 도전하는 데서 나온 것으로 1930년대에 싹트기 시작하였다. 항존주의는 현실 생활 경험을 중시하는 진보주의를 전면 부정하면서 등장한다. 즉, 현대문명(물질주의, 기계주의, 현실주의, 상대주의, 과학숭배주의)은 인류를 파멸로 이끌고 가므로 이 위기에서 인류와 그 문화를 구하려면 고대와 중세 사람의 지혜와 절대적인 진리를 통하여 극복해야 한다는 교육철학이다.

항존주의의 개념은 다음과 같다.

❶ 항존주의는 플라톤, 아리스토텔레스, 스콜라학파 등의 철학에 기원을 두고 있는 교육철학으로서 진리와 원리는 변하지 않는다고 믿으며, 모든 것을 이 불변의 진리와 원리에 입각해서 해석한다.

❷ 고전적 실재론과 아리스토텔레스, 아퀴나스의 사상에 기초하였고, 진리의 절대성과 영원성을 중시하며, 학문 중심 교육과정의 성립에 영향을 주었다.

❸ 고전적 휴머니즘, 신토미즘(Neo-Thomism), 신스콜라티시즘(Neo-Scholaticism)으로도 불린다. 항존주의는 진보주의 교육에 대립한다는 점에서

는 본질주의와 다름이 없다. 그러나 항존주의는 본질주의보다 더 절충하지 않기 때문에 교육에 관해 가장 보수적인 입장을 취하고 있다.

항존주의자들은 인간이란 태어날 때부터 이성적인 능력을 갖는 유일한 존재이므로, 교육의 목적은 인간의 지적 능력을 갈고닦는 데 있다고 믿는다. 이성적인 능력에 대한 기준은 시간과 공간을 초월하는 것이므로, 교육은 현재의 일시적인 필요를 충족시키기 위하여 노력할 것이 아니라 항구적인 가치를 추구해야 한다고 주장한다. 항구적인 가치관이란 인류 역사가 그동안 쌓아 올린 경험 중 이미 실천되고 검증되어 가장 가치 있고 진정한 진리로 인정받을 수 있는 학문적·문화적 유산만을 말한다. 그러므로 교육과정은 이러한 진리들로 구성되어야 한다고 본다. 고전은 가장 가치 있는 인류의 지혜를 담고 있으므로, 항존주의에서는 고전을 교육과정 중 가장 중요한 위치에 놓는다.

항존주의의 교육원리는 다음과 같다.

❶ 인간의 본성은 시간을 초월해서 변하지 않기 때문에 교육의 본질도 변하지 않는다. 따라서 교육의 목적도 시공을 초월해서 같아야 하며, 동일한 교육목적이 모든 사람에게 똑같이 적용되어야 한다.

❷ 인간은 이성적 존재이기 때문에 이 이성에 비추어 자기를 수련하고 본능과 환경의 제약을 이겨낼 수 있는 유일한 존재이다.

❸ 진리는 세속적인 부귀영화에서 벗어나게 하고 불의와 싸울 수 있는 힘을 제공하므로 진리를 탐구하고 그에 안주하는 자세를 확립해야 한다.

❹ 교육은 이상적 삶을 준비하는 것이다. 즉, 주어진 사회에 잘 적응해서 입신출세시키는 것은 교육이 아니며, 오히려 주어진 사회의 문제를 인식시키고 보다 나은 사회로 전진할 수 있는 인간을 키워내는 것이 교육이다.

❺ 기본적 교과를 철저히 이수해야 한다. 이런 뜻에서 교육내용으로 모든 학문의 기초가 되고, 교양이 되며, 진리로의 접근인 교양교육을 가장 중시한다.

❻ 고전 속에는 보편적인 진리가 담겨져 있으므로, 고전 독서교육을 해야 한다는 원리를 강조한다.

허친스(Hutchins, 1936)도 인간은 언제 어디서나 그 특성이 똑같으므로 특정한 시간에 특정한 환경 속에 사는 사람을 교육한다는 생각은 교육의 본뜻에 어긋난다고 하였다. 아들러(Adler)는 교육이란 자유학과(liberal arts)를 통해 이성적인 능력을 키우는 것이라 보았으며, 이 자유학과는 고대·중세·현대의 고전에 잘 나타나 있다고 하였다. 그러나 이상에서 살펴본 바와 같이 항존주의 교육사상에서 많은 교훈과 시사를 배울 수 있음을 시인하면서도 그들의 주장을 전적으로 받아들일 수 없는 것은 오늘날처럼 급변하는 사회에서 전통적인 고전만을 고집하는 것은 불합리하기 때문이다.

항존주의에 대한 비판은 다음과 같다.

❶ 항존주의는 유일하고 절대적인 불변의 가치체계를 숭상하기 때문에 대다수의 평범한 사람들의 다종·다양한 가치체계에 회의를 품고, 결과적으로 생활의 민주 방식을 위협하는 비민주성을 특징으로 한다.
❷ 인간은 우선 현실적 존재이며 과거를 아는 것도 미래를 아는 것도 모두 현재를 충실하게 살기 위한 것이다. 그러나 항존주의자들은 현재를 순간적인 가상적 과정으로 여기고, 영원성과의 관련에서만 보기 때문에 현재에 충실하려는 모든 인간적 노력을 경시한다.
❸ 만인이 하나님 앞에 평등하다는 것은 인격적 존재로서 평등하다는 것이지 능력에서도 평등하다는 말이 아니다. 그러나 항존주의자들은 모든 인간이 다 고전 속의 위대한 인물들처럼 생각하고 행동할 것을 기대하기 때문에 학교는 능력 있는 귀족들만을 위한 것이란 비판이 따른다. 대표적인 항존주의자로는 아들러(Adler), 허친스(Hutchins), 마리탱(Maritain), 커닝햄(Cunningham) 등이 있다.

표 3.2 ● **현대 교육철학**

구 분	진보주의	본질주의	항존주의
개념	실용주의 철학과 실험주의 등을 배경으로 한 아동 중심, 생활 중심, 사회 중심의 교육철학	지나친 아동 중심으로 본질적인 문화유산의 전달을 등한시한 진보주의 문제를 보완한 교육철학	급격한 현대문명의 변화 속에서 영원하고 절대적인 것을 추구하면서 이성의 훈련을 중시하는 교육철학
철학	• 루소의 성선설 아동관 • 자연주의 사상 • 존 듀이의 실용주의적 경험론	• 관념론과 실재론 : 양자 모두 우주의 본질을 고정적인 것으로 파악한 철학	• 관념론 : 진리의 절대성과 영원성, 이성을 중시
교육이론	• 교육목적 : 현실생활에 적응할 수 있는 전인적 인간 육성 • 교육내용 : 아동의 필요, 흥미, 사회문제가 중심이 됨 • 교육방법 : 아동의 생활 및 흥미 중심 교육 → 아동의 자발성에 의한 교육, 협동 및 개별학습 중시	• 교육목적 : 문화의 본질적인 요소 전달 • 교육내용 : 문화재 중심 교육과정(고전 및 자연과학) • 교육방법 : 논리적인 체계에 따른 교사의 지시 및 감독(교사 중심 교육)	• 교육목적 : 사회적 자아실현(사회개조를 통한 자아실현) • 교육내용 : 문화적 현실 및 문화적 재건을 위한 제안, 목적 달성을 위한 방법, 목표 추구를 위한 관심 부분 • 교육방법 : 가치 있는 교육을 위한 직·간접적 집단 활동
대표학자	듀이, 킬패트릭, 파커 등	베글리, 브릭스, 마리슨 등	허친스, 아들러, 마리탱 등

출처 김희수 외(2014/2017). p.76-77 재인용

4) 20세기 후반의 교육철학 사조

(1) 분석적 교육철학

분석적 교육철학은 1950년대 중반부터 영미 교육철학계의 주도적 흐름을 장악하기 시작하여 1960년대에 이르러 퇴조된 교육철학 사조이다. 분석적 교육철학자들은 제2차 세계대전 전의 진보주의 교육운동이 사회적, 경제적 정의 문제에 직접 개입한 것과는 반대로 사회와 교육의 실제적 문제와 거리를 두는 한편, 교육철학을 교육에 대한 주관적이고 개인적인 신념체계가 아닌 하나의 객관적인 지식체계로 이루어진 독자적인 학문으로 발전시키고자 노력하였다. 분석적 교육철학이 다루고자 한 것은 '교수'는 논리적으로 '학습'의 발생을 포

함하는지, '교화'나 '조건화'와 어떻게 다른지 등에 관한 것이었다. 이외에도 '흥미', '동기', '바람' 등의 심리적 개념을 분석하였다. 또한 분석철학자들이 연구한 개념이나 이슈 중에는 교육정책과 직접 관련된 것도 있다. 1960년대 말 이후 분석적 교육철학자들은 학교현장과 관련되는 보다 사회적인 이슈도 포함시켜 교육철학적 작업의 교육 실제와 관련성을 분석하고자 하는 노력을 시도하였다.

(2) 비판적 교육철학

1960년대 후반에 학교체제에 대하여 비판하며 대안적 관점을 형성하는 비판적 교육철학자들이 등장한다. 이들은 인간의 의식이나 지식이 사회적·경제적·정치적 제약 하에서 형성된다는 의식을 갖고, 이러한 제약요인들을 분석하고 비판하는 일을 통하여 인간 의식을 억압의 영향에서 해방시키는 것을 교육의 목적으로 본다.

비판이론에 의하면 지식 획득을 포함한 인간의 모든 인식행위는 인간이 갖고 있는 욕구와 동기, 관심과 선입견, 신념과 가치판단을 적용한 결과로서 가능하다. 그리하여 비판적 교육철학자들은 애당초 가능하지도 않은 학문의 가치중립성을 표방하기보다는 오히려 자신이 옹호하는 신념과 가치관을 분명하게 밝히고, 이러한 신념과 가치관의 정당성을 자기 평가하여 교육 현실이나 이론을 비판적으로 검토한다. 이것은 비판적 교육철학이 교육을 기술적으로 설명하는 데에 그치지 않고, 규범적이고 평가적인 성격을 지니며 교육 개선과 실천을 위한 실천학으로서 제 역할을 한다는 것을 의미한다.

(3) 포스트모더니즘

포스트모더니즘은 근대 계몽주의가 가정하는 보편적 진리의 존재를 의심하고, 사회의 권력관계와 분리된 지식을 부정한다. 그리하여 이성이나 합리성이 절대적으로 고정되어 있음을 거부하고 개인의 감정과 정서를 중요시하며, 지

식은 사회적, 역사적, 문화적 맥락에 따라 다르게 형성된다는 입장을 취한다. 포스트모더니즘 교육은 모든 학생들이 자신의 문화뿐 아니라 다양한 타 문화의 관점을 경험하고, 사회의 이질성과 다원성을 의식하고 인정하는 교육을 강조한다. 그리고 다양한 문화적, 종교적 배경에 따른 차이를 단순히 허용하는 교육보다는 그러한 차이가 가진 교육적 가치를 적극적으로 배울 수 있게 하는 교육을 장려한다. 포스트모더니즘이 학교교육에 초래한 중요한 변화 중 하나는 실천적 지식의 가치를 강조함으로써 보다 열린사회로의 전환을 주도하고 있다는 점이다.

'지식은
의심과 함께 자란다'
〈괴테〉

Check! Check!

01 다음 중 교육철학의 평가적 기능에 해당하는 것은?

① 교육이 나가야 할 방향을 제시한다.
② 교육현상을 기술하고 설명한다.
③ 교육현실의 문제점을 비판한다.
④ 교육의 개념을 명료하게 밝힌다.

02 진보주의 교육철학에 대한 설명으로 틀린 것은?

① 진보주의 교육철학을 체계화시킨 것은 실용주의 철학자들이다.
② 진보주의 교육론에서는 기존의 지식내용을 일방적으로 습득시키는 것을 올바른 교육으로 보고 있다.
③ 진보주의 교육철학은 20세기 교육에 가장 큰 영향을 미친 교육철학으로 평가받는다.
④ 진보주의 교육철학을 체계적으로 제시한 사람은 듀이이다.

03 다음 중 항존주의에 대한 설명으로 옳지 않은 것은?

① 항존주의 사상은 현대문명과 교육에 대한 비판으로서 긍정적인 의미를 갖는다.
② 교육의 목적은 시대와 사회에 따라서 다르다.
③ 교육이란 인간의 본성이 가지고 있는 이성과 정신을 훈련을 통하여 연마하는 것이다.
④ 허친스와 아들러로 대표된다.

04 다음 중 관념론이나 실재론과 같은 전통적 철학사상에 기초를 두고 있는 교육철학의 유형은?

① 분석적 교육철학
② 진보주의 교육철학
③ 실존주의 교육철학
④ 본질주의와 항존주의 교육철학

객관식 정답 01. ③ 02. ② 03. ② 04. ④

Chapter 04

교육의 심리학적 기초

교육목표

- 교육심리학의 개념을 영역과 발달사를 통해 이해한다.
- 인지, 성격, 학습이론에 대해 이해한다.
- 학습자인 인간의 특성을 이해한다.

1 교육심리학의 의미

1) 교육심리학의 성격

교육심리학(educational psychology)은 교육의 시기와 방법을 심리학적 측면에서 연구하여 교육실천에 필요한 지식과 기술을 제공함으로써 교육을 효과적으로 운영시키는 것을 목적으로 하는 학문이다(Robert E, Slavin, 2003).

교육심리학은 교육과 심리학의 통합 그 이상으로 교육과 관련하여 일어나고 있는 여러 가지 문제들을 심리학적인 방법으로 연구하고, 교육현장에서 인간 행동을 기술하고, 교육적 경험의 결과로 개인에게 어떠한 변화가 일어날 수 있으며, 실제로 어떠한 변화가 나타나는가를 설명하고자 한다(Wodfolk, 1990; 안영진, 2010).

최근 교육심리학의 동향은 교육이 일어나는 대표적 상황인 학교에서 교사는 가르치고 학생은 배우는 수업 과정인 교수(teaching)와 학습(learning)에 대해 주로 관심을 갖는다. 교사가 가르치는 상황은 교실 안일 수도 있고 교실 밖일 수도 있다. 또한 가르치는 내용도 지식, 정서적 태도, 운동기능이나 행동 방식이 포함될 수 있다.

학습지도의 과정은 대체로 교육목표의 진술, 학습자의 초기상태 진단, 적절한 교수법 활용 그리고 학습 성과 평가의 과정으로 구성된다. 여기에서 맨 처음 단계인 교육목표는 학습과정을 통해 학생이 성취해야 할 대상으로 지적·정의적·운동기능적 영역으로 분류된다. 또한 교육목표에는 일반적·추상적 수준의 목표도 있으나, 효과적인 수업의 전개를 위한 좀 더 구체적인 목표도 있다. 따라서 교육목표와 관련하여 교육심리학은 그 진술 방법과 효과에 관심을 가진다.

적절한 교수법 활용은 교육목표를 달성하기 위해서 그에 적합한 여러 가지 교수방법 및 교수매체를 이용하는 것이다. 또한 교육목표에 맞는 다양한 교수모형을 적용하기도 하고, 교수-학습과정을 개혁하기 위한 여러 가지 방안을 연구하여 응용하기도 한다. 따라서 교육심리학은 효과적인 교수법 개발, 교수 모형 탐색, 새로운 교수 전략 등에도 관심을 갖는다.

마지막으로 학습 성과 평가는 교수-학습과정을 통해 학생이 성취한 학습 결과를 토대로 수업의 효과성을 판단하는 과정이다. 따라서 교육평가의 일차적 관심은 중요한 교육목표가 빠지지 않고 잘 달성되었는가를 확인하는 것이다.

2) 교육심리학의 발달

(1) 교육심리학의 출현

원래 현대 교육학은 19세기에 독일에서 출발하였다. 헤르바르트(Johann E. Herbart)는 교육학을 정립하면서 교육목적은 철학의 한 분야인 윤리학에서 그리고 교육방법은 심리학에서 그 원리를 도출해야 한다고 주장하였다. 그러나 그 당시까지의 심리학이란 오늘날의 과학적 심리학과는 달리 아직 철학으로부터 완전히 독립하지 못한 상태의 사변적 심리학이었다. 따라서 교육에 대한 심리학적 원리도 자연히 사변적인 것이었다. 그 당시 유행하던 심리학설을 능력심리학(faculty psychology)이라 하는데, 능력심리학에서는 인간의 마음은 지각, 기억, 상상, 추리, 감정 그리고 의지의 여섯 가지 능력으로 구분되어 있다고 본다. 이러한 능력들은 신체의 근육에 비유된다는 뜻에서 심근이라고 할 수 있다. 심근을 단련시키는 데는 적절한 교과가 있다. 즉, 수학이나 고전어는 기억 내지 추리력, 음악은 감정, 종교·도덕 및 정치는 의지를 기르는 데 적합하다는 것이다. 이러한 심리학의 영향을 받은 교육이론을 형식도야설(formal discipline theory)이라 한다. 이에 따르면 교육은 그러한 심신을 단련하는 것, 즉 신의 도야라는 것이다. 그런데 능력심리학에서는 그러한 능력들이 어떻게 작용하는지에 대한 과학적인 증거가 없다. 다시 말해서 경험적이고 실증적인 객관적 증거가 없다는 것이다. 따라서 이러한 심리학적 접근방법은 한계에 도달하게 되었다. 이 무렵 분트(Wilhelm Wundt)는 처음으로 라이프치히(Leipzig) 대학에 심리학 실험실을 세우고 인간의 심리현상을 과학적으로 접근하기 시작했다. 독일에서는 그의 제자 모이만(Meuman)이 그의 실험심리학 방법을 교육에 적용하여 교육심리학의 기초를 닦았다. 한편, 이 당시 홀(G. S. Hall), 카텔(J. M. Cattell), 저드(C. Judd) 등이 유학하여 배우고 돌아가 미국의 심리학의 발달에 많은 공헌을 하였다. 이들이 미국의 심리학 발달에 많은 공헌을 했지만, 제임스(W. James), 듀이(J. Dewey), 엔젤(J. R. Angell)과 같은 기능주의자(functionalist) 그리고 러시아의 파블로프(J. Pavlov)의 영향을 받은 왓슨(J. Watson)과 같은 행동주의자(behaviorist)들 또한 심리학 발달에 일조하였다. 그중에서도 교육심리학을 독자적인 학문 분야로 발전시킨 사람은 손다이크(Edward Thorndike)라고 할 수 있다. 그는 행동주의 이론가로서 실험을 통해 학습에 있어서 여러 가지 법칙을 발견하였다.

스키너(B. F. Skinner) 또한 교육심리학의 발전에 크게 공헌한 사람이다. 그는 행동주의의 강화 원리에 근거하여 프로그램 학습자료와 교수기계(teaching machine)를 발명하여 교육을 공학화하려고 했다. 또 학습 법칙에 따라 문제행동을 제거하고 바람직한 행동으로 바꾸는 행동수정의 원리를 제안하여 교육에 많은 도움을 주었다. 그 외에도 가네(R. M. Gagné), 블룸(B. S. Bloom), 글레이저(R. Glaser) 등도 이 무렵에 교육심리학의 발달에 많은 공헌을 하였다. 그들은 주로 교수개발 및 설계 분야에 두드러진 업적을 남겼다.

그런데 1970년대에 들어와 심리학의 주도권이 행동주의로부터 인지이론(cognitive theory)이나 인간주의(humanism)로 바뀌게 되자 교육심리학도 자연히 그 영향을 받게 되었다.

2 발달이론

1) 발달에 대한 이해

교육학은 인간을 대상으로 하는 학문이다. 그러므로 교육의 효율성은 교육의 주체인 교사가 교육의 객체인 학습자를 얼마만큼 정확하게 이해하느냐에 따라 좌우된다고도 할 수 있다. 교사는 인간의 성장·발달 가능성에 대한 확고한 신념과 수정에서부터 죽음에 이르기까지 정지 없이 부단한 변화를 지속하는 한 개체에 대한 정확한 지식을 가지고 있어야 한다(장선철 외, 2010). 이것이 '발달'이다. 많은 학자들은 발달이 양적 변화일 뿐만 아니라 질적 변화이기도 하다는 점에서 한 개체의 성장·발달을 다양한 관점으로 설명하고 있다.

2) 인지발달

(1) 피아제(Piaget)의 인지발달

학습자의 인지발달을 연구하고 이를 기초로 학습자의 학습과정을 이해하는 데 매우 큰 공헌을 한 심리학자는 피아제이다(Beilin, 1992). 그는 평형화(equilibrium)와 도식(schema) 그리고 동화(assimilation)와 조절(accomodation)의 개념을 사용하여 인간의 인지발달 과정을 설명한다.

피아제의 인지이론에서 도식(schema)은 우리가 세계를 이해하고 반응하여 기능하기 위해 사용하는 지식, 절차, 관계 등을 뜻한다. 다시 말해 도식은 우리가 환경에서의 수많은 정보를 받아들이고 적절히 반응하기 위하여 사용되는 지식의 틀을 의미하는 것이다. 평형화란 인간이 생존하기 위하여 자신의 내부 구조를 일정하게 유지하려는 본능적인 경향성을 의미한다. 피아제는 인간의 인지발달 역시 이러한 평형화의 기제를 따른다고 제안하였다. 인지 발달에 있어 평형화의 욕구가 충족되어 구조화되고 조직화된 상태가 도식이 된다. 평형화의 원리에 따라 도식이 구성되는 과정을 설명하기 위하여 피아제가 제시하는 개념이 동화와 조절이다.

동화란 새로운 정보 혹은 경험을 접할 때, 그것을 이미 자신에게 구성되어 있는 도식에 적용시키려 하는 경향성을 뜻한다. 반면, 조절이란 새로운 정보 혹은 경험을 인식하기 위해 기존의 도식을 수정하는 것을 의미한다. 결국 피아제에 의하면 인지발달이란 기존의 도식에 비추어 모순 없는 지식은 동화시키고, 기존의 도식에 적절하지 않은 지식은 도식을 변경하는 과정을 통해 끊임없이 도식을 확장시키는 과정으로 풀이될 수 있다. 즉, 이미 자신이 알고 있는 개념과 새로운 정보 간의 불균형에 대하여 갈등을 줄이고, 인지적 평형을 유지하기 위해 인간은 완전한 마음의 안정 상태에 도달할 때까지 보다 높은 수준의 노력을 하게 된다는 것이다(김희수 외, 2014/2017).

조절과 관련하여 반드시 주의해야 할 점은 새로운 정보가 기존의 도식으로 설명되지 않을 경우 반드시 조절이 일어나는 것은 아니라는 사실이다. 이렇게 기존의 도식으로 해결되지 않는 경우는 조절이 일어나기도 하지만 동화와 무시라는 기제가 발생할 수도 있다. 즉, 새로운 정보가 기존의 도식으로 도저히 해석할 수 없을 경우에 학생들은 그러한 정보를 무시하기도 하고, 때로는 자신의 도식을 이용하여 억지로 해석해 버리기도 한다. 이러한 사실은 교육의 실제가 우리가 바라고 원하는 방향으로 이루어지는 것만은 아니라는 사실을 보여 준다.

피아제는 이와 같은 과정을 거쳐 형성되는 학습자의 인지는 연령에 따라 단계적으로 발달한다고 설명하고 있다. 피아제가 제시하는 발달단계는 다음과 같다.

표 4.1 ● Piaget의 발달단계

단 계	연 령	특 징
감각운동기	0~2	• 감각적 경험과 동작에 의해 학습한다. • 사물에 대한 어떤 표상도 없고 모방력을 발전시키며, 모방력은 이후의 관찰학습을 위한 토대를 형성하게 된다. • 대상이 눈에서 사라지면 존재하지 않는다고 믿으나, 2세가 되면 대상영속성을 인식하게 된다.
전조작기	2~7	• 언어능력의 급격한 성장이 일어난다. • 대상과 상황이 존재하지 않아도 언어를 이용하여 지속적인 사고가 가능하다. • 대상을 한 가지 관점에서만 본다. • 상징놀이와 물활론, 자아중심적 사고를 한다. • 어떤 대상의 외양이 바뀌어도 그 속성이 바뀌지 않고 보존된다는 것을 이해하지 못한다.
구체적 조작기	7~11	• 눈에 보이는 구체적 사실들에 대해서만 사고가 가능하다. • 분류와 유목화, 서열화(연속성), 조합, 보존의 개념을 완전히 획득한다. • 상황과 사건에 대해 융통성 있게 생각할 수 있다. • 가역적 사고가 가능하다. • 상징을 많이 사용하게 됨으로써 간단한 산술과 연산을 이해하고, 이를 언어로 표현하는 능력이 크게 향상된다.
형식적 조작기	11~15	• 어떤 정보로부터 가설을 수립하여 일반적인 원리를 바탕으로, 특수한 원리를 논리적으로 이끌어내는 사고가 가능하다. • 탈중심화, 가역성, 추상적인 사고가 충분히 발달하여 논리적이고 종합적인 사고를 한다. • 하나의 문제를 해결하기 위해 여러 가지 가능한 해결책을 논리적으로 구성하여 문제를 해결할 수 있는 사고를 한다. • 관련된 모든 변인들의 관련성을 파악하여 적절한 문제해결 방법을 찾을 수 있다.

학습자를 이해하는 데 있어 피아제의 관점은 인간 발달의 이해에 지대한 공헌을 한 것이 사실이다. 물론 피아제의 이론이 완전한 것은 아니라는 비판이 있기도 하지만, "발달심리학에서의 피아제는 영미 문학에서의 셰익스피어나 철학에서의 아리스토텔레스와 같다"(Beilin, 1992: 191)라는 평가는 인간의 발달을 이해하는 데 피아제의 역할이 얼마나 중요한가를 나타내는 말이라 할 수 있다.

(2) 비고츠키(Vygotsky)의 인지발달

아동은 스스로의 세계를 구조화하고 이해하는 존재라고 생각하는 피아제와는 달리 비고츠키(1986)는 아동이 타인과의 관계에서 영향을 받으며 성장하는 사회적 존재임을 강조함으로써, 인간에 대한 이해에 있어서 사회적·문화적·역사적 측면의 중요성을 강조한다. 그는 인간의 정신은 독립적 활동이 아니라 사회학습의 결과이며, 일상에서의 과제해결은 성인이나 뛰어난 동료와의 대화로부터 영향을 받는다고 하였다. 이처럼 사회의 보다 성숙한 구성원들과 상호작용하는 동안 자신의 문화에 적합한 인지과정이 아동에게 전이된다. 따라서 비고츠키는 상호작용에 필수적 요소인 언어의 습득을 아동 발달의 가장 중요한 변인으로 생각한다. 아동의 인지발달에 관하여 상이한 견해를 보이는 피아제와 비고츠키는 사고와 언어에 있어서도 입장을 달리하고 있다. 피아제는 전조작기 아동의 언어가 자기중심성이라는 특징을 갖는다고 설명한다. 자기중심적 언어(egocentric speech)는 완전하게 다듬어지지 않은 아동의 자기중심적 표현으로, 성장해 가면서 점차 감소된다고 보았다. 그러나 비고츠키는 자기중심적 언어의 사용이 단순하게 자기만의 생각을 표현하는 것이 아니라 문제해결을 위한 사고의 도구라고 생각하였다.

표 4.2 ● **피아제와 비고츠키 비교**

구 분	피아제	비고츠키
발달 요인	성숙, 주변 환경과의 능동적 인지적 작용	주변과의 사회적 상호작용
기본 개념	도식, 동화, 조절, 평형화	• 근접발달영역(ZPD) • 비계설정(scaffolding)
교수학습에 미치는 영향	학습자가 환경과의 상호작용	협력학습의 강조
언어에 대한 관점	인지우선론	언어우선론
교수에 주는 시사점	평형화를 깨뜨리는 경험을 제공	발판을 제공하고, 상호작용을 안내

즉, 독립적으로 발생하기 시작한 사고(thought)와 언어(speech)는 일정 시간이 지난 후에 서로 연합되고, 이러한 연합은 아동이 발달해 가는 과정에서 변화하고 성장한다는 것이다.

비고츠키는 아동의 인지발달이 아동의 내적 언어와 사회적 언어 모두에 영향을 받는다고 설명한다. 그는 아동이 일정한 양의 비언어적인 사고와 비지시적인 언어를 가지고 있으며, 문제해결의 초기에는 비언어적인 사고가 사용되고, 이 시기가 지난 후에야 구체적인 단어로 형성된다고 주장한다. 이처럼 목적달성에 필요한 수단을 얻기 위해 마음속에서 사용되는 언어를 내적 언어(inner speech)라 한다. 아동에게 있어서 내적 언어의 발달에 관한 연구(Palincsar & Brown, 1989)를 살펴보면, 내적 언어의 사용 빈도는 과제수행의 시간이 지나면서 더욱 증가하였고, 과제의 난이도와 정적 상관을 보였다. 즉, 문제해결에 있어서 곤란도가 높을수록 내적 언어의 사용은 증가한다. 이러한 결과는 내적 언어가 아동의 문제해결에 중요하게 기능한다는 사실을 말해 주고 있다.

비고츠키의 인지발달이론에 있어 학습과 관련하여 가장 중요한 개념 중의 하나는 근접발달영역(zone of proximal development: ZPD)이다. 근접발달영역(ZPD)이란 아동이 스스로의 힘으로 문제를 해결할 수 있는 수준인 ‘실제적 발달수준(actual development)’과 성인이나 유능한 또래로부터 도움을 받아 문제를 해결할 수 있는 수준인 ‘잠재적 발달수준(potential development)’ 간의 간격을 말한다. 즉, 아동의 사고 발달은 사회적 상호작용을 통해 지원된다는 것이다. 근접발달영역에 위치하는 아동에게는 구조화를 형성할 수 있는 단서를 제공하거나, 세부 사항과 단계를 기억할 수 있도록 조력하고 꾸준히 시도하도록 격려하는 도움이 필요하다. 비고츠키는 인지발달이 아동과 어른 혹은 아동과 더 능력 있는 동료들 간의 상호작용을 통해 발생한다고 믿었다. 그들은 아동이 지적으로 성장하는 데 필요한 요소를 지원하는 안내자 혹은 교사의 역할을 할 수 있다. 이러한 조력을 발판(비계, scaffolding)이라고 한다.

이 용어는 아동이 궁극적으로 그들 스스로의 힘으로 문제를 해결할 수 있도록 하는 견고한 이해를 확립하는 동안에 제공되는 조력을 의미한다. 따라서 교사는 학생의 능력을 평가한 후, 학생들에게 문제해결능력이 없다면 그들을 근접발달영역 내에 존재하도록 조절하는 것이 필요하다.

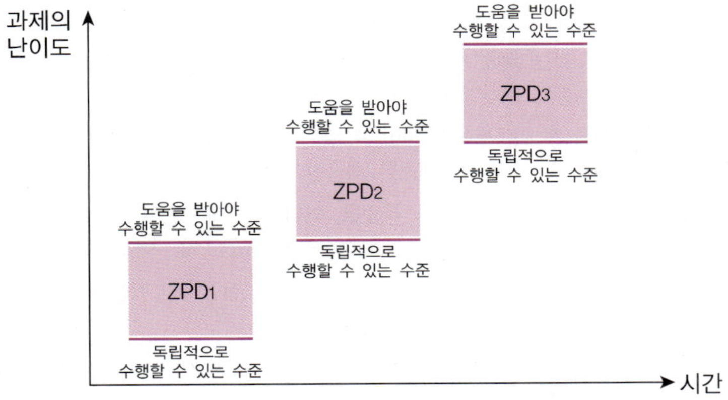

그림 4.1 ● 근접 발달 지역의 역동적인 특성

출처 엘레나 보드로바 · 데보라 J.리옹 저, 김억환 · 박은혜 역(1998). 정신의 도구: 비고츠키 유아교육. 이화여자대학교 출판부. p.75

아동의 능력평가와 관련하여 비고츠키는 아동의 지적 발달 수준을 측정하는 대부분의 검사가 적절하지 않다는 입장을 보인다. 일반적으로 지능검사는 표준화 검사문항을 풀게 하여 아동의 지적 발달 수준을 측정하는데, 이런 종류의 검사를 통해 알 수 있는 것은 아동의 지적 발달과정 중에서 어느 특정한 단계의 수준일 뿐이다. 이러한 방법으로는 아동의 지적 능력의 전체적인 모습을 알 수 없으며, 아동 발달에 대해서 완전하게 설명할 수도 없다. 따라서 학생이 혼자서도 풀 수 있는 문제와 도움을 받아 풀 수 있는 문제 수준을 모두 평가하여 양자를 비교해야만 지적 발달의 전체 윤곽을 파악할 수 있는 것이다.

이처럼 근접발달영역의 개념은 인지발달이 사회적 상호작용의 결과로 발전한다는 사실을 강조하고 있으며, 아동의 인지발달에 교사나 성인이 적극적으로 도움을 줄 수 있는 이론적 근거를 마련했다는 점에서 중요한 의미를 지니고 있다.

표 4.3 ● 발판(scaffolding)의 유형

발판의 유형	예 시
모델링	실험도구를 사용하는 방법이나 절차 또는 영어발음을 교사가 먼저 시범 보인 후 학생들에게 직접 연습할 기회를 준다.
소리내어 생각하기	물리교사는 칠판에서 운동량 문제를 풀면서 생각을 소리 내어 말하고 있다.
질문	모델링하고 입으로 중얼거리면서 생각하기를 한 후, 물리교사는 학생들을 몇 문제들을 쉽게 풀게 하고, 중요한 시점에서 질문을 던져 문제를 구체적으로 이해할 수 있게 한다.
수업자료를 조절하기	초등학교 체육교사가 농구 슛 기술을 가르치는 동안 농구골대의 높이를 학생들에게 낮추어 주고 숙달되면 다시 높여 준다.
단서 제공	취학 전 아동들에게 신발 끈 묶는 법을 가르칠 때 토끼가 굴 속에 들어가는 예를 들어 필요한 힌트를 제공한다.
절차적 촉진자	교재를 읽은 후, 누가, 무엇을, 어디에, 언제, 왜 그리고 어떻게 질문을 하는가와 같은 질문이나, '신호단어(signal word)'를 사용하도록 한다.
어려운 분야 예상하기	수업의 모델링과 설명 단계에서 교사는 잠정적인 학생들이 할 수 있는 오류를 예상하고 토의한다.
난이도 조절하기	간단한 문제들로 시작하고 각 단계 후에 연습하게 하고, 점차 과제의 복잡성을 증가시킨다.
절반쯤 행해진 예들을 제공하기	학생들에게 절반쯤 행해진 문제의 예들을 제공하고서 결론을 도출하게 하는 것이 궁극적으로 학생 스스로 문제를 해결하는 방법을 가르치는 효과적인 방법일 수 있다.
상호 교수하기	교사와 학생들이 교사의 역할을 교대한다. 교사는 학생들이 토의를 이끌고 질문하는 것을 학습할 때 학생들에게 지원을 제공한다.
체크리스트 제공하기	학생들에게 자신의 반응의 질을 조절하는 것을 돕기 위해 자기점검절차를 가르칠 수 있다.

출처 Eggan & Kauchak, 2001; Woolfork, 2001; 김이영 외(2014/2015); 이용남 외(2010/2017)

3) 성격발달

성격은 인간이 환경에 적응해 나가는 과정에서 비교적 일관성 있게 나타나는 개인 특유의 행동 및 사고 양식, 한 개인의 가장 현저하거나 지배적인 특성을 일컫는다. 성격발달과 관련하여 프로이트와 에릭슨의 이론을 살펴보고자 한다.

(1) 프로이트(Sigmund Freud)의 심리성적 발달이론(안영진, 2010)

정신분석학에서는 인간의 정신을 의식과 무의식으로 나누고, 무의식을 통해 성격과 행동을 설명하고자 한다. 그렇기 때문에 정신분석학에서 정신을 분석한다는 것은 무의식을 연구한다는 것이고, 특히 무의식 속에 숨어 있는 억압된 본능을 분석한다는 것이다. 무의식을 연구하는 목적은 그런 본능이 한 인간의 성격이나 행동 등을 전체적으로 지배한다고 보기 때문이다. 프로이트는 정신분석학의 창시자로 당시 인간의 의식에 초점을 두었던 연구에 반해 무의식에 집중하여 새로운 심리학적 영역을 만들어냈다는 것에 의의가 있다(김이영 외, 2014/2015).

프로이트는 성격이란 원초아(id), 자아(ego), 초자아(super ego)의 세 가지 체계에 의해서 역동적이고 구조적으로 이루어져 있다고 설명하였다. 정신적으로 건강한 사람은 이 세 가지 체계가 통합되고 조화된 조직체로서 협동적인 역할을 하며, 환경과 더불어 효과적인 적응을 해나갈 수 있다. 그러나 이 같은 조직체가 서로 어긋나고 조화되지 못할 때에는 적응상 어려움을 겪게 된다.

❶ 성격의 구조

- 원초아 : 원초아(id)는 원시적인 충동을 총칭한다. 본능, 즉 성격의 타고난 부분을 가리키며, 공기, 물, 음식, 영양 등에 대한 생리적 본능, 체온의 유지, 자기 보존, 종족 보존 등의 본능도 모두 원초아의 기능이다. 원초아의 충동은 자아의 힘이 약화되었을 때에는 의식 세계의 공상이나 증상으로 나타날 수 있으나 보통 때는 무의식에 잠겨 있다. 원초아는 어릴 때 노골적으로 나타나며, 성숙해서도 비합리적이고 행동적인 면을 가지고 있다. 그러므로 원초아는 생물학적인 소산인 동시에 성격의 기초적인 면이라 할 수 있으나, 자기의 욕구를 충족하기 위해 외부와 싸우게 되는 과정에서 자아가 발달하게 된다.
- 자아 : 자아(ego)는 개인의 행동이 사회적으로 용납될 수 있도록 통제하는 기능을 갖고 있는 성격의 한 부분이다. 현실에 맞는 행동을 지배하는 부분

이 자아이다. 자아는 전부가 아니더라도 대부분이 의식적인 성격의 기능이라고 볼 수 있다. 자아는 개인으로 하여금 객관적 현실을 이해할 수 있는 판단력을 가지게 하며, 합리적인 사회생활을 영위하고 사회 규범을 따르게 하는 부분이다.

- 초자아 : 초자아(super ego)는 사회적인 현실과 관계되는 자아 경험에서 발달되어 나온다. 초자아는 문화적·전통적으로 내려오는 가치와 그 사회가 요구하는 이상 등이 성격 속에 표현되어 나타난다. 의식적 혹은 무의식적으로 초자아는 성격의 도덕적 권력으로서 내재화된 사회적·도덕적 가치를 유지하면서 개념화된 감독자, 충고자, 협박자의 역할을 한다.

아동이 5세경에 이르면 초자아 형성의 기틀이 잡히기 시작하는데, 그 후 청년기에 이르기까지 계속해서 형성·발달되어 간다. 성격의 역동적인 견지에서 본 원초아, 자아, 초자아는 일생을 통해 서로 작용하고 통합되어 간다. 자아는 원초아에서, 초자아는 자아와 원초아에서 비판하는 기능을 가져 원초아나 자아가 사회적으로나 도덕적으로 위배되지 않도록 통제하는 역할을 한다. 이 세 가지 체계 간의 균형에 따라 개개인의 성격도 각각 다르게 나타난다. 예컨대 초자아에 의해 강하게 지배받는 사람은 도덕가가 되고, 자아에 의해 강하게 지배받으면 현실적인 사람이고, 원초아에 의해 강한 지배를 받으면 충동적인 사람이라고 생각할 수 있다.

❷ 심리성적 발달단계

프로이트에 따르면 모든 사람들은 일련의 성격발달단계를 통과한다. 성격발달의 각 단계는 갈등을 포함하고 있으며, 갈등을 해결하는 방식이 성격에 영향을 준다.

각 단계의 명칭은 리비도(libido)가 집중된 신체부위에서 따온 것이다. 만약 아동이 특정 발달단계에서 갈등을 완전히 해결하지 못하면 그 단계에 고착(固着, fixation)하게 된다(권대훈, 2006). 프로이트는 인간행동의 무의식적 결정요인을 강조함으로써 성격연구에 획기적인 계기를 마련해 주었으며, 정신분석을 통해 자신이 인지하지 못하는 충동들에 의해 사고나 행동이 동기화되었음을 밝히는 데 큰 공헌을 하였다. 그가 제안한 성격발달과정, 무의식에 관한 견해는 여전히 심리학, 심리치료, 유아교육 등의 분야에서 널리 활용되고 있다.

표 4.4 ● 프로이트의 심리성적 발달단계

단 계	연 령	특 성	주요 내용	고착 현상
구강기	출생~18개월	• 구강 : 빨기, 물기, 삼키기 등 충동의 즉각적인 만족에 빠짐	• 입이 자극과 상호작용의 초점 • 수유와 이유	• 지나친 흡연, 손톱 깨물기, 과음, 과식, 남을 비꼬는 행위
항문기	18개월~3세	• 항문 : 본능적 충동에 대한 최초의 외부적 통제 경험	• 항문이 자극과 상호작용의 초점 • 배설과 배변훈련	• 더러운 것에 대한 반동형성으로 인한 결벽증
남근기	3~6세	• 성기 : 오이디푸스 콤플렉스, 엘렉트라 콤플렉스, 동일시 현상, 거세불안, 남근선망, 성격형성에 가장 중요한 시기	• 생식기가 자극의 초점 • 성역할과 도덕발달	• 불감증, 동성애 등
잠복기	6세~사춘기	• 성적 욕구의 잠복기, 성적 침체기, 성적 부분 이외에 매우 활동적 시기	• 신체발달과 지적 발달	
생식기	사춘기~ 성인기 이전	• 이성에 대한 사랑의 욕구가 발생, 부모로부터 독립하려는 욕구가 발생	• 생식기가 자극의 초점 • 성숙한 성적 관계로 발전	

(2) 에릭슨의 사회심리적 발달이론

인간의 개인적이고, 사회적인 발달을 이해하는 것은 교사가 학생을 가르치고, 성공적으로 다양한 연령의 아동들과 소통을 하기 위해 매우 중요하다(안영진, 2010). 에릭슨(E. H. Erikson)은 프로이트의 정신분석이론을 발전시켜 자아정체감(identity)을 중심으로 한 자아 발달이론을 전개하였다.

표 4.5 ● 프로이트와 에릭슨

구 분	프로이트	에릭슨
이론의 특징	• 심리성적 발달	• 심리사회적 발달
성격발달의 주요인	• 개인의 내재적 요인, 부모의 영향 강조	• 자아가 형성되는 외부적·사회적·환경적 영향 강조
성격발달 기간	• 사춘기 정도까지 성격이 거의 형성되며, 이후에는 성격 형성 및 변화가 거의 이루어지지 않는다고 봄	• 일생을 통해 성격이 형성되고 변화한다고 봄
행동의 원인	• id, 무의식 강조	• ego, 의식 강조
연구대상	• 정신질환자	• 정상인
성격발달의 관점	• 발달의 부정적 측면 강조(비관론)	• 발달의 긍정적 측면 강조(낙관론)
적응상의 문제원인	• 부-유아-모의 갈등적인 삼각관계	• 사회적 관계

출처 문은식·박선환·정미경(2007/2015). 경기: 공동체 p.99 재인용

에릭슨은 각각의 정신사회적 단계가 생리적 성숙과 그 단계에 있는 개인에게 부과된 사회적 요구로부터 유발된 개인 생애의 전환기(turning point), 즉 위기를 수반한다고 가정했다. 에릭슨은 사람들이 살면서 평생 8개의 중요한 위기에 직면한다고 보았다. 에릭슨은 인간의 발달단계마다 극복해야 할 발달적 위기가 있는데, 그 위기를 극복하면 긍정적인 자아 특성이 생기고, 그렇지 않으면 부정적인 자아 특성이 생긴다고 보았다. 각 단계에 수반되는 심리사회적 위기는 보편적인 것이며 문화에 따라 그 해결방안은 다를 수 있고, 어느 한 단계를 성공적으로 통과하지 못해도 다음 단계를 경험하게 된다고 하였다. 위기의 원인과 그것을 해결할 수 있는 방법으로는 환경의 역할을 강조하였다(문은식 외, 2007/2015).

인간의 생활주기 8단계에서의 각각 발달과정은 각 특정 시기에서 해결되어야 할 사회발달 문제의 단계적 특수성을 나타낸다(강봉규·신현욱·장성철, 2006: 215-216).

❶ 기본적 신뢰감 대 불신감(0~1세)

이 시기의 영아가 맺게 되는 사회적 관계는 주로 돌보아 주는 사람인 어머니와의 관계이다. 유아가 처음으로 맺게 되는 사회관계에서 어머니가 유아의

신체적 · 심리적 욕구와 필요를 적절히 충족시켜 주면서 일관성 있게 돌보아주면 유아는 어머니 또는 돌보아 주는 사람을 신뢰하게 된다. 그러나 아기의 요구와 필요에 잘 응해주지 못하거나, 일관성 없이 다루게 되면 아기는 불신감을 갖게 되는 것이다. 에릭슨은 이 시기를 인생에서 가장 중요한 시기로 보았는데, 그 이유는 이 시기에 신뢰감을 형성하게 되는 것이 생의 후기에 맺게 되는 모든 사회관계에서의 성공적인 적응과 밀접한 관련이 있기 때문이다. 그러나 에릭슨은 신뢰감뿐만 아니라 불신감의 효용성도 언급했다. 그는 인간의 참된 성장을 위해서는 어느 정도 불신감의 경험도 필요하다고 주장한다. 그러나 긍정적인 성격발달을 위해서 불신감보다는 기본적으로 신뢰감을 많이 경험해야 한다는 것이 그의 핵심적인 주장이다.

❷ 자율성 대 수치심 및 회의감(2~5세)

에릭슨에 의하면 이 시기의 유아는 여러 개의 상반되는 충동 사이에서 스스로 선택을 하게 되며, 이러한 과정을 통하여 자신의 의지를 나타낸다고 한다. 이는 곧 자율성을 가지려고 한다는 것이다. 이 단계의 유아는 근육 발달로 인하여 대소변의 통제가 가능하게 되며, 자기 발로 서서 걷게 되면서부터 자기 주위를 혼자서 열심히 탐색하게 되고, 음식도 남의 도움을 받지 않고 자신의 힘으로 먹으려고 한다. 이와 같이 유아가 자신의 의지대로 행동하려고 하게 되면, 사회는 부모를 통하여 유아로 하여금 사회적으로 적합한 행동을 하도록 훈련시키게 된다. 그러나 사회적 기대에 적합한 행동을 원활하게 수행하지 못하면 수치심과 회의감을 갖게 되는 것이다. 수치심이란 자신이 타인들의 눈에 좋게 보이지 않는다고 생각할 때 갖는 느낌이다. 회의감은 자신이 강한 존재가 아니며, 결국은 타인들에 의해서 자기가 통제받는다는 것을 느끼게 되면서 나타나게 된다고 한다.

❸ 주도성 대 죄책감(3~6세)

이 시기의 어린이는 어떤 목표나 계획을 세워 거기에서 성공하고자 노력한다는 것이다. 이를테면 어린이의 행동은 목표 지향적이 되고 경쟁적으로 되는 데, 이때 어린이의 행동에는 상상적인 측면도 포함된다. 이 시기의 어린이는 자신의 큰 계획과 희망들이 결국에는 실패할 수밖에 없다는 사실을 깨닫게 되는데, 자신의 계획이나 희망이 사회의 금기를 범하는 결과를 가져오게 된다는 사실을 알게 되면서부터 죄책감을 느끼게 되어 그러한 충동이나 환상을 억제하게 된다고 한다. 이 시기에 나타나는 유아의 특징적인 행동으로는 현실 도전의 경험을 위한 시도로 높은 곳에서 뛰어내리기 또는 양친을 모방해 보려는 상상에서 나온 소꿉놀이 등이 있다.

❹ 근면성 대 열등감(6~11세)

에릭슨은 이 단계를 자아성장의 결정적인 시기라고 보았다. 이 시기의 어린이는 기초적인 인지적 기술과 사회적 기술을 습득하게 되면서 가족의 범주를 벗어나 더 넓은 사회에서 통용되는 유용한 기술들을 열심히 배우고자 하며 이를 숙달하고자 한다. 또한 이 시기의 어린이들은 또래 아이들과 같이 놀고 일하는 것을 배우게 된다. 만일 이 시기에 순조롭게 성취감이 발달하지 못하고 실수나 실패를 거듭하게 되면 어린이는 열등감을 갖게 된다. 이러한 열등감은 전 단계에서 성공적으로 갈등을 극복하지 못했을 때나 혹은 학교나 사회가 어린이에 대해 편견적 태도를 취할 때 발달하기 쉽다.

❺ 자아정체감 대 역할 혼돈(12~19세)

이 시기에는 급격한 신체적 변화와 더불어 새로운 사회적 압력과 요구에 부딪히게 된다. 그러므로 이 시기의 청소년은 이러한 새로운 상황에 어떻게 대응해 나가야 할지 몰라서 당황하게 된다. 그리하여 이전 단계까지는 회의 없이 받아들였던 자기 존재에 대해 새로운 의문과 탐색이 시작된다. 여기서 에릭슨은 청소년기의 중심 과제를 자아동일감의 확립이라고 주장했다. 이 시기의 청소년들은 자기 자신의 의문에 대한 해답을 찾으려고 애쓰지만, 그 해답을 쉽사리 얻지 못하기 때문에 고민하고 방황한다. 에릭슨은 이러한 고민과 방황이 길어질 때 역할 혼돈이 온다고 말한다. 이와 같이 자아정체감은 쉽게

획득하기가 어려우므로, 청소년들은 동료집단에서 동일시 대상을 찾거나 혹은 존경하는 위인이나 영웅에게서 동일시 대상을 찾으려고 애쓴다. 그리고 자신을 시험해 보기 위해 여러 가지 클럽에 가입해 보기도 하고, 다양한 활동에 참여해 보기도 한다. 에릭슨은 이 시기를 기본 신뢰감이 형성되는 제1단계 못지않게 중요한 시기라고 주장하고 있다. 그 이유는 이 시기에 긍정적인 자아정체감을 확립하면 이후의 단계에서 부딪히는 심리적 위기를 무난히 넘길 수 있게 되지만, 그렇지 못하면 다음 단계에서도 방황이 계속되고 때로는 부정적인 동일감을 형성하게 되기 때문이라는 것이다.

❻ 친밀감 대 고립감(20~25세)

청소년기에는 주로 관심의 대상이 자기 자신이지만, 청년기에 이르게 되면 직업을 선택하고 배우자를 찾아야 하므로 이 시기에 청년들은 배우자인 상대방을 통해서 공유적 동질감을 찾으려 한다. 이 시기는 타인과의 관계에서 친밀성을 이룩하는 일이 주요 과업으로 된다. 에릭슨에 의하면 청소년기에 긍정적인 동질감을 확립하지 못한 사람은 자기 자신에 대하여 자신감을 가지지 못하므로, 타인과의 관계에서 친밀감을 형성하지 못하고 고립하여 자기 자신에게만 몰두하게 된다는 것이다.

❼ 생산성 대 침체(성인기)

이 시기는 일단 배우자를 선택하여 두 사람 간의 친밀성이 확립되고 나면, 그들의 관심은 두 사람만의 관계를 넘어서 그 밖의 사람들에게로 확대되기 시작한다. 가정적으로는 자녀를 낳아 키우고 교육하게 되며, 사회적으로는 다음 세대를 양성하는 데 관심과 노력을 기울이게 된다. 또 직업적인 성취나 학문적 성취, 예술적 업적을 통해서도 생산성이 발휘된다. 자신의 2세가 없는 경우에는 다음 세대들을 위한 사회적인 봉사 등을 통해서도 생산성을 발달시키게 된다. 만일 어떠한 이유로 해서 생산성을 제대로 발휘하지 못하거나 안 하게 되면 자기침체 현상이 나타나게 되는데, 이 경우에는 타인들에 대한 관심보다는 자신의 욕구에 더 치중하는 경향을 보이며 남에 대한 관대함이 결여된다.

표 4.6 ● 에릭슨의 발달단계

단계	성격발달	시 기	인간관계 범위	주요 발달과업과 사회문화적 역할	긍정적 해결	부정적 해결
1	기본적 신뢰감 대 불신감	출생 ~1세	어머니, 주양육자	• 신체적·심리적 욕구 충족 • 일관성 있는 보호와 애정, 관심	기본적 신뢰감, 희망, 낙천성	불신감, 두려움
2	자율성 대 수치심 및 회의감	2~3세	부모	• 배변훈련, 걷기, 언어의 발달 • 분별력 있는 적절한 도움과 격려	자율성, 의지력	수치심, 회의감
3	주도성 대 죄책감	4~5세	가족	• 목표지향적 행동, 도덕의식의 발달 • 주도성을 발휘할 기회와 자유 제공	주도성, 솔선성	죄책감, 무가치함
4	근면성 대 열등감	6~11세	이웃, 학교	• 인지적·사회적 기술 습득 • 성취 기회의 제공과 격려, 인정	근면성, 지적·사회적 능력	열등감, 무능감
5	정체감 대 역할혼돈	청소년기	또래집단, 교사, 영향력 있는 모델	• 자아정체감의 형성 • 정서적 안정과 바람직한 성역할 모델 제공	자신에 대한 통찰, 자아정체감의 확립, 성실성	역할혼미, 갈등, 불확실성
6	친밀감 대 고립감	성인 초기	친구, 배우자	• 원만한 인간관계, 배우자 선택, 공유된 정체감 • 자신과 타인에 대한 이해, 타인과의 친밀한 관계 유지	친밀감, 사랑, 우정	고립감, 타인에 대한 두려움, 소외
7	생산성 대 침체감	성인 중기	직장 동료, 자녀	• 자녀양육, 후세대 양성 • 직업적 성취, 학문적·예술적 업적 사회봉사	생산성, 보호, 배려	침체성, 이기주의, 독선, 권위주의
8	자아통합 대 절망감	성인 후기	인류	• 생의 음미 • 자신의 완성을 위한 노력과 성취	충만함, 통정성, 지혜, 만족	절망, 초조, 공허함, 무의미감

출처 문은식 외(2007/2015). p.91 재인용

❽ 통합성 대 절망감(노년기)

신체적인 노쇠와 직장 은퇴, 친한 친구나 배우자의 죽음 등으로 인하여 인생에 대한 무력감을 느끼게 되는 일이 많다. 이 시기의 성패는 신체적·사회적 퇴보를 어떻게 받아들이는가에 달려 있다고 에릭슨은 주장하고 있다. 대부분의 경우 노년기에 들어서면 자신이 지금까지 살아온 생애를 돌아보면서 자신의 생애가 가치 없는 삶이었다고 느끼면 절망감에 빠지게 된다. 그러나 이러한 절망 속에서도 자신은 그때 그럴 수밖에 없었다고 생각하면서 자기 나름대로 인생의 의미를 찾고 보람을 느끼면, 인생에 대한 참다운 지혜를 획득하게 된다. 이러한 지혜를 통하여 앞의 7단계 동안 이룬 소산들을 거두어들일 수 있게 되며, 드디어 보다 더 차원이 높은 인생철학으로 통합을 이루어 나가게 된다.

3 학습이론

학습이란 이전 경험을 기초로 해서 일정한 지식과 기술, 태도를 습득하여 다음 행동을 새로운 상황에 적응시켜 가는 진보적 과정이다. 학습에 대한 정의는 학자와 연구방법에 따라 달리 표현되고 있으나, 일반적으로 다음과 같이 설명할 수 있다.

첫째, 행동변화설(theory of behavioral modification)이다. 학습을 행동의 변용이라고 보는 입장으로 뮌(Munn), 우드워스(Woodworth), 데이비스(Davis) 등이 주요 학자이다. 둘째, S-R이론, 즉 자극－반응이론이다. 손다이크(Thorndike), 헐(Hull), 스팬서(Spencer) 등이 주장한, 학습을 자극과 반응의 결합(S-R bond)이라고 보는 입장이다. 셋째, 학습을 장의 재구조화(reorganization of field) 또는 인지구조(cognitive structure)의 체계화로 나눈 것으로, 이 견해는 레인(Lewin), 쾰러(Köhler), 코프카(Koffka) 등의 인지이론에서 출발한다.

1) 행동주의

행동주의의 기본원리는 자극(stimulus)과 반응(response)의 연합이다. 환경으로부터 학습자에게 제시되는 모든 자극과 자극으로 인한 행동의 연합으로 학습을 설명한다. 행동주의 학자들은 인간학습의 원리와 과정을 설명함에 있어 객관적이고 실험적인 관찰을 통해 주로 외형적인 행동을 연구대상으로 한다. 행동주의의 학습원리로서는 우선 강화(reinforcement)가 있다. 이는 보강이라고도 불리는데, 유기체 행동의 빈도를 높여주는 어떠한 조처를 말한다. 강화에는 적극적 또는 긍정적 강화와 소극적 또는 부정적 강화가 있다. 전자는 무엇인가 주었을 때 행동의 빈도가 높아지는 것을 말한다. 예를 들면 음식, 장난감, 돈을 주거나 칭찬을 했을 때 아동들이 더 열심히 공부하는 것을 말하는데, 이때 이러한 역할을 하는 것들을 긍정적·적극적 강화제 또는 강화물이라고 한다. 이에 비해 후자는 무엇인가 우리가 싫어하는 것을 없앴을 때 행동의 비율이 높아지는 것을 말한다. 예를 들면 소음이 제거되었을 때 공부가 더 잘되는 경우를 말한다. 이때 우리가 싫어하는 것을 혐오자극 또는 소극적·부정적 강화제라 한다.

소극적 강화와 비슷한 개념으로 체벌(punishment)이 있다. 체벌은 혐오자극을 없애는 것이 아니라 오히려 그것을 주어 문제 행동의 빈도를 줄이는 것을 말한다. 따라서 체벌은 소극적 강화가 아니라 강화의 반대개념이다.

다음으로 소멸 또는 소거(extinction)가 있다. 이는 강화를 계속 주지 않을 때 학습된 행동이 사라지는 것을 말한다. 한편, 자연적 회복(spontaneous recovery)은 소멸된 행동이 어느 정도 시간이 지난 뒤 강화를 하지 않아도 저절로 다시 나타나는 현상을 말한다. 또 일반화(generalization)란 유사한 자극에 대해 똑같은 반응을 나타내는 것을 말하며, 비슷한 자극에 대해 서로 다른 반응을 보이는 것을 식별, 구별 또는 변별(distinction)이라 한다.

행동주의 학습원리를 교육에 적용한 대표적인 경우는 스키너가 프로그램 학습자료와 교수 기계를 개발하여 교수공학을 시도한 것을 우선 들 수 있다.

그리고 스트레스 감소, 자기주장, 자기 통제 훈련 등 다양한 행동수정 기법도 보급되었다. 그 외에도 켈러(Keller)의 개별화 수업체제(IPI), 플래너건(Flanagan)의 욕구대응 학습 프로그램(PLAN)이 행동주의 학습원리를 이용하여 개발된 것이다. 앳킨슨(Atkinson)의 컴퓨터 보조수업(CAI)도 행동주의의 프로그램 학습과 교수 기계에 인지이론을 가미하여 이를 더욱 발전시킨 것이다. 모방학습 또는 관찰학습이라고도 불리는 밴두러(A. Bandura)의 사회학습 이론도 행동주의에 인지이론을 가미하여 발전된 것으로 교사는 행동의 모범이 되어야 학생들이 이를 모방하고 본받는다는 것을 시사하고 있다. 그런데 행동주의는 인간이 마치 환경적 조건에 의해 조형되는 것처럼 가정하고 있다는 점에서 환경결정론이라는 비판을 받는다. 특히 인간주의자들은 인간이 스스로 문제 사태를 지각하고 해석하는 창조능력을 가졌고 또한 자신의 행동을 선택할 자유가 있다고 보고 행동주의를 공격한다.

2) 인지주의 학습이론

학습에 있어서 인지이론은 최근의 인지발달이론이나 정보처리이론보다 더 거슬러 올라간다. 금세기 초에 독일의 쾰러(W. Köhler) 등 형태(Gestalt)심리학자들은 동물실험을 통해, 학습이 행동주의자들이 주장하는 것처럼 자극과 반응의 점진적 연합에 의해 이루어지는 것이 아니라 어느 순간에 문제상황 속의 사물들 간의 간계의 구조, 즉 형태를 파악함으로써 갑자기 이루어진다는 사실을 발견했다. 이러한 학습이론을 통찰설이라 한다. 이는 그 후 레빈(K. Lewin)의 장이론이나 미국의 톨먼(E. Tolman)의 학습이론에 많은 영향을 주었다.

톨먼의 학습이론을 인지적 행동주의라고도 부른다. 그는 행동주의자들의 연구방법을 따랐지만, 연구결과의 해석은 인지이론과 비슷하다. 그는 쥐의 미로 학습 실험을 통해 쥐가 미로를 거쳐 먹이를 찾아가는 것을 보고, 쥐가 문제해결의 길을 인지도(cognitive map)라는 기호형태로 잠재적 학습을 하고 있다가 문제 상황에 처하면 이를 이용하여 먹이를 찾아간다고 해석하였다. 따라서 하등동물인 쥐도 인지과정을 거쳐 학습하는데, 인간의 학습을 인지과정을 생략하고 연구하고 해석하면 안 된다는 것이다. 이러한 톨먼의 학습이론은 그 후 정보처리 이론가들에게 큰 영향을 주었다.

인지이론에서는 우선 인간은 스스로 자신의 주변 상황에 대해 알려고 하는 지적 호기심을 가진 존재로 본다. 교육도 이를 이용하여 학습의 주체인 학생이 스스로 탐구하여 발견하도록 해야지, 외부에서 억지로 정보를 퍼붓는 식이 되어서는 안 된다는 것이다. 이러한 점을 교육에 응용한 사례는 피아제의 이론을 이용한 영국의 개방교실제도와 브루너의 미국 교육과정 개혁운동이 있다. 그를 위시한 많은 학자들이 1960년대 탐구나 발견 위주의 수업이론을 내놓는다. 예를 들면 슈크먼(J. R. Suchman)의 탐구 훈련 교수모형, 쉬윕(J. J. Schab)의 과학적 탐구 교수모형 그리고 마시알라스(B. Massialas)의 사회과 탐구 교수모형이 있다. 한편, 인지이론에 대해서는 행동주의자들이 주로 비판한다. 스키너는 먼저 학생이 알아야 할 것을 다 발견하기란 불가능하고 또 그렇게 할 필요도 없다는 것이다. 또한 발견이란 흔한 일이 아니므로 비효과적이고, 학급의 모든 아동들이 발견에 이르는 것도 아니라고 본다. 그리고 교사가 문제에 대한 답을 알고 있으면서도 가르쳐 주지 않으면 학생을 좌절시키게 되고, 발견학습으로 가르치면 진도가 느릴 뿐 아니라 학업성취가 떨어지는 경우가 많아 교사의 책무성이 문제가 되는 경우가 많다는 것이다.

3) 인간주의

인간주의 학습이론에서는 인간의 자유의지를 믿고 학습에 있어서도 행위의 주체인 학생이 자신의 학습을 주도해 나가야 한다고 본다. 더 나아가 인간은 긍정적 자기지향성 및 선택의 자유가 있고 또 자신의 잠재력과 자아를 발견하고 이를 개발하고 실현시킬 능력이 있다고 본다. 또한 전인이 되기 위해서는 지적 성장뿐 아니라 정의적, 행동적 측면에서도 조화된 성장이 필요하다고 본다. 따라서 교사는 아동의 성장 촉진자로서 아동의 자발성을 존중하고 적극적으로 돕는 조력자, 안내자, 격려자가 되어야 한다. 이러한 원리를 실천했을 때 우리는 이를 인간교육이라 하는데, 이러한 대표적 사례로는 영국의 닐(A. S. Neill)이 세운 서머힐(Summerhill) 학교를 들 수 있다. 그 외에 로저스의 내담자 중심 상담이나 교육도 대표적인 경우이다. 또한 자신의 현실요법이라는 상담 및 심리치료이론에 근거하여 실패 없는 학교를 조성하도록 권장하고 학생들의 자기이해 및 책임감 개발을 위한 학급회의 교수모형을 주장한 글래서(W. Glasser) 등을 들 수 있다.

한편, 인간주의에 대한 비판을 보면 인간주의자들의 주장은 애매한 탁상공론에 불과하고, 실증적인 자료가 부족하다는 것이다. 또한 자아실현인 육성은 지나친 과장이고 비현실적이며, 지식이나 기능의 교육에는 문제가 많다는 것이다. 그리고 인간주의 방법은 상담이나 심리치료 방법이지, 교육방법으로서는 부적절하다는 것이다. 따라서 잘못 사용하면 오히려 역효과가 날 수 있다. 마지막으로 인간주의자들은 자신들만 신성한 듯한 우월의식이 있는데, 이는 큰 잘못이라는 것이다.

4 인간 특성과 교육

1) 지능

지능(知能, intelligence)이란 인간의 일반적인 고등정신능력으로 유전과 환경의 상호작용에 의하여 결정되며 학업성취와 상관이 높다. 지능은 일반적으로 정신연령과 생활연령을 지수화하는 지능지수(知能指數, intelligence quotient: IQ)라는 수치로 나타낸다. 지능과 유전의 상호작용에 관하여 유전론의 관점은 '지능이 유전에 의하여 결정된다'고 주장한다. 반면, 환경론의 관점은 환경의 영향을 강조한다. 대부분의 전문가들은 순수한 유전론과 환경론의 중간 입장을 취하고 있으며, 이들은 지능이 유전과 환경 모두에 의하여 영향을 받는다고 믿는다. '지능은 어떤 요소로 구성되어 있는가'에 대한 학자들의 견해는 다양하게 나타난다. 지능에 관한 초기 연구자들은 지능이 단일한 특성으로 구성된다고 믿었다. 따라서 스피어먼(Spearman)은 지능을 'g' 또는 '일반지능'이라고 하였으며, 이후 지능을 연구하는 이론가들은 이 개념을 확장하여 언어, 수리, 공간, 지각과 같은 종류로 구분하였다.

가드너(Gardner, 1983)는 다중지능이론(Theory of Multiple Intelligence: MI)을 제안하면서, 지능이란 한 문화권 혹은 여러 문화권에서 가치 있게 인정되는 문제를 해결하고 산물을 창조해 내는 능력이라고 정의한다. 이와 같은 정의를 바탕으로 그는 인간에게는 서로 독립적인 다양한 종류의 지능이 존재한다고 주장한다. 가드너가 그의 다중지능이론에서 제시한 지능의 종류는 8개로 신체-운동(bodily-kinesthetic)지능, 언어(linguistic)지능, 공간(spatial)지능, 논리-수학(logical-mathematical)지능, 음악(musical)지능, 대인관계(interpersonal)지능, 자기이해(intrapersonal)지능, 자연탐구(naturalist)지능이다.

가드너의 지능이론에서 여덟 가지 차원의 지능 구성 요소를 살펴보면 표 4.7과 같다.

스턴버그(Sternberg, 1985)의 삼원지능이론(Triarchic Theory of Intelligence)은 개인, 행동, 상황을 모두 고려하여 상황 하위이론, 경험 하위이론, 요소 하위이론으로 구성된 지능이론을 제안하고 있다. 스턴버그는 지능과 성격 사이를 매개하는 지적 양식을 뜻하는 정신자치제이론(Theory of Mental Self-government)을 통해서 사람들이 각기 선호하는 방식의 사고 양식이 존재한다고 주장한다. 이러한 사고 양식은 다른 상황에서 융통성 있게 변화될 수 있으며 사회화될 수 있는 가변성 있는 것으로 개념화된다.

표 4.7 ● 다중지능

지 능	핵심능력	관련 직업
언어지능	• 언어를 효과적으로 구사하는 능력 • 단어의 의미나 순서, 언어의 다양한 활용 능력과 관련된 능력	작가, 정치가, 웅변가, 시인, 극작가, 언론인
논리-수학지능	• 숫자를 효과적으로 사용하고 추론하는 능력	수학자, 세무사, 통계학자, 과학자, 컴퓨터 프로그래머
공간지능	• 시각적·공간적 세계를 정확하게 지각하는 능력과 지각을 통해 형태를 바꾸는 능력	예술가, 건축가, 실내장식가, 발명가, 지리학자, 항해사, 정찰병
음악지능	• 음악적 표현 형식을 지각, 변별, 변형, 표현하는 능력	연주가, 작곡가, 음악비평가
신체-운동지능	• 자신의 신체를 이용해 생각이나 감정을 표현하는 능력과 자신의 손을 이용해 사물을 만들거나 변형시키는 능력	배우, 운동선수, 무용가, 조각가, 기계공, 외과의사
대인관계지능	• 타인의 기분, 의도, 동기, 감정 등을 지각하고 식별하고 적절하게 반응하는 능력	정치가, 종교인, 교사, 세일즈맨
자기이해지능	• 자기 자신에 대한 객관적 이해능력 및 그에 기초하여 적절하게 행동할 수 있는 능력	철학자, 소설가, 종교인, 상담가, 임상학자
자연탐구지능	• 자연 친화적이고 사물을 구별하고 분류하는 능력, 환경의 특징을 사용하는 능력	생물학자, 과학자, 수의사, 여행가

출처 문은식 외(2007/2015). p.131 재인용

그는 열세 가지 사고양식 개념을 기능, 형식, 수준, 범위 그리고 경향성의 다섯 가지 차원으로 나누어 제안하고 있다.

2) 창의성

창의성(創意性, creativity)이란 새롭고, 독창적이고, 독자적이며, 상상력이 풍부한 사고나 행동방식을 말한다. 지능이 수렴적 사고(收斂的 思考, convergent thinking)를 많이 포함한다면, 창의성은 발산적 사고(發散的 思考, divergent thinking)에 가깝다. 수렴적 사고란 인지 또는 기억된 정보로부터 옳고, 가장 좋고, 습관적인 답과 해결책을 만들어내는 능력, 즉 하나의 정답을 찾아내는 능력을 포함한다. 발산적 사고는 인지 또는 기억된 정보로부터 새롭고, 신기하며, 다양하고, 비(非)습관적인 답과 해결책을 창출해 내는 생산적 사고로서

문제해결의 다양성을 강조한다. 확산적 사고는 창의성에 대한 최초의 정의였다. 길포드(J. Guilford)는 창의성에 관한 정의와 측정에 관한 학자들의 접근 중 대표적인 학자이며, 오늘날 창의성 검사는 대부분 그의 창의성 구성요인이론에서 발전된 것이다.

표 4.8 ● **길포드의 창의성 구성요인**

유창성	• 주어진 자극에 대하여 제한된 시간 동안 어느 정도의 반응을 보일 수 있는가의 능력 • 양의 다양성, 사고의 속도와 관련됨. 제한된 시간에 많은 양의 반응 능력
융통성	• 질(접근방법)의 다양성. 한 가지 문제에 대하여 접근하는 방법이 얼마나 다양한가 하는 사고능력 • 낡고 오래된 사고를 버리고 새로운 생각을 채택하는 능력. 사고의 넓이
독창성	• 사고의 결과로 나타나는 반응의 색다름, 신기함
정교성	• 주어진 문제를 세분화하여 전개시키거나, 문제에 포함된 의미를 명확히 파악하고 결점을 보완할 수 있는 능력. 사고의 깊이
민감성	• 문제 상황에 대하여 민감하기 사실대로의 지각을 할 수 있는 능력 • 관련성이 없는 자극에 의하여 혼돈되거나 장애를 받지 않고 독립적인 지각을 할 수 있는 능력
재구성력	• 복잡한 문제 상황을 보다 간결하게 하며, 새로운 의미를 부여하고 사물, 사상을 구조적이고 기능적으로 관련짓는 능력

'이걸 기억하겠다고 약속해줘.
넌 네가 믿는 것보다 더 용감하며, 보기보다 강하고
네 생각보다 더 똑똑하다는 걸.'
〈곰돌이 푸우〉 중에서

Check! Check!

01 피아제의 인지발달단계에서 전조작적 사고기의 특성으로 옳은 것은?

① 가역성, 추상적인 사고
② 조작의 가역성, 탈중심화
③ 언어의 발달, 자기 중심성, 중심화
④ 응시, 듣기, 팔다리 움직이기

02 주요 인지학습이론 중 원숭이의 실험을 통하여 통찰설을 주장한 학자는 누구인가?

① 쾰러
② 레빈
③ 힐가드
④ 스키너

03 다음 심리학적 인간관 중 왓슨에 의하여 시작된 것이다. '인간을 외부의 자극에 대하여 수동적으로 반응하는 존재'로 보는 견해는 무엇인가?

① 정신분석학적 접근
② 인지적 접근
③ 행동주의적 접근
④ 신경행물학적 접근

04 비고츠키의 인지발달이론에서 ZPD(근접발달영역)의 개념과 교육적 시사점을 서술하시오.

객관식 정답 01. ③ 02. ① 03. ③

Chapter 05

교육의 사회학적 기초

교육목표

- 기능이론과 갈등이론의 교육적 관점과 세부 내용을 이해한다.
- 신교육사회학의 이론을 이해하고, 기능이론·갈등이론과 비교하여 이해할 수 있다.
- 교육의 사회학적 기능을 이해한다.

1 교육사회학의 의미

교육은 개인이 속한 사회에서 어떻게 행동해야 하는가를 사회성원들에게 가르쳐 주는 것이며, 이와 같은 인간 행동은 본질적으로 사회적이다. 또한 교육은 사회 안에서 일어나는 활동으로 그 목적과 방법은 교육이 행해지고 있는 사회의 성격에 의하여 좌우된다. 따라서 교육은 개인의 능력과 역량을 길러주는 것과 동시에 사회적 인간으로서 자리 잡을 수 있도록 도와주는 작용을 한다. 개인은 개인생활과 사회적 순응의 수단으로 교육이 필요하고, 사회는 사회대로 그의 보존과 발전을 위하여 교육이 필요하다. 따라서 교육은 현존 사회를 보존하기 위한 수단인 동시에 이 사회의 발전을 위한 수단이다. 교육은 그것이 무의도적이든 의도적이든 인간의 문화적 행동의 양식에 관계되어 있으며, 교육의 본질적인 기능은 인간의 사회 공동생활의 경험을 통하여 개인의 능력을 발전시킴으로써 자기를 실현하도록 하는 것이다.

교육은 인간을 그 대상으로 하고 있는데, 교육이 대상으로 하는 인간은 사회적으로 형성된 인간이다. 교육은 교사와 학생의 인간관계와 학생과 학생이 접촉하는 사회적 과정을 통해서만 이루어진다. 사회적 접촉과 사회적 과정을 통하여 개인은 사회화되고 사회생활의 능력을 배우게 된다. 즉, 교육의 과정과 사회적 과정은 같은 것이다. 이러한 점에서 듀이도 교육을 사회화의 과정으로 정의하였다.

인간은 사회적 동물이다. 그러므로 개인은 사회집단 속에서 적응하는 여러 가지 지식, 기능, 태도 등을 배우고 사회는 자체의 지속과 발전을 위하여 문화유산을 전달해 준다. 교육은 일정한 사회 안에서 사회적 접촉과 사회적 과정을 통하여 이루어진다.

사회적 동물로서의 인간은 태어나면서부터 자기가 태어난 사회적 테두리 안에서 여러 형태의 사회적 접촉을 하면서 생활에 필요한 여러 가지 방편과 생활 내지 행동 양식을 배우게 된다. 이와 같은 과정이 바로 교육이다. 교육은 사회적 산물이며 사회가 목적하는 바를 달성하기 위한 수단이기 때문에 사회의 이상과 문화를 반영한다. 그리고 사회는 교육을 통하여 이를 전달한다. 현대에 이르러 교육의 목표를 현대 국가의 시민양성, 지적 훈련, 완전한 생활에 두고 있는데, 이는 모두 그 당시 사회의 이상과 실정을 반영하는 것이다. 교육의 사명은 개인을 사회에 적응시키고, 사회의 발전을 꾀하는 데 있다. 사회와 교육은 불가분의 관계에 있고 교육이 사회를 반영하고 있으며, 교육이 사회에 봉사하고 그 요청에 귀를 기울임으로써 그 사명을 다할 수가 있다.

2 교육사회학 이론

교육사회학의 이론적 연구는 학교교육에 대한 사회학적 연구로부터 시작된다. 교육사회학은 주로 사회구조가 교육기회와 계급문화 유지에 어떤 작용을 하는가를 밝히는 구조기능주의적 접근에 관심이 있었으며, 이러한 구조기능주의적 접근으로 거시적 접근인 60년대의 기능이론과 70년대의 갈등이론이 있다. 이후 두 이론의 한계를 극복하려는 노력으로 신교육사회학이 등장하게 된다. 기능이론과 갈등이론이 사회구조의 중요성을 지나치게 강조한 나머지 개인의 의지와 개인 및 집단 간의 상호작용 행위의 중요성을 간과한 것에 대한 한계를 극복하고자 하였다.

거시적 접근에서 기능이론과 갈등이론이 교육과 사회구조의 관계를 다루었다면, 신교육사회학은 미시적 접근에서 교육내용 및 교육현상 자체에 관심을 갖는다(강기수 외, 2012/2014).

표 5.1 ● **학교교육에 대한 기능이론과 갈등이론**

기능이론	갈등이론
• 학교는 사회의 안정과 질서에 기여하는 제도	• 학교는 기존의 위계질서를 공고히 하며, 지배계급의 이익에 종사하는 도구
• 학교는 사회가 요구하는 기술, 지식 등과 공동체 의식을 전수 • 학교교육의 기술훈련을 통하여 국가의 경제성장과 발전 그리고 인간의 자기 실현에 결정적인 역할을 함	• 학교는 기존의 질서를 재생산함으로써 사회불평등을 영속화함 • 학교교육은 자본주의적 위계구조에 대응해서 노동자를 차별적으로 양성하는 계급생산의 메커니즘
• 학교는 사회구조적 모순을 해결하여 주며, 사회평등화 도모 • 교육기회의 균등화를 통하여 삶의 기회를 공평하게 해 줄 수 있다는 의미에서 교육이 사회적 불평등을 해소할 수 있다고 봄	• 교육이 이데올로기적 상부구조로서 경제적 토대의 대응체라는 유물론적 해석에 근거함 • 학교에서 가르쳐지는 내용은 지배계급의 문화와 이익에 밀접히 관련되어 있다고 봄
• 교육은 독립적이며 자율적이라는 자유주의적 이데올로기에 근거함 • 학교에서 전수하는 교과의 내용은 사회구성원들의 합의에 의한 것	• 학교는 피지배계층에게 기존의 불평등 위계구조에 순응하도록 강요하는 이데올로기적 기관
• 학교는 개인의 재능과 노력에 따라 공정한 평가를 하며, 아울러 정당한 사회적 보상이 주어짐	• 학교는 인간을 강요하고, 억압함으로써 타율적이고, 수동적인 존재로 전락시킴
• 학교는 지위의 사다리이며, 공정한 사회이동을 촉진	• 학교는 지적 기술보다 지배계층이 선호하는 가치관, 규범, 태도 등을 은밀히 강조함
• 학교교육을 통해 각종 사회문제를 해결	• 학교에서 행하는 능력주의 이데올로기는 외형상 공정하게 보이나, 피지배계층의 아동을 효과적으로 탈락시키고, 지배질서의 정당성을 강조하기 위한 위장된 이념에 불과함

출처 이선화(2017) 下. p.358 재인용.

1) 기능주의 관점

기능주의이론은 구조기능주의이론(structural-functional theory), 합의이론(consensus theory), 질서이론(order theory) 또는 균형이론(equilibrium theory) 등으로 불린다. 이 이론은 스펜서(Spencer)에 의하여 이론적 기초가 형성된 이후에 뒤르켐(Durkheim)과 파슨스(Parsons) 등에 의해서 체계화되었다.

기능주의에서는 현상유지, 사회질서, 합의 등과 같은 사회의 유지와 존속을 설명하고자 하며 사회를 유기체에 비유한다. 이를테면 인체는 손, 발, 코, 귀,

입 등 여러 가지 기관, 즉 부분들이 전체를 구성하고 있으며, 이러한 부분들이 각기 담당하고 있는 기능을 제대로 수행함으로써 인체의 생존과 활동을 가능하게 한다. 유기체와 마찬가지로 사회도 각기 다른 여러 부분으로 구성되어 있으며, 각 부분은 전체의 존속을 위하여 필요한 각각의 기능을 수행한다는 것이다. 기능주의자들이 주장하는 기본입장을 보다 구체적으로 살펴보면 다음과 같다.

첫째, 구조(structure)와 기능(function)이다. 사회는 많은 부분으로 구성되며, 이들 부분들은 각 사회의 사회구조를 이루게 된다. 각 부분은 고유의 기능을 가지게 되는데, 이러한 기능이 전체의 구조유지에 공헌한다. 즉, 기능주의자들은 사회의 존속이 사회의 제도, 규범 및 사회적 역할에 의해 어떻게 충족되는가에 관심을 갖게 된다.

둘째, 통합(integration)이다. 사회의 다양한 부분은 서로 통합되기 때문에 사소한 한 부분의 변화는 다른 부분에 영향을 미친다. 뿐만 아니라 사회구조의 다양한 요소는 전체의 사회체계를 유지하기 위해 상호작용한다.

셋째, 안정성(stability)이다. 기능론자들은 어떠한 사회도 완전히 정적일 수는 없고, 최소한의 변화는 불가피하다고 인정하고 있지만, 급격한 변화보다는 안정성을 더 강조한다.

넷째, 합의(consensus)이다. 기능론자들의 또 다른 관심은 지각, 감정, 가치 및 신념에 관한 것이다. 어떠한 사회이든 이에 대한 구성원들의 합의 없이는 사회생활은 거의 불가능하다. 따라서 이에 대한 합의는 가정이나 학교에 의해 수행되는 사회화 기능으로 성취된다.

기능주의에서 학교는 사회를 유지·존속시키는 다양한 제도들 중 하나이며, 자라나는 세대를 사회화하고 사회의 다양한 역할구조 내에서 개인이 담당할 특정한 역할을 위해 능력 있는 사람들을 사회적 선발(social selection)을 한다. 이를 통해 학교는 사회를 존속·유지시키는 중요한 기능을 수행한다. 산업사회에 있어서 직업에 따르는 위계는 사람들의 능력과 그 직업에 주어진 과업의

복잡성 때문에 생긴다고 보고, 학교에서의 경쟁은 사회를 유지하고 원활하게 운용하기 위하여 가장 능력 있는 사람들을 객관적으로 선발하는 기능을 한다.

이 같은 기능주의의 학교교육에 대한 입장은 1960년대까지 지배적 이론으로 자리잡고 있었다. 학교는 가장 능력 있는 자들이 가장 높은 지위를 차지할 수 있도록 선발 · 분류하는 가장 합리적 방식을 반영하며 또 학교는 점차 고도의 지식과 전문적 기술을 필요로 하는 산업사회에서 요구되는 인지적 능력과 규범, 가치 등을 가르치고 있다는 기능주의적 설명은 국가발전을 위한 교육의 기능으로서 환영받았다. 그러나 기능주의에 대한 객관성과 과학성에 회의를 가지게 되면서 설득력을 잃어가고 있다.

2) 갈등론적 관점

갈등이론(conflict theory)은 기능주의에 대한 비판적이론으로, 이 이론을 발전시키고 주장해 온 학자로는 마르크스(Marx), 보울즈(Bowles)와 긴티스(Gintis) 등을 들 수 있다.

일반적으로 갈등은 공급이 제한되어 있으나 가치 있다고 여겨지는 것들, 이를테면 부, 명예, 권력 등에 대한 경쟁에서 일어난다. 따라서 인간이 소유하고자 하는 대상물은 제한되어 있는데 반하여, 인간의 소유욕은 무한하여 이러한 모순을 해결할 방법이 없으므로 갈등이 생겨난다고 전제한다.

갈등주의자들이 주장하는 그들의 입장을 살펴보면 다음과 같다.

첫째, 갈등(conflict)이다. 구조기능주의자들은 사회구조의 각 부분이 통합된다고 하는 데 반하여, 갈등론자들은 사회제도와 각 집단은 서로 다른 목적으로 작용하고 있다고 한다. 따라서 갈등은 지배를 위한 각 집단의 투쟁으로써 일어날 수밖에 없다는 것이다. 가끔 이러한 갈등은 소리 없이 진행되기도 하지만 때때로 공개되기도 한다.

둘째, 변화(change)이다. 사회란 근본적으로 각 집단의 이익을 획득하기 위한 갈등의 장이므로 사회관계는 지배와 피지배관계로 설명된다. 따라서 권력

투쟁 과정에서 일어나는 변화는 불가피하다는 입장이기 때문에 사회 안정을 기대하기란 쉽지 않다는 것이다.

셋째, 강압(coercion)이다. 갈등과 변동의 상황에 권력을 가진 집단은 그렇지 못한 집단을 강압함으로써 사회질서를 유지하려 한다. 그런데 그 강압은 힘만으로가 아니라 대중매체나 교육 등을 통해 교화·선정함으로써 지배세력이 피지배세력을 다스리게 된다는 것이다.

갈등이론의 관점에서 보는 학교는 사회적 불평등을 재생산하는 제도적 장치에 불과하다. 또한 학교에서 제공하는 교육내용도 특정계층이 가치 있다고 여기는 문화와 지식을 형식적 교육과정을 통하여 강압적으로 학생들에게 주입하고 있다고 본다. 기능이론은 교육이 사회화 기능을 통하여 사회구성인의 지식, 신념, 태도, 이념 등의 공동가치나 공민성 계발에 중점을 둔다고 보는 반면, 갈등이론은 불평등을 영속화하여 하류계층의 학생들로 하여금 그들의 열등의식을 더욱 확인하게 하는 제도로 학교를 설명한다. 더욱이 갈등주의자들은 학교교육이 인지적 능력을 기르는 것이라기보다 계급과 관련된 가치와 태도를 강화한다고 주장한다. 따라서 갈등론적 관점에서 볼 때 학교는 인재를 계층에 관계없이 공정하게 선발하여 사회에 배치하는 것이 아니라, 오히려 지배집단에 이로운 가치관을 가르침으로써 기존사회의 계층구조를 정당화하고 지속시킨다는 것이다. 이처럼 갈등이론은 학교교육이 사회의 불평등 구조를 정당화하고 있다고 비판하는 이론이라고 할 수 있다.

최근 사회과학 분야에서 해석학적 패러다임을 질적 연구에 적용하고 있다. 해석학적 접근을 통하여 사회과학자들은 사회적 상황에서 운용되고 있는 인간행동의 규칙, 역할, 규범을 올바르게 해석하고자 한다. 이러한 관점에서 교육학자들은 학교사회를 복잡한 사회체제로 연구하고 있으며, 미시적 측면에서 교사, 학생, 교육행정가들의 행동을 이해하려고 시도한다.

앞서 제시한 바와 같이 기능이론과 갈등이론은 주로 규범적 패러다임에 의하여 교육과 사회관계에 접근하고 있으나, 교육의 내적 과정분석을 주로 다루

는 상징적 상호작용, 현상학, 민속방법론, 신교육 사회학이론들은 보다 해석학적 패러다임과 관련이 높다.

표 5.2 ● 기능이론과 갈등이론의 비교

구 분	기능이론	갈등이론
사회관	• 사회를 유기체에 비유하며 긍정적으로 파악 • 안정성, 통합성, 상호의존성, 합의성 • 사회는 전문가사회, 업적사회, 경쟁적 사회로서 개인의 능력에 따라 계층 이동 가능	• 사회는 갈등과 경쟁의 연속, 부정적으로 파악 • 사회는 세력다툼, 이해상충, 저항, 변동 • 사회는 개인능력이 중요시 되는 것이 아닌 부모의 사회경제적 배경에 따라 자녀들의 지위가 결정됨
핵심요소	• 구조와 기능, 통합, 안정, 합의	• 갈등, 변동(변화), 강제(억압)
교육의 기능	• 사회화, 선발, 배치는 학교교육을 통해 이루어짐 • 학교교육을 통한 계층 이동 가능, 학교를 위대한 평등 장치로 봄 • 사회 유지·발전	• 불평등한 사회구조를 재생함 • 학교교육을 통한 계층이동이 불가능 • 지배집단의 문화를 정당화시키며 주입시킴
사회-교육 관계	• 학교의 순기능에 관심	• 학교의 역기능에 관심
이론적 특징	• 체제유지 지향적, 현상유지 → 보수적 • 부분적, 점진적 문제해결 • 안정 지향 • 교육과정 : 지식의 절대성은 보편성과 객관성을 갖는 것	• 체제비판을 통한 변화 • 전체적·급진적 문제해결 • 변화지향 • 교육과정 : 지식의 상대성은 사회·역사적 맥락 중시함
대표자	• 뒤르켐, 파슨스	• 보울즈, 긴티스, 카노이, 일리치, 라이머, 프레이리
공통점	• 거시이론 • 교육을 정치, 경제의 종속변수로 파악 • 교육의 본질적(내적) 기능보다 수단적(외적) 기능을 중시	
한계점	• 사회 또는 경제구조가 인간을 지배하고 있다고 봄 → 교육을 정치 → 경제의 종속변수로 취급 • 수동적 인간관 • 거시적 접근의 한계로 학교 내의 상호작용 연구 소홀 • 학교의 교육과정을 투입산출에 의한 외형적 입장에서만 연구함	

출처 김희수 외(2014/2017). p.125-126, 이선화(2017) 下. p.363-364 내용을 정리함

3) 신교육 사회학적 관점

1970년대에 접어들면서 갈등이론과 거의 비슷한 시기에 등장한 교육사회학의 새로운 패러다임이 신교육 사회학(new sociology of education)이다. 신교육 사회학은 영국을 무대로 하여 종래의 교육사회학이 연구 과제를 잘못 선택하였다고 비판하면서 새로운 연구 과제를 들고 나왔다. 신교육 사회학의 학문적 발전에 크게 공헌한 학자로는 번스타인(Bernstein)과 영(Young)을 들 수 있다. 이들의 주된 관심사는 학교에서 다루고 있는 교육내용과 교사·학생 간 상호작용을 민속방법론 및 현상학적 방법론과 상징적 상호작용적 방법론을 적용하여 탐구하는 데 초점을 두고 있다. 이 같은 연구를 통하여 지식이 어떤 식으로 생성되고, 학교에서 다루는 지식이 사회의 여러 체제와 어떠한 관련을 맺고 있는지를 논의함으로써 학교에서 다루는 지식 자체에 연구의 초점을 두고 있다. 이처럼 교육과정을 보는 이들의 관점은 지식의 사회성에 바탕을 두고 있다. 학교의 교육내용은 사회적으로 통제된 문화전수의 한 방편이기 때문에 그것은 보편적인 것도 절대적인 것도 아니라는 것이다. 그보다 교육과정은 사회적, 정치적 산물로 이해한다.

번스타인(Bernstein)은 교육과정이 하류계층 아동에게 상대적으로 불리하게 구성되어 있는 것으로 보았다. 즉, 분석적, 개념적, 추상적 언어로 진술되어있는 교육내용은 이러한 의사소통의 양식을 가지고 있는 중류계층 아동에게 유리한 반면, 그렇지 못한 하류계층 아동들에게는 상대적으로 불리하다고 하였다.

영(Young)은 교육과정이 규정되는 형식은 곧 사회계층의 이익을 대변하는 과정이라고 설명한다. 즉, 사회계층의 이해관계에 따라 지식의 계층화 현상이 나타나는 것이다. 교육과정의 개혁에 있어서 변화와 수정의 가능성이 높은 영역은 하류계층 자녀의 교육과 관련이 깊은 하위지식의 영역, 즉 기술지식 등인데, 이러한 지식은 지배계층의 지식평가체제를 위협하지 않는 범위 내에서 개혁이 가능하다고 지적한다. 따라서 영(Young)은 기능론적 교육과정의 오류,

즉 학교에서 제공하는 교육내용으로서 지식에 대한 공평성, 객관성, 보편성을 비판하고 있다.

종합해보면, 교육은 무엇인가, 왜 교육을 하는가, 교육을 움직이는 힘은 무엇인가 등에 관련된 문제를 정확히 이해하기 위해 거시적 관점은 물론, 미시적 관점 모두를 고려해야 한다. 이는 교육이 역사를 만들어가는 과정에 있어 자연의 조건과 사회구조의 힘 그리고 인간의 의지와 결단의 중요성 모두를 존중해야 한다는 것을 의미하기 때문이다(강기수, 2012/2014).

3 교육의 사회학적 기능

사람은 태어나면서부터 자기가 속한 문화권에 알맞은 생활 방식을 익혀야 한다. 일반적으로 인간은 필요한 기초적인 생활 양식이나 행동 양식을 부모, 형제 등 가족으로부터 배우게 되지만, 많은 양의 복잡한 문화는 학교라는 교육기관을 통하여 체계적으로 습득하여야 한다. 이와 같은 관점에서 교육(education)과 학교교육(schooling)의 의미를 구별할 필요가 있다.

교육은 넓은 의미로 한 인간이 그의 삶의 방식을 배우는 사회화 과정(socialization process)으로 생각될 수 있다. 학교교육은 구체적인 시간에 가정 이외의 특정된 장소에서 한정된 기간 동안 특별히 교육을 받았거나 훈련된 사람들에 의해서 수행하는 교수·학습의 과정에 국한되는 교육의 일부분과 관련된다. 그러나 학교교육 역시 교육의 한 가지 형식이란 점에서 학교교육의 기능도 넓은 의미의 교육과 동일하게 취급하면서 학교교육의 기능을 크게 문화전승, 사회혁신, 사회통합, 사회충원, 사회이동 등의 기능으로 나누어 정리하고자 한다.

1) 문화전승 기능

학교교육이 가지는 가장 중요하고도 기초적인 사회적 기능이 문화전승(文化傳承, transmission of culture)이다. 문화전승 기능은 사회화의 기능, 사회 적응적 기능, 보수적 기능, 사회 안정유지 기능을 포괄하는 개념이다. 교육은 그것이 학교교육이든, 학교 밖 교육이든 그 사회의 새 성원을 길러내는 기능을 하기 때문에 그 사회의 성원이 공유하기를 기대하는 문화를 전달하게 된다. 개인적인 차원에서 볼 때, 어린이들은 사회구성원으로서 인정받기 위하여 그 사회에 적응을 하여야 하고, 사회 적응을 위해서는 사회가 공인하는 언어, 사고, 감정, 가치관, 태도, 지식, 행동양식을 학습하여 내면화하여야 한다. 이러한 학습은 대부분 학교교육에서 이루어진다. 사회적 차원에서는 사회의 존속을 위하여 문화적으로 전승되어 온 지식, 기술, 가치관, 규범, 태도, 언어 등의 여러 가지 생활양식과 행동양식을 사회구성원들이 계승하도록 하여야 한다. 만약에 그렇지 못할 때는 그 사회의 안정이나 사회 질서는 유지되기 힘들기 때문이다.

결과적으로 사회구성원은 개인이나 사회를 위하여 필요한 다양한 생활양식과 행동양식을 내면화하게 되는데, 그 과정이 대부분 학교교육을 통하여 다음 세대로 전달되면서 이루어진다. 학교교육의 문화전승 기능은 그 비중이 가정교육이나 사회교육보다 더욱 크며, 학교교육 중에서도 유아교육, 초등교육 및 중등교육에서 중요한 비중을 차지한다. 여기서 학교교육의 중요한 과제는 문화라는 것이 시점, 사회계층, 집단유형, 지역에 따라 다르게 나타나는데, 어떤 문화를 공인할 수 있는 문화로 지정하고 이를 전승하느냐 하는 것이다. 사회가 공인하는 여러 규범이나 가치관 등의 문화 내용은 바로 교육의 주요 내용이 되며, 이것은 사회로부터 제공받아 구성하게 된다는 점에서 교육은 사회적으로 수동적 입장에 있게 된다. 이러한 관점에서 학교교육의 문화전승 기능은 사회의 수동적 기능이기도 하다. 또한 문화전승 기능은 사회를 개혁하고 문화를 창조하는 의미에서 보수적 기능이라고도 볼 수 있다.

2) 사회혁신 기능

학교교육은 사회구성원의 사회적응이나 사회유지를 위하여 문화를 전승하는 역할을 담당하기도 하지만, 다른 한편으로는 사회를 보다 바람직한 방향으로 변화시키는 역할을 담당하기도 한다. 학교교육은 사회로부터 영향을 받기도 하지만, 경우에 따라서는 사회에 적극적으로 영향을 미친다는 점에서 그 능동성을 찾아볼 수 있다. 예컨대 전근대적인 사회에서 팽배하는 비과학적 사고방식이나 미신에서 벗어나기 위해서는 새로운 지식이나 기술이 요청될 뿐 아니라 기존 가치관이나 태도의 변화가 요청된다. 이러한 변화는 교육의 능동적인 힘에 의해 이루어질 수 있는 것이다. 특히 현대사회와 같이 급변하는 사회에 있어서 사회 변화는 의도적으로 바람직한 방향으로 이루어져야 하고, 이는 학교교육의 적극적인 역할을 통해서 이루어진다.

학교교육이 계획적인 사회변화를 촉진시키는 역할을 담당한다는 의미에서 사회개혁(社會改革, social change innovation)이나 사회재건 기능을 담당한다고도 볼 수 있다. 또한 학교교육은 새로운 문화를 창조하는 힘을 가진다. 학교교육이 의도적으로 사회를 변화시키지만, 그 직접적인 요소는 과학기술의 발달이다. 학교교육은 일찍부터 과학기술교육을 중요시하였으며, 그 결과로 기술문화의 발달이 촉진되었다. 기술문화의 발달은 느리게 진행되는 것처럼 보이지만, 필연적으로 가치문화의 변화를 초래하게 된다. 학교교육은 발달하는 현대사회 내지 미래사회가 요청하는 새로운 지식과 기술의 발달을 교육내용으로 하여 기존문화를 개혁하고 새로운 문화를 창조하게 된다는 점에서 문화창조 기능을 담당한다고 볼 수 있다.

학교교육에서 사회혁신 기능을 주로 담당하는 기관은 초·중등교육기관보다 고등교육기관이라고 볼 수 있다. 대학에서의 연구 활동은 학교교육의 창조적 기능을 담당하는 대표적인 기능인 것이다. 그러나 지식 기반 사회와 미래 문화(복지) 국가에서 국제 간의 경쟁력을 높이기 위하여 창의적 교육을 강조한다든지, 사회개혁을 위한 창조적 사고, 가치관 등을 어릴 때부터 길러주어야 한다면, 이러한 교육은 초·중등교육에서부터 시작되어야 하기 때문에 초·중등학교의 사회혁신 기능도 가볍게 볼 수가 없다.

3) 사회통합 기능

사회통합(社會統合, social integration)의 기능이란 사회의 여러 가지 이질적 요소들이 각각 독립성과 고유성을 유지하면서 전체적으로는 모순과 갈등 없이 조화를 이룰 수 있게 하는 것을 말한다. 이 기능은 문화 전승 기능의 이차적 기능이라고도 하는데, 이들 두 기능이 모두 사회화를 통하여 공인된 가치관, 태도, 규범 등의 생활양식과 행동양식을 육성하여 사회의 총의(總意)를 형성한다는 점에서는 차이가 없다. 그러나 사회통합 기능은 문화전승 기능보다 강제성을 가지는 사회통제 내지 사회적 제재의 기능을 수반한다는 점에서 서로 차이가 있다. 사회통합 기능은 전문화되고 분화되어 있는 이질적 구성 요소들을 조정하면서 이들 요소들을 중심으로 부분 문화 간의 대립과 갈등을 해소하고 조화하기 위하여 경우에 따라서는 강제성을 띤 통제와 제재를 필요로 한다.

학교교육을 통한 통합적 기능은 학교 사회 내에서 학생들의 바람직하고 공인된 행동은 권장하지만, 비정상적이고 부적응적인 이상 행동에 대해서는 제재를 가하게 된다. 이러한 결과는 학생들로 하여금 사회가 공인하는 방향으로 나아가게 하는 기능이 있다. 다양하고 복잡한 현대사회에서 사회적 통합이란 어려운 과제이지만, 학교교육을 통하여 공통된 사회의식과 사회의 총의를 형성할 수 있다. 이에 추가하여 학교교육을 통한 사회통합 기능은 학교 수업을 중심으로 정치적 사회화 등을 통하여 심층적인 의식 구조 변화를 가져오는 데 의의가 있다.

4) 사회충원 기능

학교교육의 사회충원(社會充員, selection&sorting) 기능은 가장 현실적이며 구체적인 기능으로 인력의 선발, 분류, 배치 등을 포함한다. 사회는 존속을 위해 수많은 기능을 수행하며, 그 기능에 따라 지위와 역할이 달라지고, 다른 지위와 역할수행을 위하여 그것에 맞는 지식, 기술, 자질, 태도 등을 요구한다. 학교교육은 이러한 여러 가지 다른 요구에 맞게 학생의 능력, 소질, 취미 등을 기초로 하여 인력을 선발하고 교육시켜 배치하는 기능을 가지는 것이다. 학교교육의 선택 분류에 영향을 주는 요소로는 개인의 학업성적, 지능, 욕망, 가정의 경제적 사정, 부모의 희망 등을 들 수 있다. 학교를 중심으로 볼 때, 공·사립별, 인문·실업계별, 학구별, 지역별 등에 따라서 학교의 전통과 분위기가 달라지며, 학교교육의 충원 기능에 영향을 미침을 알 수 있다. 사회충원을 위한 사회적 선발 및 배치의 기능은 개인의 일생에 영향을 끼치므로 충실히 수행해야 하며, 선발 및 배치가 학위에 의해서가 아닌 개개인의 능력에 따라 이루어질 수 있도록 노력해야 한다(박영진 외, 2014/2016).

5) 사회이동 기능

사회이동(社會移動, social mobility) 기능은 사회적 위계체제 속에서 한 개인이나 집단이 어떤 사회적 지위로부터 다른 사회적 지위로 이동하는 것을 촉진하는 것이다. 귀속지위보다 업적지위를 더 중요하게 요구하는 현대사회에서는 개인의 학업성적, 전문지식, 기술을 가족 배경, 종교, 인종, 성별보다 더 중요하게 간주한다. 전문적 지식이나 기술은 주로 학교교육을 통하여 이루어지고, 학교교육의 성과는 사회의 요청에 대응하는 능력을 부여받기 때문에 결과적으로 학교교육은 개방사회에서 사회적 지위 향상을 위한 조건을 충족시켜 줌으로써 사회이동을 가능하게 해주는 것이다. 사회이동에는 보통 두 가지 양상이 있는데, 그 하나는 사회계층이 상하계층으로 이동하는 것을 말하고, 다른 하나는 직종이나 지역적 이동을 말한다. 전자는 종적 또는 수직적 이동이라 하고 후자는 횡적 혹은 수평적 이동이라고 한다.

이러한 사회이동은 한 세대 내에서 이루어질 수도 있고, 다음 세대에 걸쳐서 이루어질 수도 있다. 전자의 경우를 세대 내 이동이라 하고, 후자의 경우를 세대 간 이동이라고 한다. 특히 우리나라와 같이 고학력을 중시하는 사회적 풍토에서는 학교교육을 많이 받아야만 하위계층에서 상위계층으로 이동할 수 있는 수직적 이동의 가능성이 커진다. 또한 고학력주의 사회에서는 고학력을 얻기 위하여 고등교육기관이 몰려 있는 대도시로 집중하는 수평적 이동을 초래하게 된다. 이처럼 학교교육은 사회의 수직적 이동뿐만 아니라 수평적 이동까지도 촉진하는 역할을 하는 것이다.

"자신을 이해하는 가장 좋은 방법은 다른 사람의 눈(거울)을 통해 자기를 바라보는 것인데 이 과정이 사회화이다"
〈Charles Horton Cooley, 「Looking Glass Theory」〉

Check! Check!

01 기능이론과 갈등이론의 학교교육에 대한 관점을 비교하시오.

02 다음 중 교육을 '방법적 사회화'로 설명하고, 사회화를 보편적 사회화와 특수 사회화로 구분한 학자는?

① 위슬러(C. Wissler)
② 뒤르켐(Durkheim)
③ 파슨스(T. Parsons)
④ 반두라(Bandura)

03 다음 중 사회적 측면에서 문화의 기능을 바르게 설명한 것은?

① 사회적 유대형성 및 통합
② 사회적 행동의 방향 결정
③ 욕구충족의 방법 제시
④ 인간행위의 구속과 통제

04 다음 중 사회화에 대한 설명으로 옳지 않은 것은?

① 사회화란 가르치고 배우는 과정이라고 할 수 있는데, 문화사회, 지역사회, 기타 사회기관들은 '학습자'로서 기능하며, 사회의 모든 구성원은 '교사'가 되는 일종의 교수-학습 과정이라고 할 수 있다.
② 개인의 입장에서 보든, 사회나 집단의 입장에서 보든, 인간은 사회적 존재임을 기본가정으로 하고 있으며, 사회화 과정에는 사회적 학습이 관계한다고 볼 수 있다.
③ 개인의 입장에서 볼 때 사회화는 사회적 기대와 기대에 대처하는 방식을 습득함으로써 사회에 적응할 수 있게 한다.
④ 사회나 집단의 입장에서 볼 때 사회화는 집단을 유지하고, 성원을 통제하기 위해 집단의 규범이나 가치에 맞는 행동방식을 기르는 역할을 부여한다.

객관식 정답 02. ② 03. ① 04. ①

Chapter 06
교육과정

교육목표

- 교육과정의 다양한 의미를 이해한다.
- 교육과정의 각 구성요소를 이해한다.
- 교육과정의 유형을 시대의 변화에 따라 이해하고, 각 유형별 특징, 장단점을 이해한다.

1 교육과정의 의미

교육과정이라는 용어는 라틴어 쿠레레(currere)로 동사로 쓰일 때는 '달린다'라는 뜻이고, 명사로 쓰일 때는 '달리는 코스', 즉 경마장에서 말이 뛰어가는 길인 주로(走路, course of race)를 의미한다. 따라서 교육과정은 학생들이 '따라야 하는 길'을 말한다. 이러한 의미가 학교에 도입되어 교수요목(敎授要目, course of study)을 지칭하는 뜻으로 사용되었다. 일반적으로 교육과정이라고 하는 것은 교육의 과정(過程)에서 목적을 달성하기 위해 목적에 합당한 내용을 선정하고, 조직하고, 가르치는 것을 총합적으로 묶은 교육의 계획이다(강기수 외, 2012/2014). 이 밖에도 오늘날의 교육과정 개념 속에는 비(非) 공식적 학습활동이나 비(非)형식적 경험 등이 포함되고, 학생의 성장 발달에 영향을 미칠 수 있는 학교 구조, 교실 조직, 학급 경영 등의 내용도 포함되어 교육과정은 다양한 의미와 영역을 가진다.

1) 교육과정 개념의 다양성

(1) 조직화된 내용으로서 교육과정

교육에서 교육과정이라는 용어가 처음으로 사용되기 시작하였을 때는 교육과정을 '내용(content)으로 규정하였다. 따라서, 이 관점에서의 교육과정은 가르치는 지식의 내용이며, 학생들에게 가르쳐야 할 교수·학습내용으로 정의된다. 교수·학습내용은 조직화된 지식의 체계(體系)이며, 지식의 구조(構造)이다. 이들 조직화된 지식은 문서화되고 교과목으로 편성하여 수업에서 사용된다. 조직화되고 문서화된 내용으로서의 교육과정은 교육과정을 편성하고 운영하는 주체에 따라 국가, 지역, 학교교육과정으로 구분 할 수 있다.

첫째, 국가교육과정(國家教育課程)은 교육과학기술부장관의 이름으로 고시되는 '초·중등학교 교육과정' 문서를 의미한다. 국가수준의 교육과정은 총론과 각론으로 이루어져있으며, 총론에는 교육과정 구성의 방향, 학교급별 교육목표, 편제와 시간배당기준, 교육과정의 편성과 운영지침 등이 포함되어 있다. 각론에는 교과의 성격과 목표, 내용, 교수학습방법, 평가 등이 포함된다. 우리나라의 경우, 해방 이후 7차에 걸쳐 교육과정 개정이 이루어져 왔다.

둘째, 지역교육과정(地域教育課程)은 고시된 국가교육과정을 기초로 하여 16개 시·도(1개 특별시, 6개 광역시 및 9개 도)교육청이 관내 학교를 위하여 마련한 '교육과정 편성·운영지침'을 의미한다. 일반적으로 지역수준의 교육과정은 국가수준의 교육과정에 지역의 특수성과 독특한 필요와 특색을 반영하여 학교교육과정을 편성 및 운영할 수 있도록 지침을 제시하고 있다(강기수 외, 2012/2014).

마지막으로, 학교교육과정(學校教育課程)은 국가교육과정과 지역교육과정을 근거로 편성한 '학교 운영계획'을 일컫는다. 학교교육과정에는 교사와 학생조직, 연간 수업시간표, 개학일, 중간고사, 기말고사, 졸업식, 기타 행사계획 등 학사 일정이 제시되어 있다. 이러한 학교교육과정에 따라서 학교에서 수업이 진행된다. 문서화된 교육과정은 교사들이 수업을 계획하고, 교수-학습활동을 하는 근거가 되며, 학생들을 평가하고, 교사의 장학과 책무성 판단을 위한 기초 자료로 활용된다.

(2) 실천된 학습 경험으로써 교육과정

교육과정은 학교에서 실제 실천을 통하여 학생이 가지게 되는 경험(經驗, experience)을 지칭하는 용어로 사용되기도 한다. 따라서 교실에서 교사가 실제로 가르치는 것, 즉 교사에 의하여 해석되어 실행된 교수활동을 경험으로써의 교육과정이라 한다. 문서로서의 교육과정을 교사가 해석하고 실행에 옮길 때, 실천으로서의 교육과정이 된다. 교사는 자신의 지식, 신념, 가치관, 태도

등에 의하여 문서화된 교육과정을 해석하고, 그 의미에 따라서 교수하기 때문에 교사가 실제로 수업하는 실천으로서의 교육과정은 문서로서의 교육과정과는 다르다. 실천으로서의 교육과정은 문서로서의 교육과정보다 더 큰 영향을 미칠 수 있다.

(3) 의도적인 교수계획으로서 교육과정

교육과정의 개념은 철저히 의도된 사전계획(計劃, plan)으로 규정한다. 즉, 교육과정과 수업을 분리하여 전자를 목표로 했을 때, 후자는 전자의 성취를 위한 수단이 된다. 왜냐하면 바람직한 수업 결과를 얻기 위하여 학교에서 사전에 보다 적절하게 수업을 계획하는 일이 무엇보다 중요하다고 생각하기 때문이다. 타일러(Tyler, 1949)는 교육과정을 교육목적을 달성하기 위한 학교에 의하여 계획되는 모든 학습이라고 하였고, 타바(Taba, 1962)는 교육과정을 모든 학습을 위한 하나의 계획이라고 정의하였다. 의도된 교수계획으로서의 교육과정은 학교의 교육목적을 달성하기 위하여 필요한 학생들의 생활경험을 교육적인 측면에서 교육활동이 언제, 어디서, 어떻게, 행해질 것인가를 종합적으로 묶은 교육의 총체적인 계획이라 할 수 있다.

(4) 학습결과로 나타나는 성과로서 교육과정

교육과정은 교수·학습활동의 결과(結果, outcome)로 나타나는 성과나 산출을 의미하는 것으로 이해되기도 한다. 성과나 산출로서의 교육과정은 교수·학습활동에 참여한 결과, 학생들이 실제로 가지게 되는 경험이나 성취를 의미한다. 동일하게 계획되고 전개된 수업상황 속에서도 학생들은 자신의 지적능력, 흥미, 경험, 진로 등 개인의 조건에 따라 서로 다른 교육적 경험을 하게 된다. 학생들은 서로 다른 교육적 경험의 결과, 서로 다른 산출물을 보인다. 즉, 학생들의 학습상황에서 무엇을 행하느냐가 아니라 학생들이 학습한 결과로서 무엇을 학습하게 되느냐와 관련이 있다. 이와 같이 학생 입장에서 실제로 경험된 것 또는 성취된 결과를 강조하기 위하여 성과 또는 산출로서의 교육과정이라는 말을 사용한다.

(5) 의도되지 않은 산출로서 잠재적 교육과정

잠재적 교육과정(潛在的 敎育課程, hidden or latent curriculum)은 학교에서 계획하거나 의도하지 않았지만, 학습결과를 초래하는 교육과정으로 학생이 학교생활을 하는 동안 은연 중에 학습하는 것을 의미한다. 잠재적 교육과정은 Merton(머튼)이 Hopi(호피)족의 기우제를 관찰하면서, 그 기능 중에는 의도적인 것과 비의도적인 것이 있다는 것을 구분하면서 등장한 개념이다. 잠재적 교육과정은 비(非)계획적, 비(非)의도적, 단편적인 것이며, 주로 정의적, 도덕적인 측면의 학습이라는 점에서 매우 중요하다. 이 교육과정은 문서화되지 않은 비(非)공식적인 것으로 교사의 인격, 학급의 분위기, 인간관계 등이 포함된다. 잠재적 교육과정에서 배운 것은 비교적 영속성이 있으며, 학생의 정의적·도덕적·인격적인 면에 영향을 미치기 때문에 중요하다. 이러한 잠재적 교육과정의 개념은 비교적 최근에 나타났으며, 이것은 학교 수업에서 계획적·의도적인 학습 경험과 대비되는 개념으로 해석되고 있다.

(6) 수업계획에 배제된 영(零) 교육과정

의도적으로 가르치지는 않았지만 학습이 일어난 현상을 개념화한 잠재적 교육과정과는 다르게 필요한 수업내용임에도 불구하고 계획과정에서 생략되어 교수-학습과정에서 생략된 내용, 즉 학생들이 배우지 못한 경우를 상정해 볼 수 있다. 영교육과정을 최초로 제안한 사람은 아이즈너(Eisner)이다. 아이즈너는 『Educational Imagination』(『교육적 상상력』, 1979)에서 이 용어를 사용하였다. 학습자에게 필요한 내용임에도 불구하고 수업과정에서 배제된 경우를 영(零) 교육과정(null curriculum)이라고 한다. 학생들에게 가르칠 필요가 있는 모든 중요한 내용은 원칙적으로 교육과정 문서에 포함되어야 한다. 그러나 여러 가지 이유로 학생들에게 꼭 가르쳐야 할 내용이 때때로 생략되거나 빠지거나 공식적 교육과정에 포함되어 있다 하더라도 학습할 기회가 없었다면 영교육과정이라고 한다.

표 6.1 ● **잠재적 교육과정과 영 교육과정**

구 분	잠재적 교육과정	영 교육과정
의도성의 측면	학교에서 의도하지 않은 교육과정	학교에서 의도적으로 배제한 교육과정
명시성의 측면	교육과정에 명시되어 있지 않음	
기능면	교육환경의 잠재적 기능에 초점을 둠	학습기회의 박탈에 초점을 둠

출처 한선화(2017) 上. p.341 재인용

2 교육과정의 구성 요소

교육과정을 대체로 교과내용의 선정과 조직만으로 생각해 왔으나, 현재는 이 문제를 새로운 차원에서 파악하고 연구하는 경향이 나타나고 있다. 그러므로 일정한 교육과정에서 학습자의 성장 발달을 조성하기 위하여 교사가 해야 할 기본 과제를 정확히 인식하고 교육과정 계획과 그 전개에 임해야 한다. 따라서 교육과정 구성 요소에는 교육목적 또는 교육목표를 설정하여 그것을 달성하기 위해서 선정된 교육내용, 조직된 교육내용의 전개, 학습지도를 위한 교수 및 자료의 구성, 심리적·물리적인 교육환경의 조성 및 교육성과의 평가 등이 포함된다.

1) 교육목표

교육목표는 교육을 통하여 달성하고자 하는 행동의 변화를 말하는 것으로 지식의 이해, 응용, 사고, 창의성, 흥미, 태도, 가치관, 지능 등의 일반적 및 특수적인 행동의 변화를 포함하는 개념이다. 따라서 교육목표는 그 교육과정의 전체 방향을 제시하고, 교육내용이나 구체적인 학습활동 또는 지도활동의 기준 내지 근거를 제공하는 기능을 갖고 있기 때문에 교육과정 구성 내지 전개 절차로 보아 제일 우선적으로 상정해야 할 요소이다. 그러므로 교육목표가 결정되지 않는 한 교육내용이나 방법 또는 평가기준이 나올 수 없다. 일련의 교육의 과정(process)에서 교육목표가 충분히 반영·구현되기 위해서는 명백하게 그리고 가치론적인 차원에서 진술되어야 한다.

타일러(Tyler)에 따르면 다음과 같이 주장하였다.

❶ 교육목표는 학생의 흥미, 필요, 문제, 목적 등에 가능한 한 타당한 것이라야 한다.
❷ 교육목표는 사회의 문제, 필요, 방향에 가능한 한 타당한 것이라야 한다.
❸ 교육목표는 문화재로서의 학과의 교육적 기능에 가능한 한 타당한 것이라야 한다.
❹ 교육목표는 투철하고 조화된 철학적·이념적 입장에 타당하게 살아 있어야 한다.
❺ 교육목표는 학습과정을 통해서 달성할 수 있는 것으로 학습심리의 원칙에 타당한 것이어야 한다.

교육목표를 진술함에 있어 유념해야 할 점은 다음과 같다.

❶ 학습 경험 선정과 지도에 구체적 시사를 줄 수 있는 구체적이고 명확한 행동적 술어로 진술되어야 한다. 여기서 행동적 용어란 '쓴다, 기록한다, 암송한다, 분간한다, 만든다, 선택한다' 등의 행위동사를 의미한다.
❷ 넓은 행동특성의 변화를 충분히 포함할 수 있어야 한다.
❸ 진술된 목표 속에는 철학적 일관성(이념 → 목적 → 목표)이 있어야 한다.
❹ 진술된 교육목표는 현실성이 있어야 한다.

❺ 진술된 교육목표는 모든 교직원들이 이해하여 받아들이고, 그들의 교육 행위 속에 내면화되어야 한다.

❻ 교육목표는 고정불변의 것이 아니라 타당성이 항상 비판되고, 필요에 따라 언제나 변경될 수 있어야 한다.

2) 교육내용

교육내용은 선정(scope)과 조직(sequence)으로 나누어 볼 수 있는데, 교육목표와 관련한 수없이 많은 교육내용 가운데 어떤 내용이 적합한 것인가를 선정할 때, 관련지식의 범위를 수평적인 개념으로 선정하는 것을 '교육내용의 선정(scope)'이라 하며, 선정된 내용들을 학습자의 발달단계와 교과체계에 따라 논리적으로 조직하는 일은 '교육내용의 조직(sequence)'이라 한다.

학습내용 선정(scope)의 원리는 다음과 같다.

❶ 동기유발의 원리(흥미의 원리)로서 학습 경험은 학습자의 내부적 요구와 목적의식에 일치하는 경험, 즉 학습자에게 흥미, 자극을 줄 수 있는 경험이어야 한다.

❷ 기회의 원리(교육목표와의 일관성)로 학습 경험은 교육목표가 지시하는 바로 그 내용을 알 수 있는 기회를 마련해 주는 것이어야 한다.

❸ 가능성의 원리로서 학습 경험은 학생의 능력, 경험적 배경 그리고 현재의 발달 수준에서 능히 감당할 수 있는 것으로 적당히 어려워야 한다는 뜻이다. 또한 교사가 지도하기 가능한 것인지를 고려해야 한다.

❹ 다목적 달성의 원리, 즉 한 가지 학습 경험을 통해서 여러 가지 학습 결과를 동시에 가져올 수 있는 것이어야 한다.

❺ 학습 경험은 최대한 전이를 가능케 하는 학습 경험을 선정해야 한다. 그러기 위해서는 전이가 높은 지식의 구조, 기본 개념, 일반 원리와 같은 내용이 요청되고 있다.

❻ 학습의 내용과 경험이 지역에 적합해야 바람직하다.

학습내용 조직(sequence)의 원리는 다음과 같다.

❶ 계속성의 원리를 들 수 있는데, 동일 수준의 학습 경험을 계속적으로 반복할 수 있도록 조직해야 한다는 것이다. 어떤 교육목표가 학습자의 행동 속에 실현되기 위해서는, 즉 쉽게 망각되지 않을 정도까지 학습되기 위해서는 그 목표가 지시하는 학습내용과 경험이 어느 기간 동안 계속되어야 한다는 원리이다. 중요한 학습내용과 경험을 반복함으로써 그 강화되는 효과를 얻자는 것이다. 타바(Taba)의 누적학습이나 브루너(Bruner)의 나선형 교육과정은 계속성의 원리와 계열성의 원리를 이용한 것이다.

❷ 계열성의 원리로 계속성에서와 같이 동일 수준의 학습 경험(내용)이 아니라, 수준을 달리한 학습 경험의 반복적 조직으로 선행 경험에 기초하여 다음의 학습 경험이 전개되어 점차적으로 깊이와 넓이를 심화·확대해 가도록 조직하자는 원리이다. 브루너의 나선형 조직, 가네(Gagné)의 학습 위계론 그리고 스키너(Skinner)의 프로그램 학습 등은 수직적 조직으로서 계열성의 원리를 이용한 조직이라 할 수 있다.

❸ 통합성의 원리로 여러 학습 경험 사이에 깊은 관련이 이루어질 수 있는 통합성이 유지되어야 한다는 원리이다. 여러 학습내용과 경험들 사이에 상호 보완적 관계를 유지시켜 주고 개개의 내용과 경험들이 서로 연결되고 통합됨으로써 학습자의 효과적인 성장이 보장되어야 한다는 것이다. 특히 확대 해석하면 교과 중심 교육과정의 분과 교육과정에서 상관 교육과정으로 그리고 융합 교육과정을 거쳐 광역 교육과정으로 발전한 것이나, 경험 교육과정이 생활 영역 교육과정에서 중핵 교육과정으로 발전한 것 등은 통합성의 원리를 적용한 것이라 볼 수 있다.

❹ 균형성의 원리로 여러 학습 경험 간에 균형이 유지돼야 한다는 원리이다. 교육과정 조직에 있어서 학습내용과 경험의 균형이 잡혀야 한다는 것이다.

❺ 다양성의 원리를 적용해야 하는데, 이는 학생마다 가지고 있는 특수한 흥미와 요구를 찾아내어 이를 발달시킬 수 있도록 학습내용과 경험의 조직에 다양성을 가져야 한다는 원리이다. 학생의 요구, 흥미, 능력 등이 충분히 반영될 수 있는 다양하고 융통성 있는 학습 경험이 조직되어야 한다.

❻ 건전성(보편타당성)의 원리로 건전한 민주시민으로서 가져야 할 공통적인 가치관, 이해, 태도, 기능 등을 기를 수 있는 학습 경험이 조직되어야 한다.

3) 교수-학습과정

교수-학습과정은 학습자가 직접 학습 경험을 쌓아나가는 활동 과정으로서 특정한 학습 상태 속에서 특정한 학습활동을 거쳐 학생들이 가지게 되는 구체적인 학습 경험 여하가 학습의 내용과 질을 결정해 주는 것이다. 학습과정은 실제로 전개되는 학습 및 행동 과정이기에 이에 관련되는 제 요인의 상호작용적 관계를 통정하는 종합적 사고체계가 필요하다. 즉, 이 교수-학습과정에서는 학습자의 심리적 특성, 교사의 인성과 자질 및 그 지도능력, 목표와 내용, 교수 여건 및 방법, 학교 또는 학급의 학습 분위기, 물리적 환경 등의 제 요인들이 역동적으로 상호작용하여 이루어지는 과정이다. 그리고 여기서는 교사 변인이 학습자 변인에 크게 영향을 미치는 단계로 학습자에 관한 하위 변인은 그들의 발달단계 및 특징, 지능, 학습방법과 습관, 지식과 지능 및 태도, 가치관 그리고 학습자의 인성 등이고, 교사에 관한 하위 변인은 교사의 인성, 교육배경, 지식 수준, 가치관, 목표 의식, 교수방법과 기술 등이라고 할 수 있다.

교수-학습과정과 관련한 단원구성은 다음과 같다.

❶ 단원목표의 설정과 관련해 교과목표를 세분화하여 세운 뒤에 장기 목표와 단기 목표를 구분하여 진술한다.

❷ 과제분석 단계에서 학습과제란 '학습해야 할 요소와 항목이 어떤 계층에 따라 배열되어 있는 전체'를 말하며, 과제분석이란 교수하여야 할 최소의 기본학습단위를 찾아내고, 그 기본단위의 상호 관련성 및 위계적 관계를 밝히는 일이다.

❸ 전개계획으로 단원 전개의 단계는 단원의 성격에 따라 달라진다. 교사 및 학생활동은 수업의 형태와 관련된다. 수업 형태는 크게 지시적 수업 형태(전제적 · 지배적 · 교사 중심적)와 비지시적 수업 형태(민주적 · 통합적 · 학생 중심적)의 두 가지로 나누어 볼 수 있다.

❹ 평가계획은 단원 전개에 앞서서 진단평가, 단원 전개 과정에서는 형성평가, 단원 전개가 끝나는 즉시 총괄평가가 이루어지도록 한다.

단원의 전개와 관련한 수업지도 과정은 교사에 의하여 준비된 사전계획과 교사, 학생의 공동계획 등을 기초로 하여 학습단원을 전개함으로써 학습활동은 실제의 단계에 도입되어 교육의 성과를 거둘 수 있다.

❶ 도입 단계

학생이 주체적으로 학습에 참가하도록 하기 위하여 학생의 흥미를 유발하고 학습의욕을 고무시키는 단계로 교사는 동기유발의 기술이 필요하다. 이 단계는 목표를 또한 명확하게 할 필요가 있다.

❷ 계획 단계

문제해결을 위한 계획을 세우는 단계로 교재단원에서는 별로 중요시되지 않는다. 경험단원에서는 중요한 것으로 단원의 목표를 확인하고, 문제해결을 위한 학습계획을 세워야 한다.

교재나 자료의 준비, 학습 분담, 견학, 관찰, 실습, 실습계획 등이 포함된다. 이 단계에서는 활동 순서를 명확히 할 필요가 있다.

❸ 전개 단계

단원 전개에서 가장 중심적 단계로 학생과 교사의 학습활동의 장면이 일어난다.

❹ 정리(완결) 단계

학습 성과의 정리와 개관의 단계로 개개 학습을 결합하고 조직하여 전체로서 정리하고, 보고서를 만들어 교환한 후 종합하고 결과를 그래프에다 옮기고 제작물 등으로 전시한다.

❺ 평가 단계

학습결과에 대한 평가를 하는 단계로 학습목표의 발전도를 알아보아 교사 자신의 평가도 하며 얻어진 자료를 다시 피드백해서 개선·보완해야 한다.

4) 평가

교육평가는 보다 나은 교육적 향상과 발전을 위한 체계적이고 계획적인 교육적 노력의 계속 과정이다. 교육활동에서 평가는 순환적, 재생적, 계속적인 활동이다. 평가를 통해 얻어진 결과는 교육목표 달성도의 확인뿐만 아니라 교육과정의 개선, 학습지도, 장학행정 등 다양한 방면에 활용될 수 있도록 한다(강기수 외, 2012/2014). 여기서 평가대상은 학습자의 학습 성과뿐만 아니라 학습을 지도하는 교사 자신에 대한 평가와 교육과정 그 자체의 평가도 함께 포함된다. 학습자의 평가는 단순히 나타난 학습결과만으로 끝나는 것이 아니고 학습자의 학습활동의 전 과정을 평가해야 한다. 교사 자신의 평가는 교사의 지도계획, 지도과정, 지도방법, 목표의식, 평가계획 그 모든 것까지 평가해야 한다. 평가는 교육과정의 구성 및 전개와는 동떨어진 별도의 활동이기보다 교육과정 속에 포함되는 활동이라고 할 수 있다. 끝으로 설정된 교육목표달성도를 평가하고 부수적으로 교육과정 자체에 대한 총괄평가 결과를 피드백하여 수정·보완한다. 이때 교육과정 구성 요소와 구성 절차 및 운영에 대한 평가로서 내적 타당성 검증이 필요하며, 주어진 단원을 교수-학습활동을 통하여 일정 기간 지도한 후 교육목적 달성도 파악을 위한 외적 타당성 검증을 하는 것이 요구된다.

3 교육과정의 유형

표 6.2 ● 교육과정 유형

교육과정	시 기	정 의	실 체	사상적 배경	목 적	교육내용	개념의 폭
교과 중심	1920~현재	교수요목	문서	본질주의	이성적 계발 (과거지향)	문화 유산	매우 좁다.
경험 중심	1930~현재	지도된 경험	경험	진보주의	생활인 육성 (현재지향)	생활 경험	넓다.
학문 중심	1960~현재	지식의 구조	문서	본질·항존 주의	탐구심 배양 (미래지향)	구조화된 지식	좁다.
인간 중심	1970~1980	경험의 총체	경험	실존·인본 주의	전인적 인간형성 (현재와 미래지향)	포괄적 내용	매우 넓다.

1) 교과 중심 교육과정

(1) 기본적 견해

교과 중심 교육과정은 역사적으로 가장 오랜 전통을 가지고 있으며 지식의 체계를 존중하는 것으로, 학교에서 학생이 배우는 모든 교과와 교재를 말한다. 여기서 교과란 인류가 쌓아 올린 문화를 체계적이고 논리적으로 조직한 것이다. 따라서 학문 또는 진리의 체계를 학생들의 발달단계에 맞추어 필요하다고 생각되는 것을 정선하고 그 범위를 정하며 또 어려운 점과 쉬운 점을 고려하여 편성한 것인데, 그 골자는 학문 또는 진리의 체계를 부여하는 데 있다. 즉, 학

습자의 흥미나 필요보다는 성인들이 중요하다고 여겨지는 학문 또는 진리 그 자체의 관점에 서서 학생을 학문이나 진리로 이끌어 가려는 것을 주된 교육내용으로 삼고 있다. 이러한 유형의 교육과정은 가장 전통적이며 또 가장 흔한 형태이다.

교과 중심 교육과정은 학문의 특성에 따라 분류하였으므로 대체적으로 교과와 교과 사이에 연계성이 거의 없는 독립된 분과 형식으로 이루어졌다. 근래에 와서 학문의 발달과 더불어 교과의 수가 이전에 비하여 더 많아졌다. 교과 중심 교육과정에서는 각 교과마다 그 자체가 가지고 있는 논리와 체계를 조직적으로 학생들에게 학습케 하는 것이 교육의 주요한 방법이라는 것이다. 여기에서 문제되는 것은 각 교과를 통하여 학습한 학생들이 과연 교과의 체계를 완전히 이해하고, 현재나 미래 생활에서 당면하게 될 새로운 상황에 대처하는 데 어느 정도 효과적으로 활용할 수 있느냐 하는 점이다.

(2) 교과 중심 교육과정의 특징

❶ 수업을 사전에 객관적으로 계획한 대로 진행할 수 있다. 즉, 학습자의 입장에서도 조직적이고 계통적인 학습을 할 수 있도록 사전에 철저히 계획한다.

❷ 교사가 주도하는 유형이 되고 학습자 개인의 의견이나 문제 또는 욕구 등이 수업을 변경시킬 수 없는 점이다. 교과 중심 교육과정 하에서는 교사가 교육의 주체이기 때문에 모든 수업이 교사로부터 통제된다.

❸ 일률적인 교재에 의하여 그 교과가 규정하는 영역 안에서 내용을 다루고 학습활동이 제한되어 전개되는 점이다. 이것은 획일적인 교육을 초래하므로 학습을 일정한 틀에서 벗어날 수 없게 한다.

(3) 교과 중심 교육과정의 장 · 단점

❶ 장점

- 새로운 지식과 사실을 학습하고 해석하고 조직하는 데 논리적이고 효과적인 방법이다.
- 학생들의 지적능력을 발전시키는 데 가장 적당하다.
- 교육의 기본적 개념에 대한 주장과 일치한다.
- 인류가 축적한 문화유산을 가장 효율적으로 이용할 수 있다.
- 유구한 전통을 지니고 있으며 널리 받아들여지고 있다.
- 교육과정 구성이나 평가가 다른 교육과정 유형에 비해 대체로 간단하고 쉽다.

❷ 단점

- 윤리적이고 체계적인 교과조직은 학생들의 흥미, 필요, 능력 등의 심리적인 조직으로서는 부적합하다.
- 교과 중심 교육과정은 바람직한 학습 성과를 달성하는 데 있어서 학교의 활동을 제한한다.
- 교과목 그 자체로서는 바람직한 인지능력의 훈련이 될 수 없다.
- 교과 중심 교육과정은 학습을 분과적으로 조직하므로 관련성, 통일성 등이 결여되어 있다.
- 지식의 기능적 활용에 토대를 두지 않고 있다.

2) 경험 중심 교육과정

(1) 기본적 견해

경험 중심 교육과정은 전통적인 교과 중심 교육과정에 반기를 들고 학생의 흥미, 필요, 경험, 활동, 생활 등에 근거하여 태동된 교육과정으로, 경험 중심 교육과정 운동으로 발전하였다. 개인주의, 자유주의와 헤르바르트, 루소, 페스탈로치, 프뢰벨 등의 자연주의 교육 사상에 영향을 많이 받았고, 특히 듀이에 의하여 확장되었다. 홉킨스는 경험 중심 교육과정에 대한 기본적 견해를 다음과 같이 기술하고 있다.

❶ 교육과정의 주체는 교사가 아니라 학생이다.
❷ 교재를 가르치는 데 중점을 두지 않고 청소년의 원만한 성장을 개발시키는 데 중점을 둔다.
❸ 교과내용을 미리 선정하거나 조직하지 않고 학습의 장에서 결정한다.
❹ 교육과정을 교사가 일방적으로 결정하거나 강요하지 않고 모든 학습자의 협력, 참여에 의해서 진행한다.
❺ 단순한 사실적 지식을 가르치는 것보다 다양한 의미의 체험을 시키는 데 중점을 둔다.
❻ 지능이나 태도를 다른 교과와 분리하지 않고 보다 종합적이고 총체적인 경험의 일환으로 가르친다.
❼ 교재와 관련된 교수방법에 주력하지 않고 학습자의 학습방법에 따르도록 노력한다.
❽ 모든 학생에게 일률적으로 학습을 시키지 않고 학생들의 개인차를 인정하여 가르친다.
❾ 일정한 형식에 맞추지 않고 학생 개개의 창의성을 육성한다.
❿ 교육을 수업이라 하지 않고 끊임없는 성장의 과정으로 본다.

(2) 경험 중심 교육과정의 특징

❶ 학생들의 흥미와 필요를 기초로 학습내용을 구성하고 학생들의 자발적 활동을 촉구한다. 따라서 경험 중심 교육과정에서는 학생들의 흥미나 필요가 무엇인가를 파악하여 그것을 충족시키는 활동을 통하여 교육목표를 달성하도록 계획한다.

❷ '행함으로써 배운다'라는 경험 중심 교육과정 적용 원칙은 학습심리의 원리에 합치되므로 활발한 학습활동이 전개된다. 학생이 직면하고 있는 문제를 자발적으로 해결하기 위해서 계획을 세우고 직접 참여하기 때문에 학습이 적극적으로 이루어지게 된다.

❸ 실제적인 생활의 장을 부여하고 생활 문제와 결부되는 학습활동을 행함으로써 생활 사태를 올바르고 종합적으로 처리할 수 있는 능력을 기른다.

❹ 민주사회에서 필요로 하는 창의성, 책임감, 사회성, 협동정신, 반성적 사고 등의 능력을 기르는 데 크게 도움이 된다. 이를테면 공동 문제를 가지고 공동으로 해결하는 학습 형태를 취하는 경우가 많기 때문에 그러한 학습과정을 통해서 민주시민으로서의 태도와 정신을 체득할 수 있다는 것이다.

❺ 수업 진행에 있어 학습 현장에서 학생과 교사가 공동계획을 하는 경우가 많다. 따라서 학습 전개과정이 때에 따라 완만할 경우가 있으나 학습 형태가 획일적이 아니고 다양하게 전개된다.

(3) 경험 중심 교육과정의 장 · 단점

❶ 장점

- 학습자의 흥미와 필요가 교육과정 구성의 기초가 되어 반영되기 때문에 적극적인 참여를 유발하기가 쉽다.
- 현실적이고 실제적인 생활문제를 해결하는 데 도움이 된다.
- 민주사회에서 민주시민으로서의 자질 함양이 용이하다.
- 학교와 지역사회와의 유대를 강화할 수 있다.
- 학교생활의 여러 가지 장면의 통합을 증진케 한다.

❷ 단점

- 잘못하면 학생들 기초학력의 저하를 가져올 수 있다.
- 교육과정 분류의 준거가 명확하지 못하다.

• 교육적 소양과 지도방법이 미숙한 교사는 생활 중심 교육과정 운영에서 실패를 하는 수가 있다.
• 행정적인 통제가 어렵다.

3) 학문 중심 교육과정

(1) 기본적 견해

모든 지식을 교육과정 속에서 조직한다는 것은 불가능하게 되었으며, 이전과 같은 암기 위주의 주입식 교육으로는 평생을 두고 학습해도 모든 지식을 배울 수 없게 되었다. 따라서 지식이나 학문의 가장 기본적인 개념이나 원리를 정선하여 적은 양의 지식으로 활용 범위를 극대화할 수 있는 생산적인 교육이 곧 학문 중심 교육과정이다. 학문 중심 교육과정에서는 교과의 구조와 학습방법에서 탐구학습을 중시한다. 그리고 "어떤 교과든지 지적으로 올바른 형식으로 표현하면, 어떤 발달단계에 있는 아동에게도 효과적으로 가르칠 수 있다(브루너, 1960: 33)"는 주장을 바탕으로 한다. 이는 아무리 어려운 지식구조라 할지라도 아동의 지적 수준에 맞게 적절하게 표현하면 누구나 이해하고 배울 수 있다는 뜻이다. 학문 중심 교육과정의 기본적 견해를 열거하면 다음과 같다.

❶ 지식의 구조, 즉 핵심적인 아이디어 또는 기본적인 원리 및 개념을 중요시하고 있다.
❷ 어떤 교과라도 지적 성격을 그대로 두고 표현만 달리하면 발달의 어떤 단계에 있는 어떤 어린이에게도 효과적으로 가르칠 수 있다.
❸ 분석적 사고만큼 직관적 사고를 중시한다.
❹ 학습자의 외적 동기보다는 내적 보상에 의한 학습동기의 유발이 필요하다.
❺ 학습에 있어서 창조성을 중시하고 강조하고 있다.

(2) 학문 중심 교육과정의 장 · 단점

❶ 장점

- 교육내용을 선정하고 조직하는 데 있어서 경제성을 기할 수 있다.
- 교육내용이 기본적 개념을 중심으로 조직되므로 지식의 전체 구조를 쉽게 파악할 수 있고 기본 개념의 이해를 촉진시킬 수 있다.
- 학생들 자신이 능동적으로 탐구과정에 참여함으로써 탐구력을 향상시킬 수 있다.
- 학습내용이 양적으로는 적지만 질적으로는 가장 기본적이고 핵심적인 것만을 다루기 때문에 학습에 관한 흥미를 지속적으로 유발할 수 있다.

❷ 단점

- 학업능력이 우수한 학생들에게만 적합하다.
- 자연과학 분야의 교과목을 중심으로 한 일부 교과에 적합하다.
- 지적 교육이 지나치게 강조되어 통합적 교육과정 구성이 소홀하게 되고 있다.
- 탐구 과정에 학습자가 능동적으로 참여할 수 있는 교육적 환경의 조건 정비가 어렵다.
- 평가방법에 관한 개발이 되어 있지 않다.
- 청소년의 욕구와 그들의 광범한 생활 문제를 등한시하고 있다.
- 사회적 제 조건의 성질, 사회적 현실, 민주적 이념 등이 잘 반영되어 있지 않다.

4) 인간 중심 교육과정

(1) 기본적 견해

인간 중심 교육은 인간의 잠재적인 능력을 최대한 개발하여 보다 인간다운 인간성을 간직하면서 자아를 실현하고 사회발전에 기여할 수 있는 삶을 살 수 있도록 돕는 것이다. 인간적인 행동의 가장 기본적인 준거가 개개인의 인간을 얼마나 존중하느냐에 달려 있다는 것이다. 인간 중심 교육은 전인교육의 정신과 상통한다고도 주장되는데, 전인교육이란 인간성의 어느 특정한 부분만이 아니라 전반적인 교육을 뜻하는 것으로 지적 발달, 사회성 발달, 정서적 발달, 신체적 발달 및 도덕성 발달을 조화롭게 개발시키는 데 있다.

인간 중심 교육과정 구성의 기본적인 입장을 살펴보면 다음과 같다.

❶ 개개인의 학습자로 하여금 그들 자신의 관점에서, 즉 지적·정서적·사회적으로 자신들을 발달시킬 수 있는 환경을 제공한다.

❷ 사람들로 하여금 서로를 감동시키고 너그러운 공동체 의식을 지니고 생활하도록 돕는 환경을 제공한다.

❸ 교육과정의 구성에서는 개인 지향적인 설계, 구조의 신축성, 교사능력의 신장, 창조성의 조장 등을 고려한다.

(2) 인간 중심 교육과정의 특징

❶ 인간 중심 교육과정에서는 잠재적 교육과정을 표면적 교육과정과 똑같이, 경우에 따라서는 더 중시한다.

❷ 인간 중심 교육과정은 학교 환경 전체를 인간 중심적으로 조성하는 데 노력한다.

❸ 인간 중심 교육과정의 개념은 그 목표를 자아실현에 두고 있다.

❹ 인간 중심 교육과정에서는 인간주의적인 교사를 가장 필요로 한다.

인간 중심 교육과정에서 가르친다는 것은 단순히 하나의 체제나 방법들을 이용하는 것이 아니고 인간적인 관계로 보아 교사의 인간적인 영향을 중시한다. 여기서 인간주의적인 교사란 아동에 대한 존중, 공감적 이해, 애정 등을 그 특성으로 들 수 있다. 인간주의적인 교사는 솔직하고 진실한 교사를 의미한다.

(3) 인간 중심 교육과정의 장 · 단점

❶ 장점

- 전인교육을 통하여 인간이 타고난 지적 · 신체적 · 사회적 · 정서적인 성장 가능성을 조화롭게 발전시킬 수 있다.
- 학습자의 개별적인 자기 성장을 조장할 수 있다.
- 학습자의 자아개념을 긍정적으로 형성하는 데 도움이 된다.
- 교수-학습과정에서 개방적 · 자율적 분위기를 조성함으로써 학습과정을 통해 터득된 의미가 내면화될 수 있다.

❷ 단점

- 교수-학습과정에서 자유로운 환경 조성과 역동적인 인간관계가 유지되지 않으면 교육성과의 보장이 어렵다.
- 학교교육에서 인본주의 교육을 창달하기 위한 교사들의 투철한 교육관이 확립되지 않으면 그 실현을 기대하기 어렵다.
- 주지교과의 난이도 하향 조정, 도덕적 · 심미적 교과의 강조, 교과의 통합, 교과별 시간단위의 융통성 있는 운영 등이 선행되지 않으면 그 실현이 어렵다.
- 과대 규모의 학교와 과밀 학급의 규모를 줄이는 개선책과 학교교육에서 지나친 경쟁과 비교를 지양하는 학교 행정적 조건 정비가 선행되지 않으면 그 실현이 어렵다.
- 가치관의 혼란에서 오는 비인간화를 극복하기 위한 사회교육과 학교교육과의 협동 체제를 통한 교육의 인간화가 보장되지 않으면 그 실현이 어렵다.

5) 잠재적 교육과정

잠재적 교육과정(latent curriculum)은 학교의 역기능을 분석하고 이를 계획 속에 표면화시킴으로써 학교교육의 순기능을 확대 · 강화시키려는 교육적 노력

에서 비롯되었다. 학교생활을 통해 아동들은 단편적 지식이나 무용지식을 배우는 반면, 가치관이나 도덕관을 올바르게 하지 못해 인간 교육에 실패하고 있다는 각성과 함께 교육이라는 제도 자체 속에 인간 교육을 해치는 요소가 있으므로 학교제도를 근본적으로 재고해야 한다는 주장을 취하고 있다.

표면적 교육과정과 잠재적 교육과정의 특징과 내용을 비교하면 다음과 같다.

❶ 표면적 교육과정이 교과에 관련이 있다면, 잠재적 교육과정은 주로 비교과적인 활동에 관련이 있다. 즉, 비교과적인 놀이, 행사, 경연대회, 운동회 등의 각종 행사 및 단체 활동, 개인 활동 등을 통하여 배우는 것을 의미한다.

❷ 표면적 교육과정이 주로 지적인 것이라면, 잠재적 교육과정은 주로 비지적인 것과 관련된다.

❸ 표면적 교육과정은 주로 이론지식에 관련되는 반면, 잠재적 교육과정은 주로 생존기술(survival skills) 및 학교의 문화풍토에 관련된다.

❹ 표면적 교육과정은 일시적·단기적으로 배우는 데 반하여, 잠재적 교육과정은 장기적·반복적으로 배운다.

❺ 표면적 교육과정이 주로 바람직한 내용인 데 반하여, 잠재적 교육과정은 바람직한 것뿐만 아니라 바람직하지 못한 것도 포함한다.

❻ 표면적 교육과정은 학교에 의하여 의도적으로 조직되고 가르쳐지는 반면, 잠재적 교육과정은 학교에 의하여 의도되지는 않았지만 학교생활을 하는 동안에 은연중에 배우게 된다.

❼ 표면적 교육과정은 주로 교사의 지적·기능적인 영향을 받으나, 잠재적 교육과정은 주로 교사의 인격적인 감화를 받는다.

❽ 표면적 교육과정과 잠재적 교육과정이 서로 조화되고 상보적인 관계에 있을 때 학생에게 강력한 영향을 미칠 수 있다.

표 6.3 ● 표면적 교육과정과 잠재적 교육과정

구 분	표면적 교육과정	잠재적 교육과정
교육과정형태	• 공식적 교육과정 • 문서화 된 형태	• 비공식적 교육과정 • 문서화되지 않은 형태
학습영역	• 지적인 것 • 인지적 영역	• 비지적인 것 • 정의적 영역–흥미, 태도, 가치관 등
학습방법	학교에 의해 의도적으로 조직되고 가르쳐짐	학교에서 의도하지 않았지만 학습자가 은연중에 배우게 됨
학습경험	교과와 관련된 이론적 지식	• 생존기술 및 학교의 문화 풍토 • 비교과적인 활동과 관련
학습시간	일시적, 단기적으로 배움	장기적, 반복적으로 배움
학습내용	바람직한 것이 주된 내용	바람직한 것뿐만 아니라 바람직하지 않은 내용도 포함
교사의 기능	교사로부터 지적, 기능적 영향	교사의 인격적 감화

출처 강기수 외(2012/2014). p.184 재인용.

재능이 있거든 가능한 모든 방법으로
사용하라, 쌓아두지 마라 구두쇠처럼 아껴 쓰지 마라,
파산하려는 백만장자처럼 아낌없이 써라!
〈브렌단 프랜시스〉

Check! Check!

01 잠재적 교육과정과 영교육과정을 비교하시오.

02 다음 교육과정 개념 중 가장 오래된 것으로, 교육과정을 교수요목으로 보는 것은?

① 인간 중심 교육과정
② 학문 중심 교육과정
③ 경험 중심 교육과정
④ 교과 중심 교육과정

03 다음의 보기와 관련이 깊은 교육과정은 무엇인가?

> 보기 지식의 습득보다는 문제해결력의 함양을 더 중요하게 생각하고, 지(知), 덕(德), 체(體)의 조화로운 발달을 이룩하도록 함으로써 전인교육(全人敎育)을 강조한다.

04 다음 주 브루너가 강조하는 지식의 구조란 무엇인가?

① 지식의 분류체계
② 통합된 지식내용
③ 다양한 영역의 경험체계
④ 기본적 사실, 지식의 기본개념, 원리

객관식 정답 02. ④ 03. 경험 중심 교육과정 04. ④

Chapter 07

교수-학습

교육목표

- 교수와 학습의 개념을 설명할 수 있다.
- 주요 교수학습이론의 특징과 교육적 시사점을 설명할 수 있다.
- 다양한 교육방법에 대해 이해한다.

1 교수-학습의 의미

교수-학습의 이해와 관련한 이 장에서는 가르치는 사람(교수자)의 입장에서 학습을 효과적으로 이끌어 가고, 학습자의 입장에서는 어떻게 하면 효과적인 학습을 할 수 있는지와 관련한 이론이나 법칙을 소개하고 있다. 교수와 학습이 동시 발생적인 일련의 상호작용이란 점에서 가르치고 배우는 일은 별개로 독립할 수 없는 교육활동이다. 그러므로 교수-학습과정은 문자 그대로 가르치고 배우는 교육활동이 전개되는 과정으로 교육활동 가운데 가장 핵심적인 단계이다.

1) 교수-학습의 개념

학교교육은 가르치고 배우는 과정의 연속을 통해 이루어지게 되는데 교수와 학습의 개념을 명확히 해둘 필요가 있다.

(1) 교수

일반적으로 교수란 '가르치는 것'을 뜻한다. 영어의 instruction 또는 teaching을 우리말로 '교수'라고 하며 '학습지도'라고도 한다. 교수는 전통사회에서 교사 중심의 지식 전달 위주의 주입식 강의를 의미하는데, 진보주의 교육이론이 대두된 이후 학습자의 능동적인 학습활동과 학습자들의 개인차를 강조하게 되면서 교수란 용어 대신 학습지도가 쓰이기도 한다. 교수와 관련한 몇몇 학자들의 정의를 통해 교수의 개념을 좀 더 살펴보면 다음과 같다. 잉글리시(English)는 "교수란 학습자들이 학습하도록 도와주는 예술로써, 가르치는 일에 필요한 지식이나 정보, 적절한 상황 또는 조건을 준비하는 일과 학습을 촉진하도록 계획된 활동들을 포함한다"고 정의하였다. 존슨(Johnson)에 의하면 교수는 학습자들의 학습에 영향을 미칠 목적으로 학습자와 상호작용하는 과정이며, 교수와 학습은 반드시 일치하지는 않는다고 하였다. 그 이유는 교수가 이루어졌어도 학습은 일어나지 않을 수 있으며, 반면 교수가 없어도 학습은 일어날 수 있기 때문이다. 코레이(Corey)는 "학습지도란 개인으로 하여금 특정한 조건하에서 또는 특정한 상황에 대한 반응으로서의 특정한 행동을 나타내도록 학습하게 하거나 또는 그 특정 행동에 참여할 수 있도록 개인을 둘러싼 환경을 계획적으로 조작해 주는 과정이다"라고 정의하고 있다.

(2) 학습

학습은 교실뿐만 아니라 학교 밖의 상황 어느 곳에서든지 일어난다. 대부분의 사람들은 학습을 '공부하는 것'으로 생각하지만, 교육 심리학자들은 학습을 경험이나 연습의 결과로 행동상에 비교적 지속적인 변화가 일어나는 과정으로 정의한다. 심리학이 인간의 행동을 연구하는 학문이라고 한다면, 학습은 인간 행동의 변화에 초점을 두는 심리학의 한 영역이라 할 수 있다. 그러나 인간에게서 일어나는 행동 변화 중에서 다음과 같은 변화는 학습의 개념에서 제외된다(이성진, 1990: 154; 박도순 외, 1994: 138~139). 첫째, 성장 · 성숙 등과 같은 발달 또는 신체적 장애 등에 의해 일어나는 행동 변화는 학습이라 할 수 없다. 즉, 학습이라고 할 때에는 경험이나 연습의 결과로 나타난 행동 변화만을 의미한다. 둘째, 비록 경험이나 연습에 의해서 행동 변화가 일어났다 하더라도 그 변화가 일시적일 경우에는 학습이라 할 수 없다. 이를테면 일시적 피로나 약물, 질환 등에 의해 행동 변화가 일어날 수는 있지만, 이 같은 요소들에 의한 행동변화는 이 요소만 제거되면 원상태로 환원되기 때문이다. 따라서 학습이란 비교적 지속적인 변화가 행동상에 나타날 경우에 한정된다고 할 수 있다.

파블로프(Pavlov)와 손다이크(Thorndike) 등은 학습을 "자극과 반응의 결과"로 보며, 스키너는 "강화에 의한 조건화 과정"으로 정의하였다. 쾰러

(Köhler)와 코프카(Koffka) 등은 학습을 "통찰에 의한 관계의 발견"으로, 레빈은 "학습이란 인지구조의 변화"라고 정의하였으며, 톨먼(Tolman)은 "학습이란 기호의 의미를 파악하는 일"이라고 하였다.

이상을 종합하여 볼 때, 학습이란 경험이나 연습의 결과로 비교적 영속적으로 일어난 행동 변화를 말하며, 학교에서의 학습이란 학습자가 계획된 학습내용과 경험을 통해서 바람직한 방향으로 행동을 변화시켜 가는 비교적 영속적인 과정이라고 할 수 있다.

(3) 교수－학습의 차이점

학교교육의 대부분은 계획적이고 체계적으로 실시되기 때문에 교수는 독립변인의 역할이 되고 학습은 교수의 영향을 받는 종속변인으로 볼 수 있다. 교수와 학습의 차이점을 비교해 보면 다음과 같다.

첫째, 교수에는 일정한 목표가 있지만 학습에는 목표가 있을 수도 있고 없을 수도 있다. 즉, 교수는 의도적인 작용이지만 학습은 의도적인 경우도 있고 의도가 없는 상태에서도 이루어질 수 있다. 교수가 있는 곳에서도 경우에 따라 학습이 이루어지지 않을 수 있으며, 교수가 없는 곳에서도 학습이 이루어질 수 있다는 것이다.

둘째, 교수에서 가르치는 것은 하나지만 학습에서 학습자는 제각기 다르게 배운다. 한 학습에 여러 명의 학습자가 있는 경우 동일 교사의 행동에서 영향을 받은 학습자의 학습은 제각기 다른 것일 수 있다. 즉, 학습자의 지능, 선행학습 정도, 적성, 흥미에 따라 서로 다르게 배운다. 일시적인 교사의 교수행동은 조정하고 수정할 수 있으나 학습자의 학습행동은 직접 조정하기 어렵다. 따라서 교수행동을 어떻게 조정하고 수정해야만 본래 설정된 학습목표에 도달할 수 있느냐 하는 연구가 요구된다.

셋째, 교수에 관한 연구는 교실 사태를 연구대상으로 하나 학습에 관한 연구는 동물을 대상으로 하는 경우가 많다. 종래 대부분의 학습이론은 동물 실험을 통해 얻어진 결과를 인간의 학습에 적용시켜 보려는 경향이 있었다.

넷째, 교수는 처방적이지만 학습은 기술적이다. 교수는 학습의 문제점을 찾아내어 이를 고치기 위한 처방적 행동이라고 할 수 있다. 그러나 학습은 학습자 활동의 변화된 모습을 있는 그대로 기술할 뿐이다. 이 기술 결과에 따라 새로운 처방을 하게 된다. 따라서 처방과 기술은 상호 관련되어 있으므로 좋은 처방인 경우에는 기술의 결과도 좋게 나타나는 것이다.

다섯째, 교재와 교수, 학습이 일치될 때 비로소 좋은 수업이라고 할 수 있다. 교재가 있어도 교사는 이를 모두 가르친다고 할 수 없으며, 또한 가르친 대로 학습자가 그대로 다 배우는 것도 아니다.

경우에 따라서는 가르치지 않아도 배우게 되며 교재에 있는 것을 가르쳐도 학습하지 않는 경우도 얼마든지 있다.

2 교수－학습이론

1) 브루너(Bruner)의 발견학습모형

브루너(1996)는 교수이론이 지식이나 기능을 학생들에게 학습시키는 최적의 방법에 관한 여러 가지 원리와 규칙을 제시해 준다는 의미에서 어디까지나 처방적(어떤 목적을 달성하기 위하여 어떻게 해야 하는지를 제시하는 것)이라고 하였다. 따라서 교수이론은 특정 교수－학습과정의 계획과 전개에 지침을 제시해 줌과 동시에 교수－학습과정을 비판·평가할 수 있는 준거를 제공해 줄 수 있는 것이어야 한다.

브루너의 교수이론은 네 가지 측면 혹은 특징을 완비해야 한다고 주장하였다.

첫째, 교수이론은 학습자로 하여금 학습의욕을 가장 효과적으로 고취시켜 주는 구체적인 경험들을 명시해 줄 수 있어야 한다.

둘째, 교수이론은 학습자가 한 영역의 지식을 가장 쉽게 학습할 수 있도록 구조화하는 구체적인 방식을 제시할 수 있어야 한다.

셋째, 교수이론은 학습되어야 할 자료가 어떤 계열로 제시되어야 하는가를 명백히 제시해 줄 수 있어야 한다.

넷째, 교수이론은 학습과 교수과정에서 적용될 상벌의 성격과 그 적용방법을 명시할 수 있어야 한다.

이상과 같이 브루너가 주장하고 있는 교수이론의 네 가지 측면, 즉 학습의욕, 지식구조, 학습계열 그리고 강화에 대해서 보다 구체적으로 살펴보기로 한다.

(1) 학습의욕

학습의욕 또는 학습경향성(predisposition to learning)이란 학습하고자 하는 혹은 문제를 해결하고자 하는 의욕이나 경향을 뜻하며, 사회계층, 인종과 같은 문화의 특징, 외적 혹은 내적 동기유발의 영향과 같은 동기처세, 기타 개인적 요인들이 학습경향성을 결정짓는 데 작용한다. 브루너가 가장 중요시하는 것은 여러 가지 교육활동과 관련된 가능성을 탐색하는 경향이다. 이를테면 교수활동에서는 이러한 경향을 극대화하는 조건을 마련해야 한다는 것이다. 이 조건은 세 가지로 나누어 설명할 수 있는데, 즉 가능성의 탐색을 자극하는 것, 그 경향을 계속 유지하도록 하는 것 그리고 가능성 탐색의 방향감을 주는 것이다.

초기 반응을 일으키는 것은 인성이나 사회적 요인에 의하여 서로 다르게 영향을 받는다. 언어적 자극이 비교적 많은 환경과 전제적 경향이 비교적 적은 중류계층의 아동은 하류계층의 아동에 비하여 보다 초기반응이 많으며, 자신을 비판적으로 평가하는 일도 상대적으로 많을 것이다.

(2) 지식의 구조

브루너는 학습자의 가장 효율적인 학습을 위해서 한 영역의 지식체계를 조직하고 구조화하는 원리와 방식을 제시하고 있다. 그는 이를 지식의 구조라 하는데, 지식의 구조는 학문의 기저를 이루고 있는 핵심적인 아이디어 또는 기본적인 원리 및 개념을 의미한다.

브루너는 어떠한 교과목 내용보다 경제적이고 적용력 있는 표현양식(mode of representation)으로 단순화할 수 있으며 또 단순화된 적용력이 있는 명제의 집합이 갖는 가치는 단순화와 적용력이란 기능을 수행하는 힘에 의하여 조건화된다고 주장하고 있다. 한 분야에 있어서 지식의 구조는 세 가지 특징으로 기술할 수 있다. 이 세 가지 방법은 지식의 구조를 이해하는 어느 학습자의 능력에도 적합한 것이다. 이 세 가지 방법이란 지식의 구조가 나타내는 경제성(economy), 생성력(power) 그리고 표현양식(mode of representation)이다.

표현양식에 관하여 브루너는 어떤 지식이든지 세 가지 양식으로 표현될 수 있다고 보고 있다. 즉, 어떤 결과에 도달하는 데 거쳐야 할 일련의 동작으로서 작동적 표현(enactive representation), 개념을 완벽하게 정의하는 것이 아니라 매체적으로 전달하는 영상이나 도해로 표현하는 영상적 표현(iconic representation) 그리고 명제를 형성, 변형하는 논리적 규칙에 지배되는 상징체계로서의 상징적 또는 논리적 명제로 표현하는 상징적 표현(symbolic representation)방식이 그것이다.

(3) 학습계열

계열(sequence)이란 학생들이 학습내용을 쉽게 이해하는 데 도움이 될 수 있도록 학습내용을 순서대로 조직하는 것을 말한다. 학습내용을 조직하는 문제는 일괄적으로 해답될 수 있는 것이 아니므로 학생들의 선행학습, 발달단계, 자료의 성격, 학습태도와 동기 등 여러 가지 변인에 따라서 학습과정의 제시

순서를 달리하여야 한다.

브루너는 모든 학생들에게 똑같이 적용될 보편적인 최종의 학습계열은 없지만, 대체로 작동적 표현, 영상적 표현, 상징적 표현의 순서에 따라서 학습과제가 제시되어야 한다고 주장하고 있다.

(4) 강화

브루너는 교수와 학습과정에서 작용될 상별의 성격과 그 적용으로서 강화(reinforcement)를 제시하고 있는데, 이러한 강화는 내적 보상과 외적 보상의 두 가지 형태로 구분된다. 브루너는 내적 보상에 의한 강화를 우위에 두고 있으며, 학습을 통하여 경험하게 되는 발견의 희열과 성취감을 바탕으로 하는 내적 보상은 다른 어떤 외적 보상에 비하여 강화력이 크다고 말한다.

2) 크론바흐(Cronbach)와 스노우(Snow)의 적성－처치 상호작용 모형

크론바흐와 스노우는 실험심리(전통적으로 실험대상의 능력과 성격적 차이를 일정범위 또는 수준에 묶어 놓은 다음, 주로 실험조건 또는 실험처치 효과에 관한 변인에만 관심을 기울임)와 상관심리(처치방식은 고정시켜 놓고 실험대상 간의 개인적 능력 또는 성격과 같은 조건들이 갖고 있는 변인에만 관심을 집중하고 있음)가 갖고 있는 방법론적 장점을 잘 조화시켜 적성－처치 상호작용(ATI : Aptitude Treatment Interaction)이라는 심리학에 있어서 새로운 연구방법을 소개하였다. 적성－처치 상호작용모형은 학습자의 학습능력에 따라 처치를 달리하면 그에 따라 다르게 반응한다는 점을 착안하여 고안된 것이다. 그렇기 때문에 학습자가 보여주는 학습의 결과란 학습자의 적성 또는 특성과 교사가 행하는 처치 또는 수업방법의 상호작용 결과라고 설명하는 입장이다. 여기서 적성(aptitude)이란 주어진 처치방식에서 성공적인 결과 또는 효과를 증대시키는 데 작용될 수 있는 제반조건 가운데 피실험자 개개인이 갖고 있는 개인적 특징, 예를 들어 일반지능, 특수지능, 성적, 포부수준, 인지양식, 성격유형, 자아개념, 학습유형, 성취동기, 학습불안, 자신감, 성별, 인종 등을 뜻한다. 처치(treatment)는 실험조건의 내용 또는 절차상의 차이를 의미하는 것으로 다음과 같다.

❶ 학습자 각자에게 어떠한 조치를 취하는 것

❷ 학습자에게 투입되는 교수 프로그램이나 교수방법, 교수절차 등을 말한다.

상호작용(interaction)이란 변량분석(ANOVA) 통계방법에서 나오는 용어를 그대로 빌려 쓴 것으로 적성과 처치가 나타내는 상승적 효과 또는 상쇄적 효과를 의미한다. 교육은 개인차와 수업형식 간의 상호작용이라 할 수 있다. 크론바흐는 적응적 교육모형(adaptive mode of education)을 통하여 교육적 환경은 인위적으로 조작될 수 있으므로 학생들의 개인차에 알맞은 교육적 처치를 적절히 제공하여 개개 학생의 개인차와 교육적 처치 간에 적응적 상호작용을 촉진해야 한다고 하였다. 따라서 크론바흐의 적성－처치 상호작용은 개별수업의 원리를 지향하고 있으며, 학생 개인의 적성에 최적한 수업조건을 선택하고 결정하는 자료를 수집한다는 점을 감안하고 있다.

3) 캐롤(Carroll)의 학교학습모형

캐롤(1963)의 학교학습모형은 학교교육과정에서 행해지고 있는 다양한 형태의 학습 가운데 특히 지적 학습과 관련된 주요 변인들을 추출한 다음, 그들 변인 간의 상호관계를 기초로 하여 학교 학습의 방안을 조직적으로 체계화시킨 것이다. 이 모형은 한 학습자가 달성한 학습 정도는 그가 주어진 과제를 학습하는 데 필요한 시간을 분모로 하고, 그 과제를 학습하기 위하여 그가 실제로 사용한 시간을 분자로 한 시간 비율에 의하여 결정된다고 설정한다. 여기서 말하는 학습의 정도란 이미 수업목표에서 설정한 도달기준에 비추어 실제로 성취된 학습 정도를 뜻하며, 학습에 필요한 시간은 주어진 학습과제를 완전히 학습하여 진술된 수업목표 수준까지 도달하는 데 필요한 시간을 의미한다. 학습에 사용된 시간은 학습자가 학습과제에 능동적으로 주의를 집중시켜 학습에 열중한 시간을 가리키고, 학습하는 동안 수동적으로 보낸 시간은 학습에 사용된 시간에 포함되지 않는다.

학습의 정도 = f(학습에 사용한 시간량/학습에 필요한 시간량)

위에 제시된 방정식에서 학습에 필요한 시간을 결정하는 변인으로는 적성, 수업 이해력, 수업의 질 등을 들고 있으며, 학습에 사용된 시간을 결정하는 변인은 학습기회와 지속력을 말한다. 또한 캐롤은 적성, 수업 이해력, 학습지속력을 개인차 변인(individual variables)이라 하였고, 수업의 질과 학습기회를 수업변인(instructional variables)이라 하였다.

여기서 f는 방정식의 양 변이 함수관계에 있음을 나타낸다. 이 방정식에서 학습의 정도를 백분율로 표시하면, 한 학습자에게 학습에 필요한 시간량과 학습에 실제로 사용한 시간량이 같을 때 학습의 정도는 100%가 된다. 또한 사용시간량이 필요시간량에 비해 줄어들수록 학습의 정도는 그만큼 낮아질 것이다. 그리고 학습에 필요한 시간량의 크기에 관계없이 학습에 사용한 시간량이 0일 때는 학습의 정도 역시 0%인 것이다(이용남 외, 2010/2017).

학습의 정도 = f(지속력 × 학습기회)/(적성 × 수업 이해력 × 수업의 질)

캐롤에 의하면 적성이란 최적의 수업 조건하에서 주어진 과제를 완전히 학습하는 데 필요한 시간을 뜻한다. 어떤 과제를 학습하는 데 있어서 적성이 높으면 주어진 과제를 좀 더 빨리 학습해 낼 수 있고, 반대로 적성이 낮으면 그만큼 학습하는 데 투자하는 시간이 많아진다. 어떤 과제를 성공적으로 학습하는데 소요되는 시간은 학생마다 다르며 동일한 적성을 가진 학생이라 할지라도 학습과제의 종류와 성질은 다르고, 그가 갖고 있는 특정학습에 대한 선행 학습의 정도도 학습적성의 결정요인으로 작용하고 있다. 또한 수업 이해력은 학습해야 할 과제의 성질과 학습절차를 이해하는 학습자의 능력을 의미하며, 수업 이해력에는 학습자의 지적 능력과 언어능력이 크게 작용한다. 한편, 수업의 질은 학습 정도가 극대화될 수 있도록 학습과제가 개개 학생에게 효과적으로 제시·설명·구성되는 정도를 의미한다. 교사가 정성을 다한 밀도 있는 수업은 학생의 학습에 필요한 시간량을 단축시키는 데 공헌하지만, 질이 낮은 수업은 필요시간량만 연장시키는 결과를 가져올 것이다. 그렇기 때문에 훌륭한 수업은 학습자가 빠른 속도로 효율적인 학습을 해낼 수 있도록 하는 수업이다(이용남 외, 2010/2017). 학습기회란 학습자들이 주어진 일정 과제를 학습할 수 있도록 그들에게 실제로 허용된 시간을 말한다. 학습적성에 있어서 학습자들의 개인차가 크므로, 그들에게 주어지는 학습기회가 달라야 한다는 것이다. 마지막으로 지속력은 학습자가 학습을 위해 사용하려고 하는 시간을 뜻한다. 이를테면 지속력이란 학습자가 스스로 인내를 갖고 학습에 투자하는 시간을 최대화하려는 학습의욕과 태도를 의미하는 것으로 일종의 학습자의 학습동기에 해당된다.

이상에서 살펴본 캐롤의 학교학습모형을 기초로 다음과 같은 교육적 시사점을 찾을 수 있다. 즉, 수업의 질이 좋으면 그만큼 학생들의 수업 이해력이 높아질 것이며, 수업의 질은 주어진 과제에 대한 학습자의 지속력에 상당한 영향을 미칠 것이다. 한편, 학습기회와 지속력이 다소 낮다고 할지라도 적성이 높으면 주어진 과제를 일정한 시간 내에 학습해 낼 수 있을 것이다. 그러나 적성이 낮은 학생으로 하여금 주어진 과제를 다른 학생들과 마찬가지로 일정한 시간 내에 학습해 낼 수 있도록 하려면, 수업의 질을 적절히 조정하여 수업 이해력을 촉진해야 할 뿐만 아니라 학습기회와 학습에 대한 지속력을 증대시켜야 할 것이다.

4) 가네(Gagné)의 목표별 수업이론

가네의 수업이론은 '학습조건의 이론', '학습과제의 특성과 밀접한 관련이 있는 이론'이라고 말할 수 있다. 가네는 학습과제의 성격인 학교 학습과제의 영역에 따라 서로 다른 학습과정이 존재한다는 것에 관심을 갖는다. 과제의 차이는 과제를 통해 학습하려는 목표의 차이로 나타나고, 이에 가네의 수업이론을 목표별 수업이론이라고 부른다(이성진 외, 1990; 문은식 외, 2007/2015).

가네(1965)는 『학습의 조건(The Conditions of Learning)』에서 학습법칙과 원리를 분류하고 종합하여 네 가지 전제를 제시하였다. 첫째, 인간의 학습된 능력은 수준이 낮은 것에서 높은 것으로 축적되어 왔다. 둘째, 모든 지식은 위계적으로 축적 또는 구성되어 있기 때문에 차원이 높은 수준의 지식이나 기술을 학습하자면 반드시 그보다 수준이 낮은 지식이나 기술을 미리 습득해야 하며, 이것을 학습위계(learning hierarchy)라고 하였다. 셋째, 주어진 학습과제는 그 복잡성의 정도에 따라 학습하기 위하여 위계적으로 상이한 수준의 학습된 능력을 필요로 한다. 넷째, 위계적으로 상이한 수준의 학습된 능력을 필요로 하는 학습과제를 효과적으로 학습하기 위해서는 학습자의 지적능력에 따라서 학습유형을 달리해야 한다.

이상에서 제기된 가정을 바탕으로 출발한 가네는 지적 기능 학습을 위한 여덟 가지 학습위계를 설명하고 있다. 그것은 신호학습(signal learning), 자극반응학습(stimulus response learning), 운동연쇄(motor chaining), 언어연합(verbal association), 변별학습(multiple discrimination), 개념학습(concept learning), 원리학습(rule learning), 문제해결학습(problem solving)이다. 위의 여덟 가지 학습유형은 위계가 낮은 것부터 차례로 열거된 것이다. 예를 들면, 신호학습이 제일 낮은 차원의 학습유형이고 위계가 가장 높은 학습유형은 문제해결학습이다.

표 7.1 ● 학습을 위한 여덟 가지 학습위계

위 계	내 용	예 시
신호학습	• 가장 단순한 형태의 학습 • 고전적 조건 형성 과정을 통해 무의지적으로 행동 획득, 정서적 반응 학습형태	교사가 매를 들면 학생들은 조용히 한다.
자극반응학습	• 자극과 반응의 단순한 결합 • 조작적 조건 형성에 의한 의지적·능동적 학습	학생이 착한 행동을 하면 칭찬해 준다.
운동연쇄	• 자극과 반응을 통한 운동기능의 연결 • 기억 작용을 바탕으로 함	영어 낱말쓰기, 현미경 조정하기, 농구골대에 농구공 던져 넣기
언어연합	• 언어를 사용하는 능력에서의 연결학습	화학에서 사용하는 기호 암기하기, 영어 낱말 뜻을 우리말로 외우기
변별학습	• 비슷한 여러 대상이나 자극 간의 차이를 구별할 수 있는 능력 • 자극 간 차이점에 대한 반응	여러 가지의 다각형 중에서 삼각형 구별하기
개념학습	• 자극 간의 공통성·유사성을 이해하고 그를 기준으로 사물 분류 • 유목화 능력으로 관찰에 의한 '구체적 개념'과 정의에 의한 '추상적 개념'이 있다.	개와 고양이의 공통점을 알고 포유류라는 개념 알기, 도형 그림을 보고 사각형 개념 알기
원리학습	• 두 개 이상의 개념을 연결, 개념 간 의미 있는 관계 파악하기	그림자가 생기는 현상을 통해 빛의 직진 원리 이해하기
문제해결학습	• 원리는 조합하여 문제해결의 아이디어를 생각해 내는 것 • 적용력, 전이력, 일반화	삼각형과 사각형의 넓이를 구하는 방법을 통해 사다리꼴의 넓이 계산하기

출처 이선화(2017) 下. p.157-158 내용을 표로 정리함

학습과제는 위계적으로 구성되어 있고, 위계 순위가 다른 학습과제는 유형이 다른 학습형태를 요구하고 있기 때문에 주어진 학습과제를 효과적으로 학습시키기 위해서는 먼저 그 학습과제를 면밀히 분석하여 그것을 학습하는 데 필요한 유형을 밝힌 다음, 그것을 위계적 순서에 맞추어 정리해야 한다. 또한 가네는 여러 가지 종류의 학습된 능력을 축적하기 위해서는 각기 다른 학습조건이 수업사상을 통해서 제공되어야 한다고 하며, 이러한 수업이 행하여지기 위해 각 학습단계에서 학습자를 자극하고 지원해 주는 내적 및 외적 조건이 선행되어야 한다고 하였다. 여기서 내적 조건이란 선행학습, 학습동기, 자아개

념, 주의집중 등을 말하며, 외적 조건은 자극과 반응의 연결 및 제시방법, 반복과 연습, 강화계획 등을 가리킨다. 특히 가네의 수업이론은 학습결과로 획득된 능력을 학습된 능력이라 하고, 이를 운동기능(psycho-motor skill), 언어정보(verbal information), 지적기능(intellectual skill), 인지전략(cognitive strategy), 태도(attitude)의 5개 영역(학습 성과)으로 분류하였다. 여러 가지 종류의 성취행동은 이 다섯 가지 형태의 학습된 능력의 범주 속에 포함시킬 수 있으며, 이미 설명한 바 있는 여덟 가지 학습위계는 지적 기능 영역의 과제를 학습하는 데 주로 적용된다. 이와 같이 인간의 학습된 능력을 다섯 가지 종류로 나눌 때에는 학습된 능력에 따라 학습조건 또는 수업사상이 달라져야 하며, 학습결과도 다섯 가지 유형으로 구별될 수 있다.

따라서 효과적인 교수를 위해서는 무엇보다 주어진 학습과제를 학습위계에 따라 하위 학습과제들로 분석하고, 학습자가 그 과제를 학습하는 데 필요한 선행학습력, 즉 내적 조건을 어느 정도 갖추고 있으며 이를 새로운 과제해결에 얼마나 재생하여 활용할 수 있는지를 파악하여, 이를 토대로 적절한 외적 조건을 마련하여 제시해 주어야 한다.

표 7.2 ● 학습사태와 수업사태 관계

구 분	학습사태	수업사태
학습을 위한 준비	• 주의 • 기대 • 작동기억으로 재생	• 주의집중 • 학습목표 제시 • 선행학습 재생 자극
획득과 수행	• 선택적 지각 • 의미의 부호화 • 재생과 반응 • 강화	• 학습과제 관련 자극 제시 • 학습안내 • 성취수행 유도 • 피드백 제공
재생과 전이	• 재생단서 • 일반화	• 성취행동 평가 • 파지와 전이 촉진

출처 문은식 외(2007/2015). p.308 재인용.

5) 글레이저(Glaser)의 교수모형

글레이저(1962)의 교수모형은 교수과정을 하나의 체제(system)로 파악하고, 그것을 네 개의 구성 요소로 구분하고 있다.

❶ 교수목표
❷ 시발점 행동
❸ 교수절차
❹ 성취도 평가 및 연구 · 발전전략이다.

교수과정을 하나의 체계로 볼 때, 교수목표는 체제목표(system objectives), 시발점 행동은 시스템 투입(system input), 교수절차는 시스템 조종역(System operator), 성취도 평가는 산출조사역(output monitor)이 된다. 교수체제(instructional system)는 교육목표의 세분화로 시작된다. 교수목표는 학생들이 성취해야 할 궁극적인 목표이며, 이 목표달성을 위해서 교수-학습과정이 설계된다.

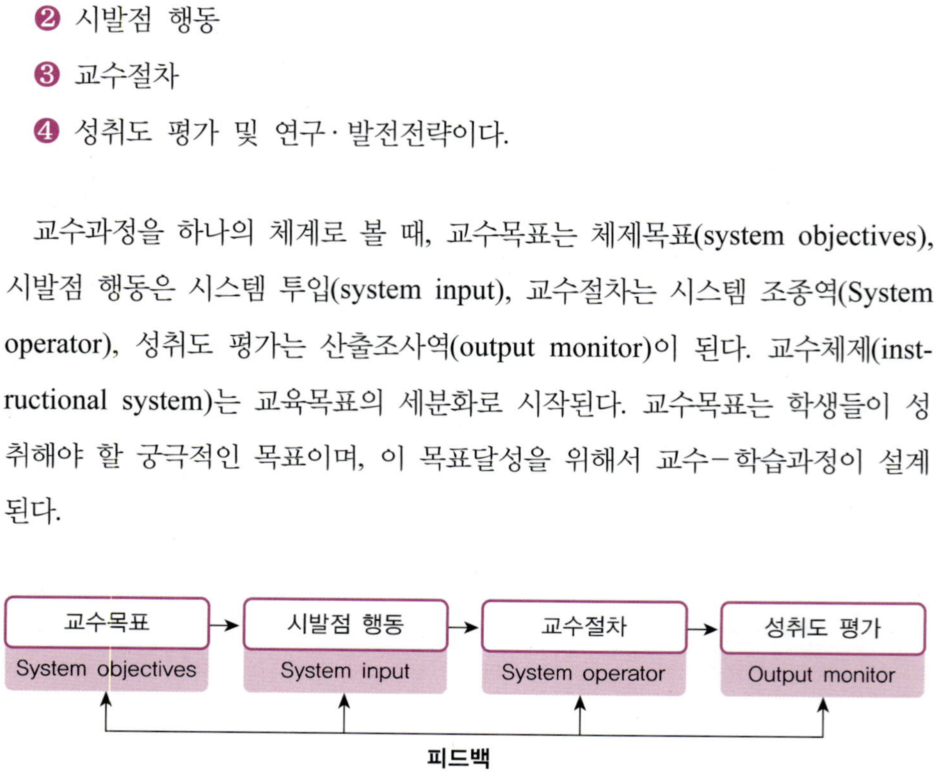

그림 7.1 ● Glaser의 교수모형

교수-학습과정에서의 주된 투입(input)은 학생들이 새로운 특정도착점 행동을 습득하기 전에 습득해야 할 행동을 말한다. 다시 말해 준비성의 개념과 일치하는 것이다. 학생의 시발점 행동(entering behavior)이며, 이 시발점 행동은 새로운 교수-학습과정이 시작되는 시점에 있어서 학생들이 지니고 있는 일반적 인성특징, 이를테면 적성, 학습 경험 배경, 학습스타일, 학습 습관 등이고, 이는 이후 학습결과에 중요한 영향을 미치게 된다. 시스템의 세 번째 단계는 실제로 학습자의 행동을 변화시키기 위해서 마련되는 수업절차이고 학습 경험이다. 네 번째 단계가 성취도 평가인데, 생산과정에 비유한다면 제품의 품질관리(quality control)에 해당한다. 즉, 세분화된 교육목표에 비추어 본 성취도의 평가이다. 이 네 단계가 교수-학습체제의 주류가 되며, 이 네 단계에 공통적으로 작용하는 것이 연구와 발전전략이다. 연구결과 및 발전전략은 네 단계에 각각 반영된다.

글레이저의 교수모형은 교수공학(instructional technology)의 기초모형으로 고안되었으나, 기계에 의존하지 않는 교수-학습과정에도 적용이 가능하다. 교수목표를 관찰 및 통제 가능한 행동으로 세분하고, 그것을 계속적인 접근(successive approximation)으로 특징지어지는 수업계열에 따라 학생들의 학습을 안내하고 조작한다는 것이 글레이저 모형의 핵심이다. 이 모형은 학습자의 행동을 계획적으로 변화시키기 위한 의식적이고 체계적인 노력의 과정을 교육과정으로 정의하는 관점에서 접근해 보려는 과학적인 시도의 하나라고 할 수 있다. 특히 이 모형은 실제로 가르쳐야 할 많은 사실, 개념, 원리들에 관하여 지적인 내용을 조직하는 데 도움을 줄 뿐만 아니라 복잡하고 정교한 교수모형을 소화하는 데 선행지식으로서도 중요한 역할을 한다.

3 교육방법

1) 강의법

강의법(lecture method)은 오래전부터 실시되어 온 가장 보편화되고 일반적으로 사용되는 교사 중심 체제에서 시행되는 수업방법으로 해설에 의해 이루어지는 일방적인 수업방식이다. 강의법은 지식이나 기능을 교사가 중심이 되어 설명하고 제시하며, 언어적인 방법을 이용하여 지식을 체계적으로 전달하기 때문에 일방적인 의사소통의 방식으로 이루어지고, 학생들은 수동적으로 강의내용을 듣고 이해하게 된다. 이러한 강의법은 정해진 시간 안에 다양하고 많은 지식을 학습자의 수와 관계없이 전달하거나 전체 내용을 개괄 또는 요약하기에 좋고, 새로운 단원 도입에 유리하며, 전체 내용 조망에 유효하고, 학습자가 쉽게 이해할 수 있으며, 교사의 능력에 따라 보충, 첨가, 삭제가 용이하다. 순응형의 학습자에게는 심리적으로 편안함을 느낄 수 있도록 하며, 수업시간과 학습량 등을 교사가 자유로이 조절할 수 있는 장점이 있다. 반면, 강의법은 교사의 충분한 준비가 없으면 단순한 설명에 그쳐 시간 낭비가 되어 효과를 기대하기 어렵고, 설명식 방식의 진행에 대해 학습자들이 지루해 할 수 있으며, 능력이 다소 낮거나 주의가 산만한 학습자의 경우에는 강의 내용을 파악하기가 어려울 수 있다.

학습자들의 개별화나 사회화를 기대하기 어려우며, 학습자들이 능동적으로 수업에 참여할 수가 없어 학습에 대한 동기유발이 힘들다. 학습자들의 수업태도가 수동적이 되기 쉬우며, 고차적인 인지학습이나 정의적인 학습목표를 달성하는 데는 적합하지 않으며, 주의력이 떨어지기 쉽고, 문제해결을 위한 능력 연마의 기회가 부여되지 않는 단점이 있다.

2) 토의법

토의법(discussion)은 민주적 원리를 바탕으로 한 공동학습의 한 형태로 학습자의 역할과 활동을 중요시하며, 교사와 학습자, 학습자와 학습자들 간의 언어적인 상호작용에 의해 의견을 교환하고 집단 내에서 문제를 해결할 수 있도록 하는 교수방법이다. 토의법은 사고와 분석에 대한 흥미 야기, 사실에 대한 판단력 증진, 새로운 태도 개발, 구태의연한 태도의 변화라는 목적이 있다. 토의법은 사전준비, 토의장소, 토의진행, 토의결과 종합의 절차로 이루어진다. 토의법의 장점은 논쟁이 되는 문제를 쉽게 해결할 수 있게 하고, 아이디어의 교환을 통해 정의적 영역의 목표도 달성할 수 있게 해주며, 문제해결, 개인연구, 지도능력 등의 향상 효과가 있다. 이러한 토의는 개방적인 의사소통과 협조적인 분위기 속에서 학습자가 적극 참여하게 되므로 학습동기와 흥미가 유발되기 쉽다. 또한 집단 활동의 기술을 통해 민주적인 태도를 함양할 수 있고, 자기의 생각을 일관성 있게 나타내고 의미 있게 표현할 수 있는 의사소통기술을 연습할 수 있는 기회가 되기도 한다. 그리고 상호 의견 교환을 통해 집단적 문제해결의 협력과정을 알게 되고, 사회적 기능과 태도를 형성하게 된다. 반면, 토의법은 집단구성원이 너무 많으면 제대로 진행이 안 되기 때문에 구성원의 숫자에 한계가 있고, 리더의 미숙한 진행은 효과적인 토론을 보장하지 못하며, 소수 토론자에 의해 주도될 우려가 있다. 사회적 태만을 보일 수도 있으며, 많은 시간이 소요되고, 학습자들이 토의주제에 관해 충분히 이야기할 수 있을 만큼의 수준에 도달해 있어야 하며, 주제에 대해서도 잘 파악하고 있어야 하는 단점이 있다.

토의법은 목표, 집단의 크기, 참여자들의 능력에 따라 학급토의, 그룹토의, 원탁토의, 배심토의, 공개토의, 단상토의, 대담토의, 버즈토의, 브레인스토밍 토의 등의 여러 가지 유형이 있다.

표 7.3 • 토의법 유형

유 형	설 명
학급토의	한 학급 단위의 집단이 모여 토의를 진행하는 방식
그룹토의	훈련된 지도자의 지도하에 전체 집단을 5~10명 정도의 작은 집단으로 나누어 공동의 관심사에 대해 대화를 나누는 방법
원탁토의	10~15명이 둘러앉아 좌담형식으로 자유롭게 발언하는 방식이다. 원탁토의는 아이디어의 교환을 목적으로 능동적 참여가 일어나고, 참가자 모두에게 발언 기회가 부여되며, 충분한 협조와 개방적 자세, 공동체 의식 속에서 이루어짐
배심토의	소수의 선정된 배심원과 다수의 일반 청중으로 구성된다. 패널 주자는 사회자의 진행에 따라 주제에 대해 서로 상반되는 견해를 단상에서 토의하게 되며, 청중은 방청을 하게 됨
공개토의	고대 포럼 형식으로 1, 2명의 연사가 10~20분 정도 연설을 하고 질의와 응답식으로 진행되는 토의방식으로 모든 청중이 직접 토의에 참가할 수 있음

(계속)

유 형	설 명
단상토의	강연식 토의방식으로 주제에 대해 권위 있는 2~5명 정도의 전문가가 각기 다른 의견을 공식 발표한 후 사회자에 의하여 청중과 발표자 간에 질의 및 토론을 전개하는 방식으로, 한 주제에 대해 다양한 측면에서 깊이 있게 다룰 수 있으며, 이때 전문가, 사회자, 청중은 모두 전문지식에 대한 정보와 경험을 갖고 있음
대담토의	자유토론이라고도 하며, 6~8명 정도의 토론집단이 토론을 하는데, 토론자의 절반은 청중 대표이고 절반은 전문가나 자원인사들로 구성됨. 토의시간은 청중 대표나 전문가에게 비슷하게 안배되고, 서로 원활한 의사소통이 가능하도록 배려됨. 사회자의 진행에 따라 일반청중도 토의에 참여할 수 있음
버즈토의	대규모 토의집단을 6명 정도의 소집단으로 나눈 후 소집단끼리 토의하게 한다. 여러 개의 소집단이 한 장소에서 각각 토의하게 되므로 벌들이 윙윙거리는 소리와 같이 들린다 하여 buzz라고 함
브레인스토밍토의	오스번에 의해 창안된 소집단 토의방법이다. 창의적인 아이디어를 얻기 위해 어떤 한 주제에 대해 다양한 아이디어를 공동으로 내놓은 방식으로 집단사고를 통해 사고의 확산을 추구함

3) 개별학습

개별학습은 학습자의 학습 속도 면에서 개인차를 인정한 학습방식으로 학습자의 특성을 고려하여 각각의 학습자들에게 최적의 학습 환경을 조성해 주며, 수업의 모든 요소를 학습자의 특성에 알맞게 조정하는 교수방법이다. 학습자의 개인차를 고려하여 교수·학습활동을 전개시키는 개별학습방법으로는 개별화교수체제(Personalized System of Instruction: PSI), 개별처방교수법(Individually Prescribed Instruction: IPI), 개별지도교수법(Individually Guided Education: IGE), 완전학습법(Mastery Learning), 학습자 요구부응학습 프로그램(Program Learning in Accordance with Needs: PLAN) 등이 있다. 개별화교수체제는 대학에서 활용할 수 있는 학습자 중심의 교수방법으로 한 과목이 대체로 15~30개의 단원으로 나뉘어지고, 각 단원에는 구체적 학습 목표가 제시되며, 학습자들은 이 목표를 성취할 수 있는 여러 가지 수단에 대한 지침을 제공받는다. 개별처방교수방법은 프로그램 학습에서 나온 것으로 각 과목의 전 교육과정이 비교적 적은 수업단원으로 잘게 나뉘어 있다. 이 단원들은 각각 구체적 목표와 이 목표의 성취 여부를 측정하는 절대기준평가를 포함하고 있어서 학생들은 미리 정해진 순서에 따라서 수행하면 된다(박숙희 등, 2004). 개별처방교수법은 학습자의 특성과 능력수준에 맞는 개별학습이 가능하고, 교사와 학습자 간의 끊임없는 상호작용을 통하여 완전학습을 추구할 수 있으며, 인지적·정의적·신체 기능적 영역의 모든 학습목표를 효과적으로 달성할 수 있고, 독립심이 신장되는 장점이 있다. 그러나 시간과 노력이 많이 들고, 동료 학습자와의 사회적 관계가 부족하기 쉬우며, 학습의 효과성에서 성공적이라는 실증적인 자료가 부족한 단점이 있다.

4) 협동학습

협동학습(cooperative learning)은 학습능력이 각기 다른 학습자들이 동일한 학습목표를 향하여 소집단 내에서 함께 활동하는 학습방법으로 고도의 경쟁심을 유발시키는 전통적 학습에서 학생들이 느끼는 소외감이나 적대감을 해소시키고, 학습자 간의 협력적 상호작용을 통해 공동의 목표를 달성하는 방식이다. 협동학습은 협력과 상호작용의 태도와 능력을 향상시킬 수 있으며, 사회응집성과 협동기술을 촉진시킬 수 있다. 성공적인 협동학습을 위해서는 상호의존성, 면 대 면을 통한 상호작용, 개별적인 책무감, 사회적 기술, 집단의 과정화라는 다섯 가지 요소가 전제되어야 한다.

협동학습은 수업목표의 명세화, 협동학습모형의 선택, 소집단의 구성, 협동학습의 방법 및 절차에 대한 지도, 협동기술 지도, 협동학습 실시, 협동학습의 결과평가, 협동학습의 전체 프로그램 평가 및 수정의 절차라는 8단계로 이루어진다.

표 7.4 ● **협동학습모형**

모 형	설 명
성취과제 분담학습모형	모든 과목에 효과적이며, 4~5명으로 구성된 소집단의 학습자들은 성별, 능력별로 서로 이질적인 구성원으로 조직됨. 매주 교사는 학습지를 나누어 주고 강의나 토론을 통해 학습단원을 먼저 소개한 후, 각 팀을 중심으로 학습지의 내용을 검토하고 서로 퀴즈도 내고 토론도 하며 협동하여 단원내용을 학습하게 됨
직소우모형	협동학습모형으로 가장 먼저 소개된 방법 중 하나로 1978년에 개발됨. 한 학급을 보통 5~6명의 이질적인 구성원으로 팀을 나눈 후 모든 집단에게 하나의 동일한 주제를 부여함. 이때 주제내용은 팀 구성원의 수대로 주어지며, 구성원들은 한 부분씩을 할당받음. 각 집단에서 같은 부분을 담당한 학습자들은 따로 모여 하나의 전문가 집단을 형성함. 전문가 집단은 동일한 내용의 주제에 대해 정보를 교환하고 충분한 학습을 한 후 각 집단으로 돌아가 학습한 내용을 집단구성원들에게 가르치게 함
함께 학습하기 모형	5~6명의 이질적인 구성원이 모여 주어진 과제를 협동적으로 수행하는데, 과제는 집단별로 부여하고 보상과 평가도 집단별로 받음
집단조사모형	2~6명 정도의 소집단으로 학습자를 나눈 후 학습해야 할 과제를 집단 수에 맞추어 작은 단원으로 나누어 제시. 각 집단은 단원과제에 대해 개인적인 작업이나 토의를 실시하여 다양한 정보를 수집한 후 보고함. 이 방법은 이미 결정된 사실이나 기술을 학습자들에게 습득시킬 목적으로 개발된 직소우모형 등과는 달리 학습자들로 하여금 다양한 학습 경험을 하게하고, 응용력, 종합력과 같이 높은 수준의 인지적 기능을 요구함. 또한 학습자들 스스로 자발적인 협동을 통해 이루어지는 개방적인 협동학습모형임
팀 보조 개별화 학습	새로운 협동학습체제로서 이질적인 학습자들로 4~6명의 소집단을 구성한 후 각자의 수준에 맞는 단원을 스스로 개별화된 프로그램에 의해 독자적으로 학습함
팀 토너먼트식 게임법	팀 경쟁학습법이라고도 함. 1978년 데브리스에 의해 개발된 방법으로 게임을 이용하여 각 팀 간의 경쟁을 유도하며, 개별학습의 성취를 나타내는 게임으로 매주 최우수 팀을 선정하게 됨. 이 모형은 공동작업 구조이면서 보상은 집단 내 협동, 집단 외 경쟁구조임

5) 자기주도학습

자기주도학습(Self-Directed Learning: SDL)은 학습자 스스로 자신의 학습 요구를 진단하고 학습목표를 설정하여 학습에 필요한 인적·물적 자원을 파악한 후 적절한 학습전략을 선택·실행하고 학습결과를 평가하는 과정이다. 자기주도학습에는 학습의 자기주도성(self-directness)과 학습자의 자기관리(self-direction)가 전제된다. 자기주도학습이 진행되는 동안 학습자 스스로 자기점검, 자기모니터링, 자기평가 등을 실시하여 목표에 도달하게 되는 자율적이고 자기 조절을 통한 학습방법이다. 여기에는 독립학습(Independent Study), 자기계획 학습(Self-planned Learning), 자기교수(Self-instruction), 자기주도학습(Self-directed learning)이 있다. 자기주도학습은 학습욕구 진단 및 학습과제 선정, 학습목표 설정, 학습을 위한 인적·물적 자원 파악, 적절한 학습전략 선정 및 실행, 학습결과 평가의 절차로 이루어진다.

6) 문제중심학습

문제중심학습(Problem-Based Instruction: PBI)은 종전의 강의법을 지양하고, 제기된 문제를 중심으로 해결해 나가는 과정을 통해 학습이 이루어지는 방법이다. 실천적인 문제를 중심으로 상황적 맥락을 고려하여 학습자가 스스로 문제를 해결해 나가야 하므로 자기주도적인 학습방법의 하나이다. 문제중심학습에는 자기주도적인 학습, 협동학습, 실제적인 문제라는 특징이 있다. 문제중심학습은 그룹 형성, 문제의 제기 및 인식, 역할 분담, 자료 수집, 자료의 재검토, 정리, 종합 발표 및 결과 검토의 절차로 이루어진다.

'배움은 미래를 위한 가장 큰 준비이다'
〈아리스토텔레스〉

Check! Check!

01 보기는 수업이론에 대한 브루너의 견해이다. (가)와 (나)에 알맞은 단어들을 순서대로 연결한 것을 찾으시오(2005년 공립초 교사 임용후보자 선정 경쟁시험).

> 보기 수업이론은 주어진 교육목표를 달성하기 위한 가장 효과적인 수업의 절차를 제시해야 한다는 점에서 (가)이다. 또한 학습자가 어떤 조건에서 어느 정도 학습해야 하는지 그 조건과 준거를 제시해야 한다는 점에서 (나)이다.

① 간접적－기술적 ② 규범적－간접적
③ 처방적－규범적 ④ 처방적－기술적

02 다음 중 글레이저의 수업모형에서 '수업절차'에 포함되는 요소는?

① 목표달성을 위한 수업의 계획 ② 평가
③ 출발점 행동 ④ 수업목표의 설정

03 다음은 캐롤의 학교학습모형이다. 김 교사가 캐롤의 모형을 올바르게 이해한 것만을 보기에서 있는 대로 고른 것은?

> 학습의 정도＝f(학습에 필요한 시간/학습에 사용한 시간)
> ＝f(적성, 수업이해력, (나) / 학습기회, (가)

> 보기
> Ⓐ '학습에 사용한 시간'을 계산하기 위해 김 교사는 학생이 학습에 소비한 총 시간과 능동적으로 학습에 몰두한 시간을 구분할 수 있는 수업관찰기법을 공부하였다.
> Ⓑ (가)를 개선하는 한 방법으로 김 교사는 우선 학생의 학습동기를 유발하고 유지하는 방법을 집중적으로 다루는 교수설계기법에 관한 연수를 받았다.
> Ⓒ 김교사는 '수업이해력'이 교사의 일반지능과 언어능력에 의해 결정되지만, 일반지능은 개선하기 어렵다고 판단하여 '교사의 수업 중 화법개선' 연수에 참석하였다.
> Ⓓ (나)와 관련해서 김 교사는 학습활동의 계열화, 학습단서의 제공, 피드백과 학습교정 활동 등 수업의 질적 수준 향상을 위해 수업 후 협의회, 마이크로 티칭, 동료장학, 수업컨설팅 등의 활동에 참여하였다.

① Ⓐ, Ⓑ ② Ⓐ, Ⓒ ③ Ⓒ, Ⓓ
④ Ⓐ, Ⓑ, Ⓓ ⑤ Ⓑ, Ⓒ, Ⓓ

객관식 정답 01. ③ 02. ① 03. ④

Chapter 08

교육평가

교육목표

- 교육평가의 개념을 교수－학습과정을 고려하여 정의할 수 있다.
- 교육평가의 목적과 기능을 설명할 수 있다.
- 교육평가의 유형에 대해 이해한다.
- 평가도구의 조건에 대해 이해한다.

1 교육평가의 의미

1) 정의

교육학 용어사전(1994)에서는 교육평가를 교육목적의 달성도에 관한 증거 및 교육목적의 달성에 영향을 미치는 변인에 관한 증거를 수집하고, 그에 대해 교육적 의사결정을 내리는 과정이라고 정의하고 있다. 크론바흐(Cronbach, 1969)는 평가의 목적을 새로운 교육과정을 검증하고 그에 근거해서 교육과정을 개선하는 것이라 하였고, 스터플빔(Stufflebeam, 1971)은 평가를 의사결정을 위한 정보를 제공하는 일이라고 정의하였다. 네보(Nevo, 1983)는 여러 교육평가학자들의 정의를 정리하여 교육평가를 교육 대상에 대한 체계적 서술 혹은 교육 대상의 가치와 장점에 대한 평이라 하였다. 이러한 정의를 종합하면, 학교교육에서 교육평가는 교사가 의사결정을 하기 위해 정보를 수집하고, 해석하며, 이용하는 과정이다. 그렇기 때문에 교육평가를 통해 학습자가 무엇을 학습했는지와 교사의 교수효과성을 알 수 있게 된다.

2) 목적과 기능

교육평가는 학생의 학업성취도 확인, 교육과정의 평가와 개선, 교육정책 관련 의사결정을 위한 기반 제공 등의 실제적인 목적을 가지고 시행된다.

파킨슨(Parkinson, 1994)은 교육평가가 다음의 네 가지 목적을 달성해야 한다고 보았다.

❶ 교수-학습과정에서 학생을 도울 수 있어야 한다.

❷ 학생의 장점과 단점을 확인하는데 도움이 되어야 한다.

❸ 교사가 자신의 교수-학습을 평가하는 데 도움이 되어야 한다.

❹ 학생, 학부모 그리고 관련 당사자에게 학생의 발전 및 성취에 관한 정보를 제공해야 한다(문은식 외, 2007/2015).

결론적으로 교육평가의 역할은 교육목적의 실현을 극대화할 수 있는 방향으로 기능해야 할 것이다.

교육평가의 기능에 대해서는 다양한 관점이 있으나, 교육활동과 연관지어 생각해 보면 다음과 같다.

❶ 학습자의 학업성취도를 평가하는 일이다.
❷ 개별 학습자 또는 한 학급 전체가 직면하고 있는 학습곤란점을 진단하고 치료하는 일이다.
❸ 교육 프로그램의 교육적 효과를 평가하는 일이다.
❹ 개별 학습자의 진로지도를 위한 자료를 수집하는 일이다.
❺ 교육의 제반 문제를 이해하고 올바른 교육정책 및 일반정책을 수립하는 데 도움을 주는 일이다.

2 교육평가의 유형

교육평가의 유형은 평가결과의 해석에 따라, 교수－학습과정에 따라 그리고 적용 분야에 따라 각기 다른 성격을 지닌 평가들로 분류할 수 있다.

1) 평가결과의 해석에 따른 분류

교육평가의 유형을 구분하는 첫 번째 범주로, 평가의 활용과 관련해 평가결과를 어떤 목적으로 사용할 것인가에 따라 규준지향평가와 준거지향평가로 구분할 수 있다.

(1) 규준지향평가(規準指向評價 : Norm-referenced evaluation)

규준지향평가는 평가결과를 해석할 때 집단 내에서의 상대적인 위치를 기준으로 평가하는 방법으로 흔히 '상대평가'라고도 한다. 이는 상대적인 위치를 판단하는 기준을 '규준(norm)'이라 하는 데에서 붙여진 명칭이다. 한 학생의 학업성취도를 평가함에 있어 그가 속한 집단의 점수분포에 따른 상대적 위치를 가늠할 수 있는 평가 방법을 의미한다. 따라서 상대평가는 미리 설정된 교육목표의 달성도와는 상관없이 다른 학생이 자신보다 시험점수가 높은가 낮은가에 따라 자신의 수준이 평가되는 것이다. 상대평가가 지닌 특징은 개인차의 변별이 가능하다는 점을 들 수 있다. 다시 말해서 상대평가는 여러 개인의 상대적인 비교를 기초로 하여 성립하기 때문에 이러한 비교는 근본적으로 각 개인이 가진 개인차를 인정함으로써 가능하다. 뿐만 아니라 교사의 편견을 배제할 수 있다는 점인데, 이는 상대평가가 객관성을 강조하며 검사의 제작기술과 엄밀한 성적표시방법을 채택하고 있기 때문이다. 또 다른 상대평가의 장점은 외적인 동기를 이용할 수 있다는 것이다. 학교에서 실시하는 모든 시험은 시험 결과로 얻어지는 자료 수집에 목적이 있기도 하지만, 학생 상호 간의 경쟁을 통하여 더욱더 열심히 공부를 하게 하는 자극제가 되기 때문이다. 그러나 상대평가가 좋은 점만을 지니고 있는 것은 아니다.

상대평가의 단점은 다음과 같다.

❶ 상대평가는 현대적인 학습이론에 맞지 않을 가능성이 있다. 왜냐하면 현대학습이론은 외적 동기가 아니라 내적 동기 유발을 권장하고 있기 때문이다.

❷ 학생들에게 개개인의 학업성취상의 진보 발전에 대한 기대를 갖게 하지 못하기 때문에 교육적인 신념을 약화시키는 결과를 초래한다.

❸ 학습집단원 간에 학력의 상대적 위치(순위)를 결정하기 때문에 과다한 경쟁심이 조장된다.

❹ 평가의 기본 입장인 교수－학습 개선의 입장이나 그 강화의 측면은 매우 소홀하다.

❺ 평가 위주의 교육에 치우치기 쉬우며 학생들은 5단계 평가척도에 강제로 묶여 평점을 배당받게 되는 교육적 오류를 면치 못한다.

❻ 상대평가의 기준점은 그 집단 내부에서만 통할 뿐 타 집단과의 비교가 불가능하다는 단점을 지니고 있음을 알아야 한다.

(2) 준거지향평가(準據指向評價 : Criterion-referenced evaluation)

준거지향평가는 일명 '목표지향평가'(目標指向評價)라고도 하는데, 이 평가는 교육목표 또는 학습목표를 설정하고, 이 목표를 완전학습 내지는 성취할 수 있는 최저 수락기준을 정하며, 이 기준에 비추어 학생 개개인의 학습성취도의 정도를 따지는 것을 기본 입장으로 한다. 여기서 학생의 성취도란 평가에 앞서 이미 수립해 놓은 교육목표가 준거(criterion)가 되는데, 이 학습목표에 비추어 평가되기 때문에 학생 개개인은 소속 학습집단 내의 다른 학생과의 상대적 비교나, 다른 학생의 점수와는 아무런 상관이 없이 학생 자신의 성취 정도의 진보 상황에 따라서만 평가된다. 즉, 절대기준평가는 한 학생의 성적이 그가 속해 있는 집단의 검사 결과와는 아무런 상관을 가지지 않고 주어진 수업의 목표를 어느 정도 달성하였는가 하는 교수 목표 달성도에 의하여 그 학생의 성적을 표현하는 방식이라 할 수 있다.

절대기준평가의 특징은 다음과 같다.

❶ 검사의 타당도를 강조한다는 점인데 상대평가가 검사도구의 신뢰도를 크게 강조하는 반면에 절대평가는 타당도, 즉 원래 측정하려고 계획했던 수업목표를 얼마나 충실하게 측정하고 있느냐가 강조된다.

❷ 부적편포(負的偏佈)에의 기대를 하게 된다는 점이다. 즉, 절대평가는 모든 학생이 설정된 교육목표를 달성해 주기를 기대하고 있기 때문에 자연히 검사점수의 분포가 부적으로 치우쳐진 분포곡선이 될 것을 기대한다.

❸ 인간의 힘에 대한 신념이 긍정적이다. 상대평가는 어느 집단에서건 학습의 결과가 성공적인 학생과 실패적인 학생들로 섞여 있기 마련이며, 이것은 지극히 자연스러운 가정을 토대로 하고 있다. 그러나 절대평가에서 인간관은 노력하기에 따라서 무한히 발전될 수 있는 존재이며, 학습자는 누구나 그에게 적절한 교수-학습의 기회만 제공된다면 주어진 학습목표에 도달할 수 있는 가능성이 있을 뿐만 아니라, 교육을 통해서 이들의 가능성을 실현할 수 있다는 신념이 바탕으로 된다.

절대기준평가의 단점은 다음과 같다.

❶ 개인차의 변별이 용이하지 않다는 점이다. 즉, 평가결과가 학습자 개인 간의 성적 비교를 어렵게 하고 우열을 판정하는 데 부적절하다는 점이다.
❷ 내적 동기를 중시하기 때문에 외적 동기를 학습에 적용할 수가 없다.
❸ 타집단 간의 비교에 어려움이 따른다. 절대평가의 기준은 교수 목표이다. 그러나 이러한 교수 목표가 지역과 교사에 따라 다르므로 동일한 목표 달성도라 하더라도 같은 교과 또는 단원의 학습목표 달성도의 정도가 같다고 할 수 없다.
❹ 통계적 활용이 어렵다. 통계적 활용은 정상분포의 이론에서 가능하나 절대평가에서는 이 정상분포를 부정하므로 절대평가의 점수를 활용할 수 없기 때문이다.
❺ 절대기준 설정에 어려움이 따른다. 절대평가의 가장 큰 문제는 절대기준을 설정하는 일이 매우 어렵다는 것이다. 왜냐하면 절대기준을 설정하기 위해서는 각 교과의 학문 구조에 대한 분석과 학습과제의 위계화 분석이 필수적으로 요구되는데, 그 작업이 고도의 전문성을 요구하기 때문이다. 교육에 있어서 절대기준은 교수 목표이지만, 이러한 교수 목표를 누가 정하느냐 또는 어떻게 정해야 하느냐 하는 문제에 직면하게 된다.

표 8.1 ● 규준지향평가와 준거지향평가

구 분	준거지향평가	규준지향평가
교육적 신념	모든 학생은 교육을 통해 기대목표에 누구나 도달할 가능성이 있다.	성공하는 학생과 실패하는 학생이 있다.
인간관	발달적, 낙관적 교육관	선발적 교육관
이론적 근거	부적편포곡선 가정	정상분포곡선 가정
성적에 대한 결정	교육목표 달성도에 의하여 그 학생의 성적을 결정	평가기준을 한 집단 내부에서 결정
평가준거	개인의 학습목표 달성도	집단의 학업성취의 평균값에 의한 상대적 서열
평가도구의 측정학적 의미	타당도	신뢰도

2) 교수-학습과정에 따른 분류

교수-학습과정의 단계, 즉 초기의 도입 단계와 전개 단계 그리고 정리 단계에 따라, 진단평가, 형성평가 그리고 총괄평가의 세 가지로 구분지을 수 있다. 또한 이는 평가의 기능이 무엇인가에 따라 학습이 이루어지는 과정과 연계시켜 생각해 볼 수 있다.

(1) 진단평가(診斷評價 : Diagnostic evaluation)

진단평가는 교수활동이 시작되는 초기 단계에서 수업전략을 위한 기초자료를 얻고 교수방법, 학습방법이 적절한 것인지를 결정하기 위하여 학생의 기초능력을 진단하는 평가이며, 이러한 목적을 위한 진단은 세 가지 형태로 나누어 볼 수 있다.

첫째, 계획된 학습 단위의 목표를 성취하는 데 선행조건이 되는 출발점 행동을 학습자가 얼마나 소유하고 있는가를 결정하는 것이다. 둘째, 주어진 학습단위 혹은 교육과정의 목표를 학습자가 알고 있는지 그리고 그 결과에 따라서 좀 더 높은 수준의 학습 프로그램을 제공해야 할 것인지의 여부를 결정하는 것이다. 셋째, 학습자가 지니고 있는 흥미, 성격, 적성, 선행학습의 정도 등의 개인적 특성을 알아보아 그에 따라 적절한 교수 방법이나 교수 전략을 세우기 위한 자료를 제공하는 것이다. 진단평가를 하는 목적은 교육활동에 있어서 학습자가 가지고 있는 학습준비도(readiness)라든지 학습흥미, 학습동기, 학습자의 성격특성, 기초학력의 정도, 학습자의 정서 등을 충분히 파악하여 교사가 효과적인 학습지도를 하기 위함이다.

진단평가를 통해 다음과 같은 효과를 기대할 수 있다.

❶ 현재 학습하고자 하는 학습과제와 관련하여 선행학습의 결손을 진단하고, 이에 대한 교정과 보충학습을 계획할 수 있다.

❷ 현재 학습하고자 하는 학습과제를 학습자가 얼마나 달성하고 있는가를 알 수 있다.

❸ 학습자의 흥미, 성격, 학업성취 및 적성 등에 따라서 적정한 교수처방을 내릴 수 있다.

(2) 형성평가(形成評價 : Formative evaluation)

형성평가의 개념은 스크리븐(Scriven)에 의해 제안된 것으로 학습 및 교수가 진행되고 있는 동안에 학생들이 학습목표와 관련된 사항을 확인함으로써 학습 곤란의 교정, 학습 행동의 강화, 교사의 학습지도 방법과 교육과정 개선 등을 위한 목적으로 이루어지는 평가를 의미한다. 형성평가는 학습의 진행 과정에서 자주 행해지는데, 일반적으로 주어진 단원에 속하는 소단원 또는 주제에 대한 지도가 끝난 시기에 실시된다. 형성평가의 기능은 다음과 같이 설명할 수 있다.

❶ 학습활동의 조정

형성평가를 통해서 적절하게 교정 또는 보충수업의 기회를 가지게 되면 학습결원의 누적 현상을 피할 수 있게 되며, 학습자는 새로운 학습과제에서 성공적으로 학습을 계속할 수 있게 된다.

❷ 학습활동의 강화

형성평가를 통해서 설정된 학습목표를 거의 달성하였다는 사실을 학습자가 확인하게 될 때 '하여야 할 것은 했다'고 하는 자신감과 만족감을 얻게 되어 보다 적극적으로 차후의 학습단원에 임할 수 있는 동기가 유발된다.

❸ 학습 곤란의 진단과 교정

형성평가의 결과, 학생들은 자신의 학습 곤란을 스스로 발견하며 그것을 제거해 나가는 데 힘쓰게 된다.

❹ 학습지도 방법의 개선

형성평가의 결과, 60% 이상의 학생이 오답을 하였다면 교사는 지도과정 중 어떤 부문에 허점이 있었는지를 찾아내어 재지도를 해야 하며, 이러한 처방은 필요할 때마다 자주 시행되어야 한다.

❺ 학습 방향의 명시

형성평가를 통하여 학생들에게 바람직한 학습의 방향을 명시하여 준다.

(3) 총괄평가(總括評價 : Summative evaluation)

총괄평가 역시 스크리븐에 의해 제안된 것으로 중간고사나 기말고사 등에서 교과의 전 과정 또는 그중의 상당 부분에 걸쳐 달성된 학습 성과의 정도를 측정하여 성적을 매기는 평가를 의미한다.

총괄평가의 특징은 다음과 같다.

❶ 전체 과목이나 중요한 학습내용에 대한 교수의 효과가 어느 정도인지를 판단하고, 그 결과에 의해 성적을 내고 평점을 주며 서열을 결정한다.
❷ 평가의 빈도는 적은 대신 단위 평가시간은 형성평가에 비해 길다.
❸ 평가목표는 일반화 가능성 또는 전이 가능성이 보다 포괄적이고 가시적인 목표를 가진다.

❹ 전체 교육목표를 모집단으로 하는 문항 모집단(母集團)에서 이를 가장 잘 대표할 수 있는 문항 표본을 골고루 선정하며, 난이도는 30~70%, 평균 난이도는 50% 정도(절대기준평가 실시에 있어서는 난이도를 고려하지 않음이 바람직함)로 한다.

❺ 학생을 판정, 등급을 정하고 자격을 부여하고 분류하는 데 목적을 두는 평가를 실시한다.

표 8.2 ● **진단평가, 형성평가, 총괄평가 비교**

구 분	진단평가	형성평가	총괄평가
평가 시기	교수-학습활동이 시작되기 전 또는 학습의 초기 단계에 학생의 수준과 특성을 확인하는 평가	교수-학습활동 진행 중 학생의 학습목표 도달도를 확인하는 평가	교수-학습활동이 끝난 후 학생의 학습성취도를 종합적으로 확인하는 평가
기능	• 선행학습의 결손진단·교정 • 출발점행동의 진단 • 학습 실패의 교육 외적/장기적 원인 파악 • 학생기초자료에 맞는 교수 전략 구안	• 학습 진행 속도 조절 • 보상으로 학습 동기 유발 • 학습 곤란의 진단 및 교정(학습 실패의 교육 내적/단기적 원인 파악) • 교수-학습지도 방법 개선	• 학생의 성적 판정 및 자격 부여 • 학생의 장래 학업성적 예언 • 집단 간 학업효과 비교 • 학습지도의 장기적 질 관리에 도움
목적	학생의 특성 파악, 출발점 행동 진단, 수업 방법 선정	교수-학습지도 방법 개선	학업성취도 결정
대상	학습준비도	수업의 일부	수업의 결과
평가 활용	수업 전개 시 정보 제공	즉각적인 수업의 개선	학생 및 학부모에게 학업성취 결과 통보

3) 수행평가

세계화·정보화 시대인 오늘날 교육평가 추세는 단순 암기하는 능력을 측정하기보다 학습자 개개인의 다양한 개성을 존중하고, 인성 및 창의성을 조장하는 새로운 교육평가 체제를 필요로 하게 되었다. 표준화 선다형 검사와 준거지향 검사로 대표되는 평가의 패러다임은 이른바 구조화되고, 비조건적이고, 지식·의존적인 과제에 답하는 능력에 관심을 갖는다. 하지만 현실에서는 이처럼 제한적으로 문제해결 방식을 사용할 수 없는 것이 대부분이다. 현실에서 발생하는 모든 문제의 대부분은 주어진 상황의 조건에 따라 해석되어야 하기 때문이다. 이러한 차이로 전통적인 평가방식의 한계가 드러나게 되었다. 이러한 문제의 대안으로 학생들의 전인적인 발달을 도모하고, 학생의 발달 정도를 파악하여, 다음 학습의 피드백을 제공하며 창의력 및 문제 해결력을 길러주는 방법으로 수행평가가 도입되었다(김성곤, 2005).

표 8.3 ● 전통적 평가와 수행(대안적)평가 비교

구 분	전통적 평가	수행(대안적)평가
특성	• 점수화된 평가 • 정답에 근거한 점수 사용 • 제작과 채점이 용이한 검사 • 선택형 문항 : 진위형, 배합형, 선다형 • 수동적 지식표현 • 표준화검사 : 집단 간 비교 가능, 검사도구 타당성/신뢰성 양호	• 학습결과와 과정에 대한 평가 • 평가과제와 교수내용의 적용과 통합, 학생참여에 의한 평가 가능 • 종합적 관점이 분석적 관점보다 강세 • 점수부여에 대한 교사의 판단 요구, 채점기준표 사용 • 다단계 평가, 관찰 필요하므로 시간 노력 소요 • 상황/현실 맥락 기분으로 수행 요구
활용 목적	학습결과에 대한 평가	• 학습결과와 과정에 대한 평가 • 교수과정과 교수목적에 대한 평가 • 학생 참여와 함께 학생이 학습과 평가의 주체임을 강조 • 교사와 학생 간의 협조체제
평가 방법	• 지필식 선다형 문항에 대한 반응 • 표준화 검사 • 대규모 평가 • 일회적, 부분적인 평가 • 비연속 점수 검사	• 포트폴리오 • 관찰, 면접 • 토론, 발표 • 연구보고서 • 논술, 구술, 실험실습

출처 남명호 · 김성숙 · 지은림(2000). 수행평가-이해와 적용, 문음사. p.27

(1) 수행평가의 개념

수행평가란 학생 스스로가 자신의 지식이나 기능을 나타낼 수 있도록 산출물을 만들거나 행동으로 나타내거나, 답을 작성(구성)하도록 요구하는 평가 방식을 말한다(백순근, 1998). 수행평가에서는 학생이 배우고자 하는 것이 지식이나 기능을 평가함에 있어서 단순 암기한 것을 재생해 내는 선택형(객관식) 검사와 같이 정답을 선택할 수 있는 능력이 곧 '지식을 안다' 또는 '기능을 습득했다'라고 가정하는 것을 부정한다. 행동적 교수 목표에 근거하여 검사가 제작되는 기존의 선택형 검사 위주의 평가만으로는 교실 수업 중에 발생하는 교수-학습활동을 이해할 수 없다는 것이다. 따라서 선택형 검사에 의존한 기존 평가 체제에 대한 대안 평가로서 개방형 과제를 사용하는 수행평가가 강조되기 시작하였다(김성곤, 2005). 학생이 답안을 작성하거나 구성하고 행동으로 나타내는 것을 통해 지식과 기능을 직접적으로 측정, 평가하고자 하는 것이다. 이때 평가자인 교사는 학생들이 수행하는 과정을 관찰하여 학생들의 산출물 특징을 판단하게 된다. 수행평가가 전통적인 평가의 대안으로 증가하게 된 궁극적인 쟁점은 평가도구의 형식보다는 '평가의 내용이 무엇인가', '무엇을 평가하는가'에 있다. 수행평가는 전통적인 평가가 잘 다루지 못했던 복합적인 사고 과정, 기술이나 기능 등의 고등정신능력을 평가하는 것으로, 평가 형식보다는 평가의 내용이나 목적에 판단의 근거를 둔다(권은순, 2003).

(2) 수행평가의 특징

수행평가의 일반적인 특징을 간략히 설명하면 다음과 같다(김주영, 2002; 이기형, 2002).

❶ 수행평가는 학생이 문제의 정답을 선택하는 것이 아니라, 자기 스스로 정답을 작성하거나 행동으로 나타내도록 하는 평가 방식이다. 학생들은 개방적인 과제에 대하여 반응을 직접 구성하거나 활동한다.

❷ 수행평가는 추구하고자 하는 교육목표를 가능한 한 실제 상황하에 달성했는지 여부를 파악하고자 한다.

❸ 수행평가는 교육의 결과뿐만 아니라 교육의 과정도 함께 중시한다.

❹ 수행평가는 단편적인 영역에 대해 일회적으로 평가하기보다는 학생 개개인의 변화, 발달과정을 종합적으로 평가하기 위해 전체적이면서도 지속적으로 이루어지는 것을 강조하는 방식이다.

❺ 수행평가는 학생들에게 문제를 제기하고 해결하며, 분석하고, 연구하는 등의 다양한 활동을 허용하며 학생들의 이러한 활동은 판단력, 문제해결력, 고등사고능력, 의사소통과 같은 기술을 포함한다.

❻ 수행평가는 개개인을 단위로 해서 평가하기도 하지만, 집단에 대한 평가도 중시한다.

❼ 수행평가는 학생의 학습과정을 진단하고, 개별학습을 촉진하려는 데 그 목적이 있다.

❽ 수행평가는 학생의 인지적인 영역(창의성이나 문제해결력 등 고등사고기능을 포함)뿐만 아니라 학생 개개인의 행동 발달 상황이나 흥미, 태도 등 정의적인 영역 그리고 체격이나 체력 등 신체적인 영역에 대한 종합적이고 전인적인 평가를 중시한다.

(3) 수행평가의 문제점

수행평가는 개인차를 존중하고 다양한 교육방법으로 다양한 사고를 허용하는 교육환경에서 제 역할을 할 수 있을 것이다. 수행평가의 문제점을 살펴보면 다음의 세 가지로 정리해 볼 수 있다(유지선, 2009).

첫째, 수행평가도구 개발의 어려움과 시간적·공간적 제약이 크다.

둘째, 교사의 전문성과 자율성의 결여로 인해 수행평가가 다양한 방법으로 사용되고 있지 않다.

셋째, 수행평가의 채점 기준(점수 부여 기준) 설정이 용이하지 않아 발생되는 평정자의 오류 가능성으로 인해 객관성과 공정성이 떨어질 수 있다.

3 평가도구의 조건

일반적으로 좋은 평가도구가 갖추어야 할 조건으로 타당도, 신뢰도, 객관도, 실용도 등이 있다. 이 네 가지 가운데 제1차적 기준으로 타당도와 신뢰도를 요구하며, 제2차적 기준으로 객관도와 실용도를 문제시하는데, 평가도구의 비판 요인은 대부분 1차적 기준인 신뢰도와 타당도에 초점이 모아지고 있다. 이들 각각에 대해 살펴보기로 한다(오성삼·구병두, 1996).

1) 타당도

타당도란 특정의 개인 또는 집단에 대해 그 도구가 평가하려고 하는 평가목표를 정확하게 잴 수 있는 성질을 말한다. 즉, 한 검사가 실제로 '무엇을 재고 있느냐'는 개념이다. 따라서 타당도라는 개념 속에는 반드시 준거가 따르기 마련인데, 결국 타당도는 '무엇에 비추어 본 기준'을 중심으로 판가름할 수 있는 것이다. 이러한 타당도는 대체로 네 가지 종류, 즉 내용타당도, 예언타당도, 공인타당도 그리고 구인타당도 등이 있다.

(1) 내용타당도

일반적으로 내용타당도를 일컬어 이론적 타당도라고 부르기도 하는데, 먼저 측정하려는 개념이나 사물을 논리적으로 분석·종합하고 또 한편에서는 실제로 측정하고 있는 검토문항들의 내용을 판단하여, 이 둘이 어느 정도 서로 합치하느냐의 정도에 따라 비교·검토하게 된다. 그러나 여기서 말하는 검토란 비교적 주관적인 논리적 방법에 의한 것으로 실증적 방법으로 검증하게 되는 예언·공인·구인 타당도와 차이가 있다고 하겠다. 예를 들면, 태도측정의 내용타당도를 검토하는 경우 먼저 태도를 분석하며, 인지적 영역, 정의적 영역 및 운동기능 영역 등 세분된 정의를 해놓고 실제로 측정에 쓰여진 문항들이 이들 영역을 어느 정도 포괄적이며 순수하게 재고 있느냐를 비교·판단하는 것이다. 만약 태도측정이 한쪽 영역이나 또는 엉뚱한 것들을 재고 있음이 드러났다면 그만큼 측정의 타당도는 낮다는 말이 된다. 그러나 내용타당도의 검토는 어디까지나 논리적인 비교·판단 위에 이루어지므로 검토자의 주관이 개입될 소지가 있다. 그러므로 순전히 이 방법에 의해서만 타당도를 검증한다는 것은 주의를 요한다.

(2) 예언타당도

내용타당도와는 달리 주어진 측정의 결과가 장래의 어떤 효과나 행동을 얼마나 잘 예언할 수 있느냐의 정도를 실증적 자료를 토대로 통계적으로 밝히는 방법이다. 이러한 타당도의 검토를 위해서는 측정의 결과를 보관하였다가 일정한 시일이 경과한 후 실제의 효과나 행동이 어떻게 나타났는가를 다른 방법으로 측정하여 이 두 가지 측정 결과의 합치 정도를 비교·검토한다. 이때 비교대상이 되는 '실제의 효과나 행동'을 준거라고 하는데, 이러한 준거 점수를 얻기 위하여 몇 년씩 기다려야 한다는 것이 이 방법의 단점이라 하겠다.

(3) 공인타당도

이 방법은 측정 점수와 준거 점수와의 상관관계를 통해 타당도를 검토한다는 점에서 예언타당도와 같으나 준거 점수가 장래의 효과가 아니라 현재의 성과라는 점에 차이가 있다. 예를 들면, 한 지능검사가 있다면 이 지능검사의 점수가 그 사람의 행동으로 나타난 지능의 정도와 실제로 어느 정도 합치하는가를 검토해서 검사의 타당도 여부를 가려내는 방법이 바로 공인타당도라고 할 수 있다. 또한 한 측정의 결과와 과거에 이미 만들어진 정평있는 측정도구로 잰 결과를 비교해서 두 측정 결과의 합치성 여부를 상관계수의 산출을 통하여 가려내는 것도 공인타당도의 방법이다.

(4) 구인타당도

구인타당도는 시험 수행 시 그 시험이 어떤 심리적 특성을 지니고 있는가에 초점을 맞춘 것이다. 예를 들면 논리적 능력, 독해력, 기계적 소질 등이 이에 속한다. 따라서 구인 관련 타당도는 어떤 시험이나 측정방법에 의해서 구인(검사도구에 반영되어 있다고 가정하는 인간의 어떤 행동 및 특성을 의미한다)이라고 하는 특성이나 속성을 명확히 정의하려고 할 때 사용한다. 이와 같은 이론은 개인적 특성을 설명하거나 특별한 상황에서 사람들이 어떻게 행동할 것인가를 예측하는 데 유용하다. 이를테면 고도의 지식으로 개인을 설명하려는 것은 개인의 행동이 다양한 상황 하에서 이루어질 것 같다는 생각을 지니고 있기 때문이다. 그러나 우리는 시험 점수를 다양한 행동으로 설명하고 해석하기 전에, 시험에서 실제로 나타난 점수가 무엇을 반영하는지 생각해 보아야 한다.

2) 신뢰도

타당도가 '무엇(what)'을 측정하고 있느냐의 문제임에 반해, 신뢰도는 평가도구가 '어떻게(how)' 재고 있느냐의 문제라 할 수 있다. 즉, 한 평가도구가 일관성 있는 측정을 하고 있느냐 하는 것은 믿음성, 안정성, 일관성, 예측성, 정확성이란 말과 같은 뜻을 가지고 있다. 신뢰도를 좌우하는 가장 큰 조건은 채점의 객관성인데 채점이 주관적이면 신뢰도는 낮아진다. 어떤 조사도구가 신뢰할 만하다고 한다면 비슷한 환경에서 비슷한 집단에게 행하였을 때는 비슷한 결과를 산출할 수 있을 것이다. 따라서 평가도구의 신뢰도를 높이기 위해서는 가능한 한 객관적인 채점 방법을 사용함으로써 채점자의 개인적인 판단이나 편견에 영향을 받지 않도록 해야 한다. 그리고 신뢰도는 평가 점수의 계속성과 관계가 있다. 즉, 어떤 측정된 점수는 다른 측정된 점수에 지속되는 것이다. 우리는 시간의 차이, 문항 간 차이, 부분적 검사 평가의 다양성으로 인해 측정에 오차가 생길 수 있음을 염두에 두어야 한다. 신뢰도는 다른 상황하에서 검사 점수가 얼마나 많은 변화가 있는가의 정도를 나타낸다. 신뢰도를 검사하는 방법은 여러 가지가 있으나, 그중 대표적인 방법은 채점자 신뢰도, 재검사 신뢰도, 동형검사 신뢰도, 반분 신뢰도, 쿠더-리처드슨 신뢰도 등이 있다. 이들 신뢰도에 대해 좀 더 구체적으로 살펴보면 다음과 같다.

(1) 채점자 신뢰도

채점자 신뢰도란 두 사람 이상의 채점자들이 동일한 대상의 답안지를 각자 채점을 한 후 여러 사람들의 채점 결과가 상호 얼마나 일치하는가를 알아보는 것을 의미한다. 각기 다른 채점자들 간의 일치도를 알아보기 위해서는 채점 결과 간의 상관계수를 산출하게 되는데, 이렇게 산출된 상관계수를 채점자 신뢰도계수라고 한다. 상관계수가 높을수록 채점자 간의 일치도가 높아 채점의 신뢰도가 높아지게 되며, 신뢰도계수가 낮을수록 채점자 간의 일치도, 즉 신뢰도가 저하되는 것으로 해석된다.

(2) 재검사 신뢰도

재검사 신뢰도는 한 개의 평가도구를 같은 집단에서 시간의 간격을 두고 2회 실시해서 얻은 점수를 가지고 측정하는 방법이다. 실시의 간격을 보통 며칠이나 몇 년 정도로 한다. 실시 간격의 길이는 결과로부터 만들어지는 해석의 형태에 맞아야 한다. 이와 같이 만약 학생들의 학업성취에 관한 점수의 차이를 알아보고 싶다면, 그 간격이 어느 정도 짧은 기간이라도 충분하지만, 만약 우리가 직업적 성공여부를 예언하길 원한다면, 우리는 한 세대를 넘는 기간을 통하여 경험을 예측해야 할 것이다. 재검사 신뢰도계수는 측정절차간의 오차에 의해 그리고 피검사자의 시간에 따른 반응의 변동에 의해 영향을 받는다. 그리고 검사 실시 간격이 길어지면, 학생들 사이의 커다란 변화에 의해 낮은 신뢰도계수라는 결과를 초래할 것이다. 따라서 재검사 신뢰도계수를 보고

할 때는 실시 간격을 표시하는 것이 중요하다.

(3) 동형검사 신뢰도

문항은 다르지만 같은 특성을 가진 두 개 유형의 시험지로 같은 집단에 검사하는 방법을 동형검사라고 한다. 이 검사 형태는 같은 능력을 측정한다는 점에서 동등하다고 할 수 있고, 신뢰도 결정에서 각각의 검사도구는 독립적으로 만들어졌다는 점에서 중요성을 갖는다. 이 경우 신뢰도계수는 표본 검사의 적절성 여부를 나타낸다. 다시 말해 높은 신뢰도계수는 두 개의 독립적 평가도구가 같은 것을 측정하고 있다는 것을 가리킨다. 그리고 낮은 신뢰도계수는 두 평가도구의 형식에서 각각의 문항이 의심스럽다는 점을 지적한다. 이 방법에서는 측정절차에서의 오차, 서로 다른 표본 문항의 차이, 피검사자의 시간에 따른 반응의 변동에서 오는 오차 등에 의해서 신뢰도계수가 결정된다.

(4) 반분 신뢰도

반분 신뢰도는 하나의 검사를 두 개의 동등한 부분으로 나누어 따로 채점하여 두 개의 반분된 검사 간의 상관관계를 내는 것이다. 반분 신뢰도는 보통 짝수 문항과 홀수 문항으로 나누어 그 분할된 두 부분의 상관을 산출하는 방법이 있다. 여기서는 한 검사도구를 적절한 방법에 의해 두 부분으로 분할한 후, 이 두 부분을 독립된 검사로 하여 상관을 측정하는데 그 정도를 상관계수라고 한다. 동형 신뢰도의 방법처럼 이 과정도 서로 다른 표본 문항의 일관성의 차이, 검사과정에서 나타나는 오차는 가져오지만 피검사자의 시간에 따른 반응의 변동에 대한 안정성은 보장되지 않는다. 검사도구의 신뢰도는 검사의 길이와 밀접한 관계가 있다. 즉, 검사의 길이가 길어지면 신뢰도계수도 증가되는데, 반분에 의해 구해진 신뢰도계수는 전체 검사의 신뢰도를 추정하기 힘들게 된다.

3) 타당도와 신뢰도와의 관계

일반적으로 타당도와 신뢰도의 관계를 논의할 때 신뢰도는 타당도의 필요조건이기는 하지만 충분조건은 아니라는 말을 한다. 이는 하나의 검사가 타당하기 위해서는 신뢰할 수 있어야 한다는 전제조건이 성립되지만, 반대로 검사가 신뢰할 수 있기 위해서 반드시 타당해야 할 필요는 없다는 것이다. 많은 경우에 있어 검사의 신뢰도를 높이려 할 때 타당도는 오히려 내려갈 가능성이 있음을 보게 된다. 이를테면 어느 한 영역의 문제를 많이 출제하게 될 때 신뢰도는 올라갈 수 있으나 출제가 어느 한 부분에만 치우치게 되어 타당도는 오히려 내려가는 경우가 있다. 따라서 검사 제작과 관련하여 우선 염두에 두어야 할 점은 신뢰도라 할 수 있다. 왜냐하면 신뢰도란 타당도에 필수적인 것이기 때문이다.

정리해보면 다음과 같다.

❶ 신뢰도와 타당도는 항상 정의관계(positive relationship)를 갖는 것은 아니다.

❷ 신뢰도가 있다 하더라도 타당도는 결여될 수 있다. 즉, 타당도 없이 신뢰도를 확보할 수 있다.

❸ 타당도가 있다면 일반적으로(어느 정도) 신뢰도가 있다고 볼 수 있다.

신뢰도와 타당도는 측정도구가 과학적으로 강력하다는 것을 보여 주는 증거가 된다. 즉, 신뢰도와 타당도는 척도의 과학적 적절성에 관한 것이다. 이 외에도 척도의 실용성에 관한 것 역시 고려되어야 한다.

4) 객관도

객관도란 검사자 신뢰도라 할 수 있는데 채점자가 주관적 편견을 갖지 않고 얼마나 객관적 입장에서 공정하게 채점하느냐 하는 문제와 관련된 것으로, 결국 앞서 말한 신뢰도의 일종이며 검사자의 신뢰도인 것이다. 이를테면 동일한 피험자의 답안지를 가지고 교사에 따라 어떤 이는 95점이란 점수를, 다른 교사는 80점 그리고 심한 경우에 제3의 교사는 50점을 부여하게 되는 가능성을 생각할 수 있는데, 이처럼 객관도의 동요가 심한 이유는 대체로 두 가지를 들 수가 있다. 그 하나는 측정도구 자체의 불완전성 때문이고, 다른 하나는 평가자 자신의 소양 부족을 원인으로 들 수 있다.

일반적으로 객관도를 올리기 위한 방법은 다음과 같다.

❶ 평가도구를 객관화시켜야 한다.

❷ 검사자의 평가에 대한 소양을 높여야 한다.

❸ 검사자의 인상, 편견, 추측, 감정, 어림짐작, 착오 등 주관적 요인을 최소한도로 줄여야 한다.

❹ 가능하면 비객관적 평가도구는 여러 사람이 공통으로 평가해서, 그 결과를 종합하는 것이 객관성을 높일 수 있다.

5) 실용도

실용도란 한 검사도구가 경비와 시간 그리고 노력을 적게 들이고도 초기의 목적을 얼마나 달성할 수 있느냐의 정도를 말한다. 아무리 신뢰도, 타당도가 검증되고 객관도를 유지하는 검사라 할지라도 검사를 실시하는 데 시간과 노력 그리고 많은 경비를 요하게 된다면 활용상에 어려움이 따르기 마련이다. 따라서 지시 사항이 간단하고 분명하며 검사 문항의 수가 적당하여 검사 실시가 용이해야 하고, 채점의 용이성, 결과 해석과 적용의 용이성 그리고 검사 비용의 적절성 등이 고려되어야 한다.

'모든 사람은 실수해.
그래서 연필 뒤에 지우개가 달려 있는 거라고.'
〈심슨〉 중에서

Check! Check!

01 교육평가를 하는 목적과 평가결과에 대한 활용방안에 대해 서술하시오.

02 교육평가 유형 중 규준지향평가와 준거지향평가를 비교하시오.

03 수행평가의 필요성을 전통적 평가와 비교하여 서술하시오.

04 신뢰도와 타당도의 관계를 쓰시오.

Chapter 09

생활지도 및 상담

교육목표

- 생활지도의 기본방향을 알고, 의미와 목적을 이해한다.
- 생활지도의 영역 및 활동을 안다.
- 상담의 개념 및 목표를 이해한다.
- 상담방법에 따라 구분할 수 있고, 각 특성을 이해한다.

1 생활지도의 이해

1) 생활지도의 의미

생활지도는 영어로 guidance란 용어를 사용하는데, 그 의미는 학생들을 '안내한다', '이끌어 준다', '지도한다'라는 뜻을 내포하고 있다. 생활지도란 문제 학생을 바르게 지도하는 것, 문제 행동을 치료하거나 교정하는 것, 학생의 여가 활동을 지도하는 것, 학생의 전반적인 적응을 도와주는 것 또는 교과 지도 이외의 모든 것이기도 하다. 일반적으로 생활지도란 학생으로 하여금 자기 자신에 대한 이해와 현실생활에 잘 적응하여, 자신의 능력을 극대화할 수 있도록 조력하는 조직적이고 의도적인 교육활동이라 할 수 있다. 따라서 생활지도는 하나의 과정이고 노력이며 학생 개개인에게 관심을 갖고 주위 환경에 대한 이해를 돕는 의도적인 지도활동이라 할 수 있다. 이러한 생활지도는 학생, 부모, 교사, 생활지도 전문가, 학교 행정가, 지역사회 인사들이 한 팀으로 협력함으로써 이루어질 수 있다.

2) 생활지도의 목적

생활지도의 궁극적인 목적은 학생으로 하여금 자기의 능력과 흥미를 이해시켜 최대한의 개인적인 발전을 이루도록 하며, 그것을 자기 생활의 목적과 결부시켜 원만하고 가치 있는 삶을 영위하고 민주사회의 바람직한 구성원으로 사회복지를 위해 기여할 수 있도록 지도하는 데 있다. 따라서 학생들이 자신에 대한 이해와 통찰을 정확하게 하여 자율적이고 자주적인 생활습관을 갖도록 하며, 사회에 최대한으로 공헌하도록 도와주고, 수시로 당면하는 자신의 문제를 정확히 파악해 스스로 문제를 해결할 수 있도록 도와주는 데 있다. 뿐만 아니라 학생들이 당면한 문제 상황 하에서 현명한 대처방안을 선택함으로써 정신건강을 유지하고, 가능한 한 자신의 노력으로 그들이 타고난 여러 가지 자질을 발견하여 최대한 계발할 수 있도록 도와주는 등 궁극적으로 학생들이 신체적·지적·정서적·사회적인 모든 면에서 잘 적응할 수 있도록 도와주기 위함이다.

생활지도의 목표를 열거하면 다음과 같다(김도수, 1994).

❶ 학생 개개인으로 하여금 그들 자신을 정확히 이해하도록 한다.
❷ 모든 학생이 가능한 한 자신의 노력으로 여러 자질을 발견해서 그것을 최대한 발전시키도록 한다.
❸ 학생 개개인으로 하여금 수시로 그들이 부딪히는 문제를 파악해서 스스로의 힘으로 해결하도록 한다.
❹ 학생 개개인으로 하여금 복잡 다양한 생활환경 속에서 현명한 선택을 하고 적절하게 적응하도록 한다.
❺ 학생 개개인으로 하여금 성숙한 적응을 할 수 있는 영구적 터전을 마련하도록 한다.
❻ 학생 개개인으로 하여금 지적, 신체적, 정서적 그리고 사회적인 모든 면에서 조화 있는 삶을 누릴 수 있도록 한다.
❼ 학생 개개인으로 하여금 그들이 속한 사회를 위하여 그 나름의 공헌을 할 수 있도록 한다.

3) 생활지도 조직 원리

❶ 생활지도는 모든 학생을 대상으로 건전한 심신의 성장발달을 도모하도록 한다.
❷ 생활지도는 일상적 판단에만 의존하지 않고, 좀 더 나아가 과학적 근거를 기초로 하며, 편견 없는 정확하고 객관적인 지도 과정을 이루도록 노력해야 한다. 생활지도는 학생을 바르게 이해하는데 필요한 여러 가지

정보자료를 제공하는 봉사활동이다. 그러기 위해서는 상식적이거나 주관적 판단의 근거가 아닌 과학적인 근거에 기초를 둔 다양한 자료를 통해 이해하도록 한다. 즉, 학습자를 바르게 이해하기 위해 여러 가지 표준화 검사와 비표준화 검사를 활용하도록 한다.

❸ 치료와 교정도 생활지도의 중요한 부분이지만, 자라나는 세대의 올바른 성장발달을 방해하는 악조건은 제거하는 동시에 바람직한 성장을 조성하는 좋은 조건을 제공하는 것은 더욱 중요하다. 최근에는 치료적 지도보다는 예방적 지도가 중시되고 있다.

❹ 생활지도는 처벌보다는 지도가 선행되어야 한다. 처벌은 학습자들로 하여금 생활지도를 잘못 이해하게 하고 기피하는 결과를 초래하게 한다. 생활지도는 개인의 성장과 발달을 촉진하는 데 그 목적이 있으므로 처벌보다는 성장을 촉진할 수 있도록 한다.

❺ 생활지도는 자율적이고 합리적인 방법을 제시해 줌으로써 학습자의 자기이해와 자기발견을 돕는다.

❻ 생활지도는 학생의 전인교육 측면에서 행해져야 한다. 생활지도는 학습자의 지적 발달은 물론 흥미·태도·가치관 등 정의적인 면을 통하여 건전한 자아를 확립하고, 건전한 전인으로 성장할 수 있도록 돕는 활동이어야 한다.

2 생활지도 영역 및 활동

1) 생활지도의 영역

생활지도의 중요한 영역으로는 학업지도, 진로지도, 인성지도, 건강지도, 여가지도, 사회성 지도 등으로 구분할 수 있다. 표로 설명하면 다음과 같다.

표 9.1 ● 생활지도의 영역

영 역	내 용
학업지도	• 학업지도는 교육적 측면의 지도로서 신입생을 위한 오리엔테이션 및 학업부진아의 효과적인 학습방법지도, 학습동기 유발 방법 등을 포함한다. • 학업지도를 하는 경우에는 개인적인 학습지도 및 학업지도와 관련된 생활습관 지도를 함께 하도록 한다. • 학업지도는 학력 향상을 위한 지도뿐만 아니라 상급학교 진학과 학교생활 적응 문제에 대한 지도를 포함한다.
진로지도	• 진로지도는 크게 진학지도와 직업지도로 나뉜다. • 학생의 적성, 능력, 흥미, 주위 환경 조건에 따라 상급학교 진학이나 직업의 선택, 계획, 준비, 적응을 돕는 활동이다. • 상급학교에 대한 정보와 직업 세계에 대한 정보 제공, 진학 및 취업을 위한 상담, 개인에 대한 인적 조사, 기능개발, 현장지도, 실습지도, 추후지도 등이 있다.
인성지도	• 인성지도는 개인이 일상생활에서 잘 적응할 수 있도록 건전한 심리적·인성적 발달과 조화로운 생활을 할 수 있도록 도움을 주는 것이다. • 심리적·적응적 문제로는 긴장, 불안, 욕구좌절, 무관심 등의 정서적 문제, 대인관계, 사회활동 등과 같은 사회적 문제, 부모, 형제, 친척과의 관계 등 가족관계 문제, 태도, 습관, 흥미, 도덕성 등의 가치관에 관한 문제이다.
건강지도	• 건강지도는 신체적 건강과 정신적 건강에 관계되는 문제를 지도하는 활동이다. • 신체적 장애에 대한 상담, 심한 불안, 정신질환에 대한 이해 및 예방을 위한 정신위생, 흡연·약물 복용·음주 등에 대한 지도 및 정신건강 교육이 있다.
여가지도	• 여가지도는 학교에서 수행하는 교과활동 이외에 개인의 여가를 유효적절하게 보낼 수 있도록 지도하는 활동이다. • 건전한 여가활동을 통해서 자기 성장을 추진해 나가는 새로운 경험을 가질 수 있도록 지도한다. • 여가시간의 활용을 위해 오락, 교양, 신체, 사회활동 지도 등이 포함된다. • 최근 삶의 질 문제가 대두되면서 교양과 품위 있는 삶에 관한 여가지도가 주목받고 있다.
사회성 지도	• 사회성 지도는 사회의 충실한 구성원으로서 원만한 대인관계, 가족관계의 수립과 유지를 위한 여러 활동들이 있다. • 민주시민으로서 성장할 수 있도록 준법정신과 책임감 그리고 의무 등이 어떤 것인지를 안내하는 데 목적이 있다.

2) 생활지도를 위한 활동(안영진, 2010)

(1) **학생조사활동**(student inventory service)

학생조사활동은 생활지도의 계획이나 실천을 위해 과학적이고도 정확한 학생들의 실태를 파악하거나 학생들의 자기 이해를 도울 수 있는 정보를 제공하기 위한 활동이다. 가장 기초적인 단계로서 학생들을 이해하는 데 필요한 자료들로 조사한다. 학생조사활동에 포함될 수 있는 내용으로는 학생의 가정환경 및 가정배경, 학교경험과 건강상태, 학업과 관련된 분야의 성취도, 교외경험과 교육적·직업적 흥미, 성격과 장래에 대한 계획 등이다. 수집된 자료는 객관적이고 신뢰도가 높아야 하며, 기록하여 보관하도록 한다.

(2) 정보제공활동(information service)

정보제공활동은 학생들의 생활을 둘러싸고 있는 직접적·간접적 환경과 아울러 문제해결에 관련된 여러 가지 정보를 수집 및 제공하는 모든 활동으로, 이러한 정보를 학생들이 정확히 파악한다는 것은 학생들의 자율적 성장을 돕는 생활지도에서 무엇보다 중요한 요소가 된다. 이 활동들로 인해 학생들이 자기 문제를 해결하거나 장래계획을 세우는 데 필요한 주위 환경 조건 및 이에 관련된 여러 사실들을 객관적으로 이해하고 평가할 수 있도록 도와주어야 한다. 정보제공활동으로는 그 성격에 따라 교육정보, 직업정보, 개인적·사회적 정보가 있다.

(3) 상담활동(counseling service)

상담활동은 생활지도에 포함된 활동 중에서도 가장 핵심적인 기능을 담당한다. 상담활동의 목표는 학생들로 하여금 최대한 자율적인 발달, 즉 책임 있는 독립심을 키우고 현실적인 자기 이해를 성취할 수 있도록 돕는 데 있다. 즉, 학생들로 하여금 삶의 여러 사태-인생문제, 학습문제, 정서문제, 이성문제, 진로문제 등에서 당면하게 되는 문제를 스스로 해결할 수 있는 힘을 키우는 동시에 학생들이 적절한 감정 처리를 할 수 있도록 도와줌으로써 정신 건강을 향상시키고 적응을 돕는 활동이다.

(4) 배치활동(정치활동, placement service)

배치활동이란 직업지도, 장학지도, 학과선택지도 등에 있어서 자기 자신에 대한 이해 및 진로를 정확하게 이해하여 배치를 현명하게 선택하는 데 조력을 하는 활동이다. 정치활동은 개인과 사회의 필요에 따라 이루어져야 하기 때문에 각종 조사활동, 정보활동에서 얻은 자료를 근거로해야만 합리적인 활동을 기대할 수 있다. 배치활동으로는 학교, 학과, 과목 선택이나 특별활동반의 선택, 학급활동이나 동아리활동의 선택과 같은 교육적 정치와 직장알선, 직업선택, 진로선택 등이 있다.

(5) 추후지도활동(follow-up service)

추후지도활동이란 배치활동(정치활동)의 결과 학생들의 적응 정도, 취업 및 직무수행, 진학과정에서의 적응상태를 살피며, 보다 나은 적응활동을 위해 재배치하거나, 부적응에 대한 조력을 하는 조직적인 봉사활동이다. 즉, 사후의 점검을 위한 일련의 활동인 것이다. 만일 부적응일 경우 원인을 찾으며, 그 원인이 왜, 어디에 있는지를 재확인하고 분석하여 끝까지 원만한 적응생활을 할 수 있도록 조력 및 배려하는 것이다(오윤선, 2017).

3 상 담

1) 상담의 개념

상담은 학자들의 관점에 따라 다르기 때문에 상담의 개념을 어떻게 정의하느냐 하는 문제는 그리 간단하지 않다. 일반적으로 상담이란 도움을 필요로 하는 개인, 즉 내담자와 전문적인 훈련을 쌓은 상담자 사이의 일대일 관계에서 목적 있는 대화를 전개하는 조력의 과정으로, 라포(rapport)를 통하여 여러 가지 당면한 문제와 더불어 의사소통이 이루어져 내담자의 성장발전을 촉진하고, 사회에 잘 적응하도록 돕는 심리적인 상호작용의 관계이다(오윤선, 2017). 이처럼 상담활동은 하나의 인간관계이고, 과정이며, 협력적인 활동을 통해서 피상담자의 행동변화, 정신건강의 증진, 문제해결, 개인적 효율성 향상, 의사결정 등을 돕는 데 그 목적을 두고 있다(김도수, 1994). 이와 같은 공통적 요소를 갖고 있는 상담은 다음과 같은 특성을 갖고 있다.

❶ 피상담자의 자발성에 의존하며 행동 변화에 영향을 준다.
❷ 상담의 목표는 피상담자의 자발적인 행동 변화를 촉진하는 조건 마련에 있다.
❸ 다른 인간관계와 마찬가지로 피상담자에게 일정한 제한이 가해지는데, 이는 상담자의 가치와 철학, 상담 목표에 따라 달라질 수 있다.
❹ 행동 변화를 촉진하는 조건은 면접을 통해서 마련한다.
❺ 상담에서는 청취가 중요한 부분을 차지한다.
❻ 상담자는 피상담자를 이해한다.
❼ 상담은 비공개로 이루어지며, 피상담자의 비밀이 보장된다.

2) 상담의 목표

상담이 단순히 내담자의 문제를 해결하는 것을 목표로 하거나 심리적 안정감의 회복만을 목적으로 하기 보다는 바람직한 행동 변화를 유도하고, 단순한 부적응 행동의 치료에 국한하기보다는 적극적인 정신건강을 촉진하는 것을 목표로 한다. 그럼으로써 내담자의 사고·행동·결정의 효율성을 증진하고 내담자 스스로 어떤 결정을 내리도록 돕는 것이다.

3) 상담의 과정

상담 과정이란 내담자의 상담 신청부터 상담 종결 후 후속 회기에 이르는 단계까지를 말한다. 상담의 주요 과정인 초기-중기-종결단계로 구분하여 살펴보면 표 9.2와 같다.

표 9.2 ● **상담 과정**

과 정	내 용	
초기	내담자 문제에 대한 이해	• 도움을 청하는 직접적 이유의 확인 • 문제의 발생 배경 탐색 및 과거 비슷한 문제가 있었는지에 대한 확인 • 문제해결 동기의 평가
	상담의 목표 및 진행 방식의 합의	• 상담 목표 정하기 • 상담 진행방식에 대한 합의(상담 및 시간에 대한 합의 및 바람직한 내담자 행동 및 역할을 안내)
	촉진적 상담관계의 형성	• 상담자와 내담자가 형성하는 협동적, 우호적인 상담관계 맺기
중기	과정적 목표 설정 및 달성하기	• 초기단계에서 설정한 궁극적 목표에 도달하기까지의 중간지점의 보다 작은 목표인 '과정적 목표'를 설정하고 달성하기
	저항 출현 및 해결	• 역할 연습, 경험 등을 통해 저항을 찾고, 상담자의 권유나 조언을 통해 저항 극복하기
종결	종결의 다양한 의미	• 심리적 재탄생으로서의 종결 • 타협 형성으로서의 종결 • 성과 다지기로서의 종결
	성공적인 상담 종결의 조건	• 문제 증상의 완화 • 현실 적응력의 증진 • 성격 기능성의 증진 • 성공적인 상담 종결을 시사하는 내담자의 태도나 생각
	종결하기	• 종결의 준비 과정 • 종결에 대한 내담자의 불안 다루기 • 상담자에 대한 의존성 극복하기 • 성과 다지기 및 면역력 쌓기 • 가능한 증상 재발에 대해 준비하기

출처 이선화(2017) 下. p.96 재인용.

4) 상담에서의 대화기법

상담이 원활히 이루어지기 위해서는 상담자와 내담자의 의사소통이 중요한데, 상담자의 대화기법을 소개하면 다음의 표 9.3과 같다.

표 9.3

대화기법	내 용
구조화	상담의 목표와 방안을 정확히 진술, 상담 방향을 결정함
수용	내담자의 말에 간단한 형식으로 응대, 경청함. 내담자에 대한 판단, 평가 금지
반영	내담자의 말과 행동에서 표현된 감정과 태도를 다른 말로 부연
재진술	내담자의 말을 되풀이
명료화	내담자의 막연한 진술을 분명히 함
직면	내담자가 깨닫지 못하거나 깨닫기 거부하는 것에 직면하도록 요구
해석	• 내담자가 언급 안한 내용을 추론하여 말하기 • 내담자로 하여금 문제를 새로운 각도에서 이해

5) 상담의 구분

(1) 지시적 상담

지시적 상담은 윌리엄슨(Williamson)이 주장한 것으로 상담자는 피상담자가 당면하고 있는 문제에 대해서 해석을 내려주고 정보를 제공하여, 조언이나 충고를 주는 방법이다. 이는 피상담자의 내면적인 세계를 무시한 채 상담자의 객관적인 자료와 전문적인 식견만을 가지고 피상담자에게 충고와 조언을 하는 것으로서 다음과 같은 6단계를 거친다.

표 9.4

단 계	설 명
분석	• 학생을 이해하는 데 필요한 각종 자료를 수집하여 분석하기 • 학생의 생활환경, 흥미, 동기, 적성, 기능, 학력, 태도, 성격 등에 관한 자료 수집과 분석
종합	• 수집된 자료를 체계적이고 조직적으로 정리
진단	• 문제의 원인이나 특징에 대한 결론 내리기
예진	• 피상담자의 문제가 앞으로 어떻게 진행될 것인가를 예측하기
상담	• 상담자와 피상담자가 대면하여 피상담자의 바람직한 적응을 위하여 지도하고 조언하기
추후 활동	• 상담 결과의 계속적인 확인과 평가가 이루어지는 단계

지시적 상담에서 상담자의 역할은 다음과 같다.

❶ 피상담자와의 친밀감 조성으로 허용적 분위기(Rapport의 형성)를 조성한다.
❷ 피상담자에게 행동계획을 제언한다.
❸ 피상담자에게 자기를 인정하고 이해하도록 조력한다.
❹ 상담자는 상담계획에 의한 상담을 실천한다.
❺ 자기 능력이 미치지 않으면 전문가에게 위탁한다.

(2) 비지시적 상담

비지시적 상담은 로저스(C.R. Rogers)가 인간은 자신의 성장하는 힘과 자기 적응의 힘이 잠재한다는 자아이론에 근거를 두고 체계화시켰다. 로저스는 상담의 진행 과정을 피상담자(내담자)를 중심으로 하고, 상담자는 다만 피상담자가 자신의 문제를 해결할 수 있도록 보조하고, 촉진하는 역할을 해야 한다고 주장했다. 비지시적 상담에서는 상담자가 피상담자의 모든 감정을 수용하고 피상담자로 하여금 자기통찰과 자아수용의 기회를 제공해 줌으로써 문제를 해결할 수 있다고 본다. 비지시적 상담은 비위협적이고, 수용적이며, 자유스러운 분위기를 조성하여 피상담자가 자신을 돌아볼 수 있는 기회를 제공하는 것이다. 지시적 상담과 비지시적 상담의 근본적인 차이는 개인이 자신의 문제를 스스로 해결할 능력이 있는지에 대한 것이다.

표 9.5 ●

구 분	지시적 상담	비지시적 상담
주도자	상담자	피상담자
대상	피상담자의 문제 행동	피상담자의 인성 문제
강조점	지적인 적응 문제, 과거 상황	정서적인 적응 문제
목표	문제의 원인 규명, 치료	문제해결 암시, 역량 부여
면접	변화의 준비과정	면접 자체가 치료적 과정
결과	문제해결	자기이해와 자기통찰
기초이론	특성이론	자아이론

(3) 절충적 상담

상담 과정에서 피상담자가 가지고 있는 문제를 분석하고 치료할 때 지시적 방법이나 비지시적 방법만으로는 문제해결을 할 수 없는 경우가 있다. 이를테면 피상담자의 과거 행동과 동기를 깊이 이해하고자 할 때는 피상담자가 감정을 자유롭게 표현할 수 있는 비지시적 방법이 적용되고, 부적응 상태를 치료하고자 할 때는 지시적인 방법을 적용하여 치료 대책을 세우고 실천하게 하는 방법이 훨씬 유리할 것이다. 이러한 방법을 절충적 상담이라고 한다. 피상담자가 안고 있는 문제는 다양하기 때문에 효과적인 상담을 위해서는 지시적 방법과 비지시적 방법의 장점을 살려 절충하자는 입장으로 존스(Jones)에 의해서 주장되었다. 이 상담은 학습이론과 정신분석학이론 등이 절충되어 사용되는데, 절충적 상담을 이용할 때 유의할 점은 다음과 같다.

❶ 지능이 높고 적극적인 학생에게는 비지시적 상담이 유리하다.

❷ 고학년일수록 비지시적 상담이 효과적이다.

❸ 피상담자의 태도가 부정적이거나 비협조적일 때는 비지시적 상담이 어려우므로, 오히려 지시적 상담이 효과적이다.

❹ 비지시적 상담은 지시적 상담보다 오랜 시간이 요구된다.

❺ 지시적 상담일수록 상담자의 더 높은 기술과 경험이 요구된다.

'넘어지지 않는 사람은 없어.
단, 다시 일어나는 사람만이
앞으로 나아가는 법을 배우는 거야'
〈밤비〉 중에서

Check! Check!

01 생활지도의 특징으로 옳은 것은?

① 도의교육을 위한 교육적 활동이다.
② 훈육적 지도활동이다.
③ 개인의 자아실현을 도모하는 활동이다.
④ 문제아동만을 지도하는 활동이다.

02 생활지도의 원리로 옳지 않은 것은?

① 잠재가능성에 관심을 가져야 한다.
② 지적인 발달에 치중해야 한다.
③ 효율적으로 수행되어야 한다.
④ 자율성을 존중해야 한다.

03 생활지도를 위한 활동에 대하여 설명하시오.

04 상담의 목표와 과정에 대해 설명하시오.

객관식 정답 01. ③ 02. ②

Chapter 10

교육공학

교육목표

- 교육공학의 개념을 시대의 변화에 따라 이해한다.
- 교육공학의 기본 영역 및 기본 영역과 하위 영역 간의 상호보완적인 관계를 이해한다.
- 교수매체의 종류 및 교육적 기능을 이해한다.

1 교육공학의 의미

'교육공학'을 한마디로 정의하는 것은 쉬운일이 아니다. 흔히 '교육공학(educational technology)'이라는 분야의 명칭이 '교육(education)'과 '공학(technology)' 두 단어의 합성어라는 점에 착안하여, 교육을 위해 첨단 기계나 공학적인 기술을 적용하는 분야 정도로 이해하기도 한다. 1963년 미국교육공학회(Association for Educational Communication & Technology: AECT)가 설립되었고, 1977년에 '교육공학이란 모든 인간학습에 포함된 문제들을 분석하고 그 해결책을 고안, 실행하고 평가, 관리하기 위하여 사람, 절차, 아이디어, 기계 및 조직을 포함하는 복합적이고 통합적인 과정'이라고 규정하여 발표하였다. 하지만 2004년 AECT의 교육공학정의연구위원회는 '교육공학이란 적절한 공학적 과정 및 자원을 창출, 활용, 관리함으로써 학습을 촉진하고 수행을 개선하는 연구와 윤리적 실천'이라는 새로운 정의를 내렸다.

교육공학의 목적은 축적된 과학적 지식의 체계적, 실용적 적용을 통해 생산성과 효율성을 극대화시키며, 문제해결에 수반되는 도구와 과정을 향상시켜 나가는 것이라고 볼 수 있다. 즉, 교육공학은 교육심리학이나 교육사회학, 교육철학과 같이 교육과 관련된 심리적, 사회적 현상의 기초 과정이나 철학적 근본원리 등 인과관계의 발견과 고찰을 통해 주어진 현상에 대한 이해를 증진시키는 데 주력하는 학문이라기보다는, 활용이 가능한 기계, 도구, 사람, 기술, 과정, 절차 및 아이디어를 총망라하여 교육의 효과와 효율을 높이고자 연구하는 실용적 학문 분야이다.

1) 교육공학 개념의 변화

크게 매체의 역할에 중점을 둔 교육공학의 초기 정의에서 문제해결 과정으로서 교육공학을 바라본 1960년대와 1970년대의 정의, 과정 그 이상이며 이론과 실천 분야로서의 교육공학의 역할을 강조한 1990년대의 정의 그리고 매체, 체제적 교수설계, 수행공학을 아우르는 통합적인 분야의 성격을 반영하여 교수설계공학(instructional design and technology)으로 재명명한 가장 최근의 정의에 이르기까지 몇 세대에 걸쳐 변화되어 왔다.

(1) 초기 정의: 매체로서의 교육공학

1920년대에서 1940년대에 걸친 기간 동안 미국 공립학교에서는 영화와 슬라이드 등의 시각자료부터 라디오, TV 등의 시청각자료에 이르기까지 각종 매체를 수업에 활발히 사용하게 되었다. 따라서 당시 교육공학의 정의는 이러한 매체의 활용에 중점을 두고 있다(Reiser, 2002). 분야의 명칭 역시 현재와 같은 교수공학(instructional technology)이나 교육공학(educational technology)이 아니라 시각교육(visual instruction), 시청각교육(audiovisual instruction)으로 불렸다. 1963년 교육공학과로 명칭을 변경하기 전까지 시청각교육과로 불렸다는 점은 바로 이러한 시대의 변화를 반증한다. 즉, 초기의 교육공학은 교육적 목적을 위해 그림, 모형, 전시물, 괘도, 지도, 그래프, 슬라이드, 영화, 라디오, TV 등 가능한 모든 종류의 시청각자료와 매체를 활용하는 것으로 정의되었다(Seels & Richey, 1994).

(2) 1960년대와 1970년대의 정의: 과정으로서의 교육공학

1950년대까지 지속되어 온 이러한 매체 중심의 관점은 1963년 현재의 미국교육공학회, 즉 AECT(Association for Educational Communications and Technology)의 전신인 당시 미국교육학회(National Education Association: NEA) 산하의 시청각교육국(Department of Audiovisual Instruction: DAVI)이 교육공학에 대한 새로운 정의를 발표하면서 일대 변화를 겪게 된다. 시청각교육국은 당시의 교육공학, 즉 시청각 커뮤니케이션(audiovisual communication)을 "학습과정을 통제하는 메시지의 고안과 활용에 주로 관여하는 교육이론(theory)과 실제(practice)의 한 분야"라고 규정하고, 특히 "시청각 커뮤니케이션의 실제적 목적은 학습자의 잠재력을 최대한 개발시키는 데 도움이 되는 모든 커뮤니케이션 매체와 방법을 효율적으로 활용하는 것"임을 강조하였다. 이는 교육공학 분야의 권위 있는 기관에 의해 발표된 최초의 공식 정의다.

이후 분야의 전문가 사이에서 체제적 접근과 분석의 중요성에 대한 공감대가 형성되어 가자, AECT는 다시 이러한 움직임을 반영한 새로운 정의를 발표하게 된다. 1977년 발표된 교육공학의 정의는 다음과 같다(Gentry, 1995; Seels & Richey, 1994).

교육공학(educational technology)이란 인간 학습의 전반에 관련된 문제를 분석하고, 그에 대한 해결책을 고안, 실행, 평가, 관리하기 위하여 사람, 절차, 아이디어, 도구 및 조직을 수반하는 복합적이고 통합적인 과정이다.

AECT의 1977년 정의에 나타난 특징은 다음과 같이 요약된다(Seels & Richey, 1994).

1. 문제분석에서 해결책 적용에 이르는 체제적(systematic) 설계과정을 강조하였다.
2. 교육공학을 하나의 이론(theory), 분야(field) 그리고 전문직(profession)으로 인정하였다.
3. 인간 학습과 관련된 모든 문제의 해결을 교육공학의 책무로 간주하였다.

(3) 1994년 AECT의 정의: 과정 그 이상으로서의 교육공학

AECT는 1963년 교육공학에 대한 최초 공식 정의를 발표한 이후, 1977년과 1994년의 2회에 걸쳐 새로운 공식 정의를 발표하였다. 따라서 다음에 제시된 1994년의 정의는 AECT가 발표한 정의 중 가장 최근의 것이다(Seels & Richey, 1994).

교육공학(instructional technology)은 학습을 위한 과정과 자원의 설계, 개발, 활용, 관리, 평가에 관한 이론이자 실제다.

AECT는 이러한 정의를 발표하면서 교육공학 분야의 궁극적인 목표가 학습의 증진에 있다고 보았으며, 교사와 교수매체를 구별하지 않고 모두 광범위한 의미에서 학습을 위한 자원으로 간주하였다. 이러한 점은 이전의 정의와 공통된 특징이다. 그러나 1977년의 정의와 비교할 때 몇 가지 차이점이 나타난다.

먼저 1977년의 정의에서 인간 학습 전반에 걸친 모든 문제를 교육공학에서 다루어야 할 대상으로 인식한 것과는 달리, 1994년에는 교수－학습과 직접적으로 관련된 문제를 해결하는 것을 교육공학의 주된 목적으로 한정지음으로써 분야의 적용 범위를 보다 명확하게 규정하고 있다. 이러한 변화는 분야를 지칭하는 용어가 'educational' technology에서 'instructional' technology로 바뀌게 된 이유이기도 하다. 이 두 용어는 이후 현재까지 교육공학을 지칭하는 동일한 의미로 사용되고 있다.

1994년의 정의는 다음과 같은 기본 가정들에서 출발한다(Seels & Richey, 1994).

❶ 교육공학은 하나의 (교육)운동으로 시작되어 이론적 학문 분야 및 실제적 전문 분야로 성장하였다.
❷ 교육공학에서는 과정과 산출물이 모두 동일한 중요성을 지닌다.
❸ 교육공학자들은 교수활동의 효과성(effectiveness)과 효율성(efficiency)을 추구한다.
❹ 교육공학 분야는 설계, 개발, 활용, 관리, 평가의 다섯 가지 기본 영역으로 이루어져 있다.

(4) 2002년 레이저(Reiser)의 정의: 교수설계공학

1994년 AECT에서 공식 정의를 발표한 지 10년이 넘는 동안 교육공학 분야에는 공학과 커뮤니케이션의 발전에 따른 많은 변화가 있었다. 또한 학교교육뿐 아니라 기업 교육에서도 교육공학이 활발히 적용되는 양상을 보였다. 레이저는 1994년 발표된 AECT의 공식 정의가 이러한 분야의 최근 움직임을 충분히 반영하지 못하고 있다는 판단 아래, 자신의 저서를 통해 다음과 같은 새로운 정의를 발표하였다(Reiser, 2002).

> 교수설계공학(instructional design and technology) 분야는 학습(learning)과 수행(performance) 문제의 분석 그리고 다양한 환경, 특히 교육기관과 직장에서의 학습과 수행을 증진시킬 수 있는 교수적(instructional) 및 비교수적(non-instructional) 과정과 자원의 설계, 개발, 활용, 평가, 관리를 포함한다.

이 정의는 이제까지 분야를 지칭하는 공식 명칭으로 사용되어 온 교육공학 또는 교수공학(instructional technology) 대신 '교수설계공학'이라는 새로운 명칭을 제안하였다. 이는 교육공학의 실질적 적용 분야를 크게 교수매체의 적용과 체제적 교수설계의 적용이라는 두 가지로 나누어 보는 저자의 시각을 반영하고 있다.

표 10.1 ● 교육공학 주요 정의의 변천 과정

구 분	초기 정의	1963년	1977년	1994년	2002년
기본적인 시각	교수매체	커뮤니케이션 과정	체제적 문제해결 과정	이론적 학문 분야이자 실제적 전문분야	교수매체, 체제적 교수설계, 수행공학
발표기관 또는 학자	다수의 시각 교육학회 및 교사훈련 기관	미국 교육학회 산하 시청각 교육국(DAVI : AECT의 전신)	미국교육공학회(AECT)		Robert A.Reiser
분야의 명칭	시각교육, 시청각 교육	시청각 커뮤니케이션	교육공학	교육공학, 교수공학	교수설계공학
분야의 목표	교수활동의 보조수단으로서의 매체 활용	효율적인 교수 메시지의 고안과 활용	인간 학습 전반에 관련된 문제해결	교수활동의 효과성과 효율성 추구	학습과 수행 증진
정의에 나타난 주요 개념	학습 경험의 구체화	메시지 디자인	체제적 접근	교육공학의 5개 기본 영역(설계, 개발, 활용, 관리, 평가)	비교수적 처방

2 교육공학의 영역

1) 교육공학의 기본 영역

교육공학을 구성하는 기본 영역은 1994년 AECT의 공식 정의에 나타난 설계, 개발, 활용, 관리, 평가의 다섯 가지다. 교육공학 분야에 종사하는 모든 구성원은 이 다섯 가지 기본 영역에 대한 공통된 이해를 바탕으로 분야를 이루는 개념적 틀과 전문용어를 공유하게 된다. 개인 작업보다는 팀워크를 요구하는 작업이 많으며, 급속한 변화와 발전을 거듭해 나가는 교육공학 분야의 속성상 이러한 기본 영역에 대한 공통된 이해는 구성원 간의 효과적인 커뮤니케이션을 위해 필수적이다.

각 기본 영역은 다시 4개씩의 고유한 하위 영역으로 구성되어 있다. 이들 다섯 가지 기본 영역과 하위 영역들은 서로 독립적으로 존재하는 것이 아니라 상호보완적인 관계를 지닌다(Seels & Richey, 1994). 예를 들어 '설계' 영역 중 '메시지 디자인' 하위 영역에 종사하는 사람이라도 색채, 활자, 구도 등의 시각 디자인 원칙이나 커뮤니케이션 전략 등 메시지 디자인과 직결된 지식만을 적용해서는 효과적인 교수 메시지를 고안해 내기가 어렵다. 효과적인 메시지를 디자인하기 위해서는 자신이 고안하는 메시지가 어떤 학습자를 대상으로(설계 영역-학습자 특성), 어떤 매체를 통해 주로 전달되며(개발 영역, 활용 영역-매체 활용), 고안될 메시지의 내용이나 성격이 그것을 활용할 조직이나 기관에서 잘 받아들여질 만한 것인지(활용 영역-혁신의 보급, 실행과 제도화) 또 전달된 메시지의 효과를 어떻게 측정할 것인지(평가 영역) 등을 미리 고려해야만 한다는 것을 쉽게 알 수 있다.

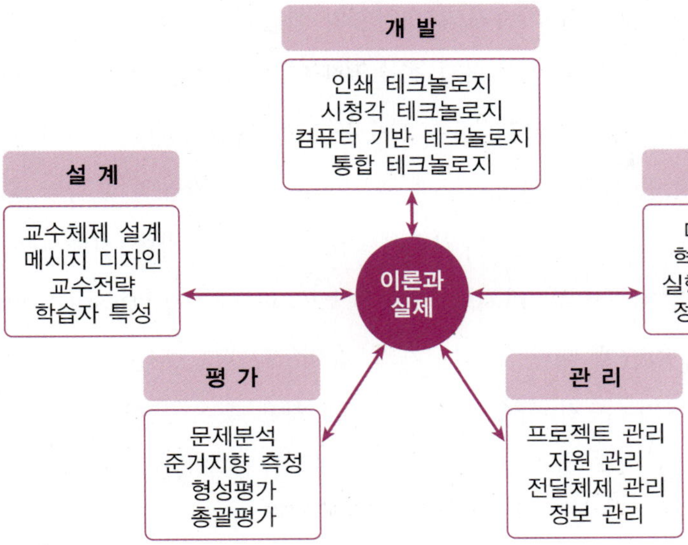

그림 10.1 ● **교육공학의 기본 영역**

(1) 설계(design)

설계는 개발이나 활용 영역과 달리 순수한 '계획' 기능에 초점을 둔다. 미시적 수준에서 이루어지는 설계로는 수업설계, 모듈설계 등이 있으며, 거시적 수준에서 이루어지는 설계로는 프로그램설계, 교육과정설계 등이 있다.

설계 영역의 하위 영역으로는 교수체제설계, 메시지 디자인, 교수 전략, 학습자 특성이 있다. 교수체제설계(instructional systems design: ISD)는 교수-학습활동의 계획을 위해 학습자, 학습환경, 학습목표를 분석하고, 교수 전략을 고안하며, 교수자료를 개발·활용하고, 학습결과를 평가하는 조직된 절차로서 정확성과 일관성을 요구한다(Seels & Richey, 1994). 메시지 디자인(message design)은 송신자와 수신자 사이의 커뮤니케이션이 원활하고 정확하게 이루어질 수 있도록 전달되는 내용이 보다 수신자의 주의를 집중시키고, 인지하기 쉬우며 기억에 오래 남을 수 있게 고안하는 활동을 의미한다. 이때 메시지 전달에 사용될 매체의 특성과 메시지를 통해 학습되어야 하는 학습과제의 특성을 염두에 두어야 효과적인 메시지 디자인이 이루어질 수 있다. 교수 전략

(instructional strategies)은 학습자의 개인차와 학습과제의 특성 그리고 이 둘 사이의 상호작용을 고려하여 주어진 학습목표 달성에 가장 효과적인 전략을 선택하고 계획하는 것을 말한다. 모든 학습자 또는 학습과제에 동일하게 효과적인 교수 전략이란 존재하지 않기 때문에, 교수－학습활동의 효과와 효율을 추구하기 위해서는 주어진 조건에 알맞은 최적의 교수 전략을 선택하는 것이 매우 중요하다. 설계 영역의 마지막 하위 영역인 학습자 특성(learner characteristics)은 크게 학습에 대해 느끼는 가치, 흥미, 자신감, 불안감 등을 포함하는 학습동기와 자기주도적 학습, 초인지 전략 사용 등을 포함하는 학습능력 그리고 사전 경험, 선수 학습 지식 등에 기반을 둔 전문성으로 구분할 수 있다. 이에 대한 정확한 분석을 통해 각 학습자에게 가장 적절한 교수 전략을 처방할 수 있다.

(2) 개발(development)

개발 영역은 설계 영역에서 명세화된 내역을 실제 교수자료의 형태로 만들어내는 것으로 매체 제작에 그 뿌리를 두고 있다. 앞서 설계 영역이 교육공학의 이론적 발전과 가장 밀접한 관련을 지니고 있다면, 개발 영역은 교육공학의 실제적 측면과 가장 긴밀한 관련이 있는 기본 영역이라고 볼 수 있다.

개발 영역의 하위 영역으로는 인쇄 테크놀로지, 시청각 테크놀로지, 컴퓨터 기반 테크놀로지, 통합 테크놀로지가 있다. 인쇄 테크놀로지(print technologies)는 교재, 삽화, 사진 등 주로 글과 정적인 시각자료를 의미한다. 학습자의 입장에서 볼 때 주로 일방적이고 수동적인 형태의 커뮤니케이션이 이루어지는 반면, 실제 어떤 자료를 언제, 얼마나 활용할지에 관한 결정이 많은 부분은 학습자의 의사에 달려 있으므로 학습자 중심의 수업활동이 이루어지게 된다. 이에 비해 영화, 슬라이드, 투시물자료, 라디오, 텔레비전, 비디오 등 시청각자료의 제작을 수반하는 시청각 테크놀로지(audiovisual technologies)는 동적인 시각자료와 추상적인 아이디어의 제시가 가능한 반면, 자료의 활용에 관한 대부분의 결정이 주로 교사에 의해 이루어지는 특징을 보인다. 따라서 교사 중심의 수업활동에서 보다 활발히 사용되며, 학습자와의 상호작용 정도는 매우 낮다.

컴퓨터 기반 테크놀로지(computer-based technologies)는 모든 정보가 디지털 형태로 저장된다는 점에서 다른 테크놀로지와 결정적인 차이를 나타낸다. 컴퓨터 기반 테크놀로지를 수업에 적용한 대표적인 형태로 컴퓨터 기반수업(computer-based instruction: CBI) 또는 컴퓨터 보조학습(computer-assisted instruction: CAI)을 들 수 있다. 이들은 학습할 내용을 전달하는 기능 외에도 습득한 기능의 연습 또는 교육용 게임 등을 통한 지식을 실제 적용해 볼 기회를 제공하기도 하며, 학습자가 필요에 따라 원하는 정보를 손쉽게 찾을 수 있도록 데이터베이스를 제공하거나 학습자를 위한 토론의 장을 제공하기도 한다(Seels & Richey, 1994). 또한 정보의 제시가 언제나 일정한 순서에 의해 이루어지기보다는 교수자나 학습자의 의도에 따라 얼마든지 변화할 수 있는 장점을 지닌다. 학습자와의 상호작용성을 구현할 수 있다는 점도 컴퓨터 기반 테크놀로지의 장점이다. 통합 테크놀로지(integrated technologies)는 음향 시스템, 투사 시스템, CD 또는 DVD 플레이어 등 다양한 멀티미디어 기자재를 컴퓨터와 연결시킴으로써 보다 사실적이고 현실감 있는 내용을 학습자에게 전달해 줄 수 있다.

(3) 활용(utilization)

활용 영역은 매체 활용, 혁신의 보급, 실행과 제도화 그리고 정책과 규제로 나누어진다. 매체 활용(media utilization)은 매체를 수반하는 수업의 계획과 실행뿐 아니라 매체 활용의 사전·사후 활동을 망라하는 개념이다. 매체 활용에 대해서는 후에 ASSURE 모형을 통해 보다 상세히 알아보기로 한다. 혁신의 보급(diffusion of innovations)은 교육공학 분야에서 특별히 중요한 의미를 지니는데, 그 이유는 아무리 효과적이고 효율적인 프로그램이나 절차가 개발된다고 하더라도 이에 대한 홍보와 적극적인 도입 노력을 통한 실제 활용으로 이어지지 않는다면 문제해결책으로서의 가치를 상실하게 되기 때문이다(봉미미, 2003). 또한 체계적인 연구를 통해 혁신적인 프로그램이나 절차의 장점과 효과에 대한 실증적이고 객관적인 증거가 충분히 수집되고 나면, 이를 새로이 채택·도입하거나 조직문화의 일부로 정착시키기도 한다. 이것이 실행과 제도화(implementation and institutionalization)이다. 정책과 규제(policies and regulations)는 활용 시 나타날 수 있는 경제적 또는 윤리적 문제에 대해 적절한 대응책을 마련하는 노력을 가리킨다. 출판물 등의 저작권 보호를 위한 각종 입법 노력은 바로 정책과 규제 하위 영역의 좋은 예가 된다.

(4) 관리(management)

교육공학의 관리 영역은 미디어센터의 경영 및 매체 서비스와 인적 자원의 관리에서 시작되었으며, 교육 프로그램의 조직과 편성, 인사관리, 예산편성 및 재무관리, 시설관리, 기자재 유지 및 보수를 모두 포함한다.

관리 영역의 하위 영역으로는 프로젝트관리, 자원관리, 전달체제관리, 정보관리가 있다. 프로젝트관리(project management)는 교육공학 분야에서 이루어지는 대부분의 업무가 교수설계자, 내용전문가, 시청각자료 및 멀티미디어 제작자, 컴퓨터 프로그래머, 평가전문가, 기타 행정지원 인력의 협업을 기반으로 한 중·단기 프로젝트의 형태로 이루어진다는 점을 고려할 때 매우 중요한 위치를 차지한다. 많은 전문가들은 대규모 프로젝트의 경우 효율적인 프로젝트관리를 위해 위에 언급한 전문 인력과 함께 스케줄, 제작, 예산관리를 전담하는 프로젝트 매니저를 따로 둘 것을 권장한다. 관리 영역 이외에도 인적 자원, 예산, 비품, 시간, 시설, 교수자원을 포함하는 자원관리(resource management)와 사용자와 운영자를 위한 기술적인 지원 및 교수자와 설계자를 위한 가이드라인 제공을 포함한다. 특히 원격수업의 원활한 진행을 위해 필수적인 전달체제관리(delivery system management) 그리고 정보의 접근성과 활용 용이성을 목표로 하는 정보관리(information management)의 하위 영역을 수반한다.

(5) 평가(evaluation)

평가란 교수-학습의 적절성을 결정하는 과정을 의미한다. 평가 영역의 하위 영역으로는 문제분석, 준거지향측정, 형성평가, 총괄평가가 있다. 문제분석(problem analysis)은 문제 도출의 선수 단계로 현 상황과 이상적 상황 간의 괴리를 분석하는 요구분석(needs assessment), 도출된 문제가 교수적 혹은 비교수적 처방을 필요로 하는지에 관한 판별, 문제해결에 활용할 수 있는 자원과 한계점의 명세화, 목표 수립과 해결의 우선순위 결정 등의 분석활동을 모두 포함한다. 준거지향측정(criterion-referenced measurement)은 미리 수립된 학습목표를 준거로 삼아 교수-학습의 효과성과 성취도 수준을 가늠하는 것을 의미하며, 개인 학습자가 각 학습목표를 어느 정도 성취했는지에 관한 절대적인 정보를 제공해 준다. 학습목표 대비 성취도를 평가하므로 다른 학습자의 성취도에 의해 많은 영향을 받는 규준지향측정(norm-referenced measurement) 또는 상대평가에 비해 교사와 교수설계자에게 보다 유용한 정보를 제공해 줄 수 있다.

형성평가(formative evaluation)는 체계적 교수설계 과정에서 필수불가결한 단계로서(Dick & Carey, 1996), 현재 개발 중인 교수자료의 질을 향상시키기 위한 목적으로 일대일 관찰, 소집단 인터뷰, 대집단 시험 실시(field trials) 등을 통해 정보를 수집하는 활동을 의미한다. 총괄평가(summative evaluation)는 개발이 마무리된 교수-학습프로그램 또는 교수-학습자료가 실행된 후, 이들이 과연 초기의 목표를 달성했는지 그 효과를 가늠하기 위하여 실시하는 평가를 의미한다. 총괄평가는 형성평가에 비해 보다 체계적이고 형식적인 절차와 방법에 의해 이루어지며, 평가 결과에 따라 특정 교수-학습자료가 새로 채택되거나 지속적으로 유지되기도 한다.

표 10.2 ● 교육공학의 영역

영 역	의 미	하위 영역
설계	• 교육심리학과 체제이론의 적용, 순수하게 계획하는 일 • 교육공학 이론 발전에 기여함	• 교수체제설계, 메시지 디자인, 교수전략, 학습자 특성
개발	• 실제 교수자료의 형태로 제작 • 공학과 기술발전에 좌우	• 인쇄공학, 시청각공학, 컴퓨터 기반 공학, 통합공학
활용	• 학습자들에게 구체적인 학습 경험을 제공	• 매체의 활용, 혁신의 보급(혁신 확산), 실행과 제도화, 정책과 규제
관리	• 경영학과 행정학적 지식을 적용 • 시설 및 기자재관리	• 프로젝트관리, 자원관리, 전달체제관리, 정보관리
평가	• 교수－학습의 적절성을 결정하는 과정	• 문제분석, 준거지향평가, 형성평가, 총괄평가

3 교수매체

1) 교수매체의 이해

(1) 교수매체의 개념

교육공학은 교수매체의 활용으로부터 시작되었다. 초기에 교수매체는 교육에서 활용되는 하드웨어라는 인식이 지배적이었다. 어원적으로 보면 교수매체는 '사이(between)'를 의미하는 'medius'라는 말에서 유래하였다. 메시지를 전달하고 받는 과정에서 사용되는 수단이 곧 매체라고 볼 수 있다. 따라서 교수매체는 교수－학습의 과정에서 교수자와 학습자, 학습자와 학습자 간의 의사소통을 위해 사용되는 매개수단으로 정의할 수 있다. 협의의 교수매체 개념은 학습시 내용을 구체화하거나 보충하여 학습자가 명확히 이해할 수 있도록 도와주기 위하여 사용되는 모든 기계나 자료, 시청각적 또는 언어적 정보를 전달하는 데 사용되는 시청각 교재, TV, 영사기, 라디오, VTR, 컴퓨터 등의 하드웨어와 필름, MP3, 컴퓨터 프로그램 등의 소프트웨어를 포함한다. 광의의 개념에서는 보조자료의 의미를 넘어서, 교수-학습과정에서 교사와 학습자 사이에 교수목표 달성을 위해 사용되는 어떠한 수단도 다 교수매체가 될 수 있는 것으로 본다. 인적자원, 학습내용, 학습환경, 시설, 시청각 기자재 등을 포함한 종합적이고 포괄적인 개념으로 매체를 활용하는 방법 내지 환경까지를 고려하여 정의할 수 있다.

2) 교수매체의 종류

표 10.3 ● **교수매체의 종류**

구 분		교수매체의 종류
정보 형태에 따른 분류	비투사자료	모형, 실물, 칠판, 그림, 전시판, 시범
	시각매체	슬라이드, 프로젝터, OHP
	청각매체	라디오, 녹음기, 테이프, CD, MP3 등의 녹음 교재물
	시청각매체	VTR, DVD, TV테이프, 필름
	상호작용매체	컴퓨터보조수업(CAI), 상호작용 비디오, 멀티미디어, 쌍방향 TV
데이터 속성에 따른 분류	아날로그매체	TV, 라디오, 슬라이드, 녹음기
	디지털매체	컴퓨터, 디지털 카메라, 디지털 비디오, 디지털 TV, DVD, 인터넷

출처 김운삼·구서연·심성희·이길동·이은희·이치균·장석경 (2017). p.16

(1) 실물자료

실물은 구하기 쉽고 가장 효과적인 학습자료이고 동기유발에도 효과적이다. 인쇄자료는 교재, 소설, 비소설, 참고서, 전단지, 소책자, 학습지 등 종이에 인쇄된 것을 의미하며, 가장 흔하게 사용되는 매체이다.

다양한 유형의 전시장치들도 자료를 게시하는 데 효과적이다. 천으로 표면을 처리하여 시각자료의 탈부착이 자유로운 융판, 자석을 사용하여 시각자료를 부착할 수 있는 자석칠판 그리고 나무막대 사이에 종이를 끼워 만든 궤도가 있다.

(2) 시각자료

시각자료는 시각에만 의존하는 자료로 비투사자료와 투사자료가 있다. OHP는 투사자료의 대표적인 형태로 가장 일반적으로 활용되고 있으며, 최근에는 컴퓨터와 LCD를 활용하여 화면을 제시하는 방법이 이를 대체하고 있다. 그리고 슬라이드도 오랫동안 사용된 투사자료이다.

(3) 청각자료

청각자료는 오디오테이프가 대표적이었다. 최근에는 CD-ROM 형태로 제공되고 있으며, 특히 MPEG3을 활용하여 컴퓨터를 통해 제시되는 방법도 증가하고 있다.

(4) 비디오

비디오디스크는 레이저를 사용하여 저장된 비디오 정보를 화면에 제시하는데, 비디오테이프에 비해 화질이 훨씬 좋은 화면을 제공한다. 최근 컴퓨터공학의 발달과 함께 비디오 정보의 저장과 제시는 더욱 향상되었다. DVD(Digital Video Disc)는 비디오 정보를 디지털 형태로 저장할 뿐만 아니라 복사 및 재생이 매우 자유롭다. DVD는 임의로 필요한 부분을 즉시 볼 수 있고, 시간이 지나도 저장된 정보가 훼손되지 않으며, 우수한 음질도 제공한다. 최근에는 인터넷을 통해 비디오를 제공하는 스트리밍(Streaming) 기술도 활용되고 있다.

3) 교수매체의 기능

교수매체가 그 목적을 다하기 위한 교육적 기능을 표로 설명하면 다음과 같다.

표 10.4 ● 교수매체의 교육적 기능

구 분	기 능
매개적 보조 기능	• 매체의 가장 일반적인 기능 • 교수-학습과정에서 매체를 보조수단으로 사용하는 기능 • 주의집중, 동기유발의 기능
정보전달 기능	• 교수매체의 본질적 기능 • 매체 사용을 통해 필요한 정보를 신속, 정확하게 대량으로 전달할 수 있는 기능
학습경험 구성 기능	• 매체 그 자체가 학습 경험을 구성하는 기능 • 기술, 기능 습득 교육의 경우 피아노, 사진기, 컴퓨터 등 기기 그 자체가 학습내용인 동시에 경험을 구성하는 기능을 지님
교수 기능	• 학습의 지적 기능(지각, 인지, 표현능력 등)을 계발시키는 기능 • 매체는 주의 집중할 수 있도록 동기유발을 하고, 학습을 촉진시켜 지적 활동을 원활하게 하며, 지각·인지·표현능력에 영향을 줌

수업에 적절한 매체를 선정하기 위해서는, 첫째, 학습자의 성공적인 목표달성을 위해 각각의 학생의 특성을 고려할 수 있어야 한다. 학습자의 특성에는 연령, 지적 발달수준, 흥미, 적성 등이 있는데 연령이 낮은 학습자에게는 그림 등의 매체를, 연령이 높은 학습자에게는 표를 활용하여 정보를 제공한다. 둘째, 교수매체를 선정할 때에는 학습자에게 주어진 학습과제가 어떠한 것인지 고려한다. 셋째, 실제 수업이 이루어질 환경에서 매체 선정이 가능한지 여부가 고려되어야 한다.

건전한 열등감이란 타인과 비교해서 생기는 것이 아니라,
'이상적인 나'와 비교해서 생기는 것이라네.'
〈미움받을 용기〉 중에서

Check! Check!

01 교육공학의 기본 영역 5가지를 설명하시오.

02 교수매체의 개념에 대해 설명하시오.

03 교수매체의 종류와 학교에서의 활용방안에 대해 서술하시오.

Chapter 11
교육행정

교육목표

- 교육행정의 의미를 이해하고, 정의할 수 있다.
- 교육행정의 각 영역이 학교에서 어떻게 운영되는지 이해한다.

1 교육행정의 의미

1) 교육행정의 정의

교육행정에 대한 정의는 학자에 따라서 달리 정의될 수 있으나 대체적으로 교육행정에 관한 여러 학자의 정의를 종합하여 분류·정리해 보면 다음과 같이 다섯 가지 입장으로 나누어 볼 수 있다(윤정일 외, 1995).

(1) 조건정비론

교육행정을 교육목표의 효율적 달성을 위해 필요한 인적·물적 제 조건을 정비 확립하는 수단적·봉사적 활동이라고 보는 견해이다. 민주교육행정을 설명하는 데 많이 이용되는 정의이다. 이 견해의 대표적인 학자는 멀먼(Moehlman)이다. 멀먼은 교육행정의 과정은 교수(teaching)에 의해서 발생되므로 행정의 조직과 과정은 이 목적을 달성하기 위한 수단이라고 보았다. 즉, 행정은 근본적으로 교육의 기본목표를 보다 능률적으로 달성하기 위한 일련의 봉사활동이며 작용인 것이다.

(2) 행정과정론

교육행정을 일반 행정과 차별화하는 관점을 버리고 행정 그 자체로서 과학적인 연구주제가 될 수 있다는 점을 강조한 것이다(Hatpin, 1970). 행정가의 일반적 기능이 무엇이며, 행정은 어떠한 순환적 경로를 밟아 이루어지고 있는가에 초점을 둔 정의이다. 행정과정이란 계획수립에서부터 실천, 평가에 이르는 행정의 전체 경로를 말함과 동시에 이 경로 속에서 이루어지는 행정작용의 제 구성 요소를 의미한다.

행정과정은 파욜(Fayol)이 1916년에 다섯 가지 요소로 분석을 제시한 이후 많은 학자들에 의해서 여러 가지 요소로 분석되어 왔다(1949). 특히 귤릭(Gulick)은 그의 저서 『Papers on the Science of Management』에서 최고 집행자가 해야 할 일이 무엇인가에 대한 해답으로 POSDCORB라는 합성어를 고안하여 행정과정을 7개 요소로 정리하였다(1937: 13; Campbell et al., 1957: 217). 7개 요소란 기획(planning), 조직(organizing), 인사(staffing), 지휘(directing), 조정(coordinating), 보고(reporting), 예산편성(budgeting)을 말한다.

(3) 사회과정론

교육행정을 하나의 사회적 과정으로 보는 입장인데, 대표적인 학자는 겟젤스(Getzels)이다. 그는 1958년 『사회과정으로의 행정』이란 논문을 발표하였다. 그는 행정을 사회과정으로 보았으며, 행정이 이루어지는 배경을 사회체제라고 하였다. 겟젤스에 의하면 모든 사회체제는 두 종류의 현상으로 조성되어 있다는 것이다. 첫째 현상은 체제의 목표달성을 목표로 하는 기대, 역할 등으로 구성되는 기관이며, 둘째 현상은 개인인데, 모든 개인은 인성과 욕구성향을 가지고 있으며, 그러한 것들이 상호작용에 의하여 사회적 행동이 나타나게 된다. 즉, 개인의 사회적 행동(behavior)은 역할(role)과 인성(personality)의 함수관계로 발생한다고 하여 B=f(R · P)로 표시하였다.

(4) 협동행위론

행정을 합리성을 토대로 한 집단적 협동행위로 보는 견해로서 주로 행정행위에 초점을 두며, 그 가운데서도 의사결정의 과정에 역점을 두는 학자들의 광범위한 견해를 반영하고 있다(김종철, 1985: 31). 왈도(Waldo, 1967)는 행정이란 고도의 합리성을 지닌 집단적인 협동행위라고 규정하고, 협동행위란 혼자서는 움직일 수 없는 돌을 두 사람이 굴리는 행위를 말하며, 합리성이란 최소의 비용으로 최대의 목적을 성취하는 것이라고 정의하였다(윤정일 외, 1982: 12).

(5) 분류체계론

분류체계론은 교육행정을 일반 행정의 한 영역으로서 '교육에 관한 행정'이라고 보는 입장이다. 즉, 국가 통치권 작용 가운데서 입법·사법을 제외한 행정작용을 내무·외무·군무·법무·재무 등으로 구분하고, 내무 행정을 다시 보육 행정과 경찰 행정으로 나누어, 전자인 보육 행정 속에 '교육에 관한 행정'인 교육행정을 포함시키는 것이다. 이러한 정의는 행정개념을 국가가 정한 법규나 중앙부서의 지시에 따르는 국가의 통치권 작용이라고 보는 법학적 개념을 지지한 것으로 법규해석적 또는 교육행정 영역 구분론이라고도 한다.

이상에서 살펴본 교육행정에 관한 여러 가지 정의를 정리해 보면, 교육행정이란 학교활동의 핵심이 되는 교수-학습활동을 지원하기 위한 봉사적 활동으로서 교육의 전문성과 특수성을 고려함과 동시에 행정에서 요구되는 효율성과 능률성을 극대화할 수 있는 방법을 강구하여, 이것을 교육행위에 적응시키기 위한 활동행위이다. 그렇기 때문에 교육행정은 행정을 사회적, 공공적, 조직적 활동으로 보고 교육을 대상으로 하여 교육목표의 설정과 달성을 위한 인적·물적 기타 지원 조건의 정비확립, 목표달성을 위한 계획과 결정, 집행과 지도, 통제와 평가 등을 포함하는 일련의 봉사활동이다. 또한 교육조직체내에서 집단적 협동행위를 위하여 효과적으로 지원하는 것을 본질로 하는 작용이라고 할 수 있다.

2) 교육행정의 성격

교육행정의 성격은 공동의 목표를 달성하기 위한 합리적인 협동행위라는 점에서 일반 행정과 맥을 같이하지만, 교육행정 고유의 독자성 내지 특수성을 찾아볼 수 있다. 교육행정의 성격은 학자들의 견해에 따라서 차이가 있지만 종합해 보면 다음과 같다(윤정일 외, 1995).

(1) 봉사적 성격

교육행정은 교육목적을 달성하기 위하여 필요한 인적·물적 제 조건을 정비, 확립하는 봉사활동으로서 조장적·봉사적 성격을 지니고 있다. 미국의 경우 교육행정은 지원적·조성적·봉사적 성격을 강하게 띠면서 발전해 왔는데, 이것은 교육의 성격이 본래 조성적·봉사적이기 때문이다(이형행, 1994: 24).

(2) 정치적 성격

교육행정가는 교육문제를 예견하고 이에 대한 대책을 강구하며, 교육발전을 위한 장·단기계획을 수립·실천하기 위하여 탁월한 행정적 수완과 예민한 정치적 예견, 지성을 필요로 한다. 그래서 교육행정은 정치적 성격을 띠고 있다. 정치적 중립성을 논하면서 우리는 흔히 교육은 정치로부터 분리·독립되어야 한다고 주장하지만 여기서 말하는 정치는 정당이라는 사실을 알아야 할 것이다.

(3) 민주적 성격

자유민주주의 국가에서는 교육행정의 민주적 성격이 필연적으로 요구된다. 최근에 정치·경제·사회 등 여러 분야에 있어서 민주화·자율화에 대한 요구가 증대됨에 따라 교육에서도 민주화와 자율화에 대한 요구가 어느 때보다도 강하게 표출되고 있다. 교육행정에서 민주화 되어야 할 대상은 교육행정조직, 학생행정, 교육과정 및 교과서에 대한 행정, 교육시설 및 교직원 관리에 관한 것, 사회교육행정, 교육재정 등 여러 가지가 있으나, 그중에서도 가장 핵심적인 것은 조직·인사·내용·운용의 네 가지라고 하겠다.

(4) 미래지향적 · 장기적 성격

교육은 미래지향적 · 장기적 활동이므로 교육행정도 지향하는 목표가 장기적이라는 것이다. 장기적이라는 특성 때문에 어떤 학자들은 교육행정의 특성으로 비긴급성을 들기도 한다. 장기성이라고 표현하면 지속적으로 투자해야 할 대상으로 이해하게 되지만, 비긴급성이라고 하게 되면 투자를 잠시 중단하고 소홀히 해도 될 것이라는 오해를 유발하게 되므로 장기성을 비긴급성으로 대치해서는 안 될 것이다.

(5) 전문적 성격

각 부문의 행정에 있어서 고도의 전문성과 특수성이 요청되고 있다. 특히 교육은 그 자체가 전문적인 성격을 가지고 있기 때문에 교육행정도 예외가 될 수 없다. 따라서 교육행정은 전문성을 전제로 하기 때문에 일반 행정과는 달리 전문적인 교육을 받은 전문가에 의해 수행되어야 한다.

2 교육행정의 원리

교육행정학자들은 교육행정의 수행에서 중시해야 할 여러 가지 원리를 제시하고 있다. 민주성, 효율성, 합법성과 같이 일반 행정에서도 공통적으로 중시되는 원리가 있는가 하면, 교육 부문의 특수성을 반영하여 자주 · 자율성, 안정성, 타당성 등의 원리를 제안하기도 한다.

특히 우리나라 교육행정의 현실에 초점을 맞추어 다음의 여섯 가지 원리가 제시되고 있다. 그중 민주성, 효율성, 합법성 등은 일반 행정과 공통적인 원리이지만, 자율성, 기회균등, 적도집권 등은 교육 부문에서 두드러지는 원리라고 할 수 있다(김종철, 1978; 이형행, 고전, 2001).

1) 민주성의 원리

관련 집단의 이질성과 그에 따른 조정의 곤란성이 있는 만큼 다양한 배경을 가진 구성원들의 의사를 최대한 반영하도록 노력하여야 한다는 원리이다. 교육행정의 수행과정에서 각종 위원회, 심의회, 협의회 등을 두는 이유이다.

2) 효율성의 원리

효율성은 투입량을 고려하지 않고 목표달성 수준을 따지는 효과성(effectiveness)과 단위 투입량에 따른 효과성을 의미하는 능률성(efficiency)이 복합된 개념이다. 목표달성 정도와 함께 최소의 노력과 비용으로 목표를 달성하는 문제를 항상 염두에 두어야 한다.

3) 합법성의 원리

헌법, 교육법, 교육공무원법, 사립학교법, 대통령령, 교육부령, 훈령, 조례, 규정 등 교육에 관한 각종 법규에 맞게 운영되어야 한다는 원리이다.

4) 자주성 · 자율성의 원리

일반 행정으로부터 분리 · 독립되고 정치적 정당, 당파로부터 자유로운 상태에서 자주적, 자율적으로 운영되어야 한다는 원리이다.

5) 기회 균등의 원리

헌법 제31조 1항의 "모든 국민은 능력에 따라 균등하게 교육을 받을 권리를 가진다"를 포함하여 교육기본법 등은 국민의 권리로서 능력에 따른 교육기회의 균등을 명시하고 있다. 의무교육에서는 능력에 따른 교육기회의 차이를 인정하지 않지만, 그 밖의 단계에서는 기회균등이되 능력에 따른 차이를 인정한다. 형편이 어려운 학생이라도 능력이 있으면 장학금을 지급하여 추가적인 교육기회를 갖도록 하거나, 특수교육, 영재교육이 제공되는 것도 이 원리에 따른 것이다.

6) 권한의 적정집중 원리

적도집권(適度集權)의 원리라고도 하는데 특정 조직, 집단, 개인에게 권한이 집중되지 않고 집권과 분권이 적절하게 균형을 이루어야 함을 말한다. 우리나라에서는 오랫동안 교육행정에서 중앙집권의 경향이 지나치게 강한 특징을 가지고 있었으나, 1990년대에 들어 실질적인 교육자치제도가 시행되면서 지방으로의 분권은 상당 수준 개선되었다. 중앙과 지방 사이의 적정한 권한 배분을 지속적으로 다듬어가는 것이 필요할 뿐만 아니라, 교육청과 단위학교 간에, 또 단위학교 내에서도 구성원 간에 권한의 배분이 균형적으로 이루어지도록 함으로써 이 원리를 구현할 수 있다.

3 교육행정의 영역

1) 교육인사관리

(1) 인사관리의 개념

교육인사관리는 교육행정의 여러 영역 가운데 가장 핵심적인 요소인 인적 요소를 지원하고 관리하는 행위라고 할 수 있다. 이것은 교육행정과 교육경영에서 인사관리가 가장 큰 비중을 차지함을 뜻한다. 어떤 조직이나 기관이든지 그 속에서 근무하는 구성원들을 훌륭하게 지원·관리하는 것이 조직의 목적을 효율적으로 달성하는 관건이 된다. 구성원을 훌륭하게 관리한다는 말은 구성원으로 하여금 조직에 최대로 공헌하여 조직목적을 달성하면서 개인의 욕구도 충족하여 최대의 만족을 얻도록 지원하고 도와주는 활동을 의미한다. 서정화(1989)에 따르면 인사관리와 같은 개념인 '인사행정'이란 유능한 인적자원을 확보하고 그들의 능력을 개발하며 최선을 다할 수 있는 제반 여건을 조성하는 과정이며, 교육인사행정이란 교육활동의 주체가 되는 교원과 이들이 교육활동에 전념할 수 있도록 도와주고, 제반 행정활동을 수행할 수 있는 유능한 교육전문직과 일반직을 확보하고, 그들의 자질을 향상시키며 근무의욕을 높여주는 일련의 행정 지원 활동이다.

(2) 교육인사관리의 원리

교육인사관리의 원리란 교육인사관리를 하는 과정에서 일반적으로 따라야 할 지침이자 준거라고 할 수 있다. 서정화(1989)는 다음과 같이 교육 인사관리의 원칙을 제시하고 있다. 첫째, 전문성이 확립되어야 한다. 교직은 전문직이고 교직종사자인 교사는 교육전문가이어야 한다. 따라 교원의 승진, 자격, 전보, 전직 등 모든 임용체계에 있어서 전문성의 확립이 요구된다. 둘째, 실적주의와 연공서열주의가 적절히 배합되어야 한다. 실적주의(merit system)는 구성원의 직무수행능력과 수용태세 등을 강조하는 입장이고, 연공서열주의(seniority system)는 근무연수, 경력, 연령, 학력 등의 기준을 강조하는 입장이다. 이 둘은 직종과 직급에 따라 적절히 절충되고 배합되는 것이 바람직하다. 셋째, 공정성을 유지하여야 한다. 인사관리에 이어서 학교급별, 공·사립별, 지역별 등을 이유로 차별을 두어서는 안 되고, 누구에게나 능력에 따라 동등한 기회가 부여되어야 한다. 넷째, 적재적소에 배치되어야 한다. 인사관리는 유능한 인력을 확보하고 그들이 직무를 능력껏 수행하도록 적소에 배치하여야 한다. 인력의 효율적인 배치와 활용은 조직의 생산성 향상과 구성원의 직무만족과 사기 앙양에 직결된다. 다섯째, 수급이 적정해야 한다. 교원의 수요와 공급이 적절해야 우수한 교원을 제때 필요한 수만큼 확보할 수 있다.

(3) 교육인사관리의 범위와 영역

교육인사관리의 영역과 범위는 교직에 종사하기를 원하는 인력을 선발하는 일에서부터 퇴직에 이르기까지 교원관리의 전체 과정을 포괄하고 있다. 구체적으로 교육인사관리 영역에는 교원의 신분과 자격, 수요와 공급, 양성과 연수, 선발과 임용, 근무평정과 승진, 전보와 전직, 보수와 복지 및 후생, 복무와 근무부담, 신분보장과 징계, 퇴직제도, 사기, 인간관계, 교직단체, 윤리강령 등 광범위하게 포함된다.

(4) 공무원 · 교육 직원 · 교육 공무원의 분류

공무원이란 정부기관에서 장기간 근무하며 노동의 대가로서 보수, 신분보장, 연금 등을 받는 사람이다. 공무원은 경력직과 특수경력직으로 대별된다. 경력직은 다시 일반직, 특정직, 기능직으로 구분되고, 특수경력직은 정무직, 별정직, 전문직, 고용직으로 나누어진다. 교직원이란 각급학교에서 근무하는 교원은 물론 일반 사무직원 및 교육 전문직원을 총칭하는 말이다. 교직원은 다시 광의와 협의로 구분된다. 광의의 교직원은 교육행정직, 기술직, 기능직, 별정직, 사립학교 교원도 포함한다. 그러나 협의의 교직원은 국·공립의 교직원을 말한다. 국·공립 교직원에는 교육 공무원, 일반직 공무원, 기타 비서관, 비서, 고용직이 있다. 교육 공무원은 경력직 중 특정직에 속하며 국·공립 교육 직원에 속한다. 교육 공무원은 다시 교원과 교육 전문직으로 구분된다. 교원직에는 초·중등학교의 교장, 교감, 교사, 대학의 총장, 부총장, 학장, 교수, 부교수, 조교수, 전임강사, 조교, 유치원의 원장, 원감, 교사가 있다. 교육 전문직에는 장학관, 장학사, 교육 연구관, 교육 연구사가 포함된다. 교육 공무원으로 분류되는 교원과 교육 전문직은 서로 다른 직렬(series)이다. 직렬이란 직무의 종류가 유사하나, 책임과 곤란성의 정도가 다른 직급(class)의 군(群)을 말한다. 직급이란 직무의 종류, 곤란성과 책임도가 유사한 직위(position)의 군을 말한다. 직위란 1인의 공무원에게 부여할 수 있는 직무와 책임이다.

2) 교육재정관리

(1) 교육재정의 개념

윤정일(2004)은 교육재정이란 '국가 및 공공단체가 교육욕구를 충족하기 위하여 필요한 수단을 조달하고 관리 · 사용하는 경제활동'이라고 정의하고 있다. 즉, 교육재정이란 국가 · 사회의 공익사업인 교육활동을 지원하기 위하여 국가나 공공단체가 필요한 재원을 확보 · 배분 · 지출 · 평가하는 일련의 경제활동이라고 규정하고 있다. 이 정의에 따르면, 교육재정의 주체는 국가나 공공단체이며, 그 본질은 교육목적을 달성하기 위한 인적 · 물적 조건을 지원하는 데 필요한 경비를 조달, 배분, 관리하는 수단적 성격의 활동이라 할 수 있다.

(2) 교육재정의 재원

우리나라의 경우 교육재원은 거의 대부분 중앙정부인 교육과학기술부에 의존하고 있으며, 이 재원은 주로 배분의 형태로 정부에서 학교단위까지 전달된다. 정부의 수입은 지방교육재정교부금, 지방교육양여금, 국고보조금으로 구성되어 있다. 지방교육자치단체인 시 · 도교육청의 수입은 정부로 배분된 국가부담수입, 지방자치단체수입, 교육청 자체 수입으로 구성되어 있다. 지방자치단체로부터 받는 수입은 비(非)의무교원 봉급전입금, 지방교육세, 시 · 도세 및 비법정전입금, 기타 지원금 등이 있다. 학교단위 수입은 시 · 도교육비 특별회계의 재원, 시 · 군 · 구로부터 보조되는 교육경비, 학부모로부터 받는 납입금, 학교운영지원비, 학교발전기금, 수익자부담경비, 사립학교의 법인 전입금 등으로 구성된다.

(3) 교육재정의 배분

교육재정의 배분은 교육에 대한 지출경비의 성격을 가진다. 교육에 대한 지출경비는 교육목적과 연관성, 운영형태 및 부담의 원천에 따라서 구분된다. 교육목적과 관련성에 기준을 두면, 직접교육비와 간접교육비로 나누어진다. 직접교육비는 교육목적을 달성하기 위하여 직접적으로 투입되는 경비로서 공교육비와 사교육비가 포함된다. 공교육비에는 교육활동을 위하여 국가와 지방자치단체 및 각급 학교법인이 지출하는 모든 비용과 학생 납입금이 포함된다. 사교육비는 교재 및 부교재 대금, 학용품비, 교통비 등 자녀교육을 위하여 학부모가 부담하는 모든 비용을 말한다. 간접교육비에는 교육기간 동안 취업하지 못하여 잃는 소득과 비영리교육기관이 누리는 면세의 가치를 말하는 교육기회경비가 있다. 간접교육비는 다시 국가와 지방자치단체 및 학교법인이 부담하는 공부담교육비와 입학금, 수업료, 육성회비, 학생활동비, 교재대, 유실소득 등을 포함하는 사부담교육비로 나누어진다.

(4) 단위학교의 재정관리

최근 교육행정의 권한이 중앙에서 지방으로, 지방에서 단위학교로 이양되거나 위임되고 있는 경향이 있다. 학교경영 또는 학교행정도 단위학교 책임경영을 중요시하고 이에 따라서 단위학교의 교육과정 운영, 인사관리, 재정관리가 중요하게 다루어지고 있다. 특히 학교재정관리에 있어서 단위학교 재정의 독자성과 자율성이 상당히 주어지는 학교회계제도가 시행되고 있다. 학교회계제도의 특징은 단위학교의 예산편성과 집행에 있어서 단위학교별로 학교실정에 맞게 우선순위를 두어 자율적으로 예산운영을 하고, 그 결과에 대하여 책임을 지도록 하는 것이다.

학교회계제도에 따른 학교회계의 수입은 다음과 같다.

❶ 국가의 일반회계 또는 지방자치단체의 교육비특별회계로부터의 전입금

❷ 학교운영 지원비

❸ 학교발전 기금으로부터의 전입금

❹ 수업료와 기타 납부금 및 학교운영 지원비 외 학교운영위원회의 심의를 거쳐서 학부모가 부담하는 경비, 국가 또는 지방자치단체의 보조금 및 지원금, 사용료 및 수수료, 이월금, 기타수입(예금이자, 실습물 매각대금, 불용물품 매각대금) 등이다. 학교회계의 세출은 학교운영, 학교시설 등을 위하여 필요한 일체의 경비가 된다.

학교회계의 회계연도는 매년 3월 1일에 시작하여 다음해 2월 말일에 종료된다. 학교장은 회계연도마다 학교회계 세입, 세출, 예산안을 편성하여 회계연도 개시 30일 전까지 학교운영위원회에 제출하여야 한다. 학교운영위원회는 예산안을 회계연도 개시 5일 전까지 심의하여야 한다. 학교장은 회계연도마다 결산서를 작성하여 회계연도 종료 후 2개월 이내에 학교운영위원회에 제출하여야 한다.

학교회계제도의 특징은, 첫째, 예산배부 방식은 일상경비와 도급경비의 구분이 표준교육비를 기준으로 총액 배부하는 방식을 취하고 있다. 둘째, 예산배부 시기는 학교회계연도 개시 전으로 일괄 배부한다. 셋째, 세출예산안 편성은 세입재원에 따르거나, 사용 목적에 따르지 않고 학교 실정에 따라 자율적으로 편성한다. 그러나 보조금 및 수익자 부담경비는 제외한다. 넷째, 학교시설 사용료·수수료 등의 수입은 국고 및 교육비 특별회계금고로 납입하지 않고, 학교자체 수입으로 처리한다. 다섯째, 회계장부 관리는 경비의 종류별이나 자금별로 별도 회계장부로 관리하지 않고 통합장부를 사용한다. 여섯째, 일상경비의 경우 집행 후 잔액발생 시 모두 반납하지 않고 자동으로 이월한다.

3) 교육시설관리

(1) 교육시설의 개념

교육시설이란 교육의 목적을 효과적·효율적으로 달성하기 위하여 설치된 학교의 물리적 환경을 말한다. 따라서 교육시설은 교육목적에 따라 학교의 교육적 기능을 효율적으로 달성하도록 구비되어 있어야 한다. 그래서 교육시설은 교육활동의 성격에 따라 설계되고, 건축되고, 유지되고, 관리되어야 한다.

(2) 교육시설의 요건

교육시설은 교육의 목적을 효율적으로 달성하기 위한 물적 조건이므로 학교시설은 학교 구성원들의 학습기능을 충족시키면서 동시에 생활기능도 충족시키도록 갖추어져야 한다. 학습기능을 지원하는 교육시설은 그 규모가 소규모에서 대규모, 기능에 따라서 보통교실에서 특별교실 등 다양하여야 한다. 또한 학교구성원들의 생활의 장으로서의 기능을 수행하기 위한 시설도 필수적이다.

이러한 다양한 형태의 학교 교육시설은 일반적으로 다음의 몇 가지 공통적인 요건이 고려되어야 한다.

❶ 학교시설은 새로운 교육과정이나 교육방법을 수용할 수 있도록 기능적이어야 한다.

❷ 학교시설 및 설비는 학습의 개별화와 다양화에 따라 융통성 있는 교수공간이 요구된다.

❸ 학교시설을 위한 지원은 투자 단계에서부터 장래성을 고려하여야 한다.

❹ 학교시설은 학생들의 정서 발달을 고려하여 심미적으로 구성되어야 한다.

❺ 학교시설은 지역사회 센터의 역할도 할 수 있도록 지역 특성이 고려되어야 한다.

❻ 학교시설은 이용자가 편안하고 안락하게 이용할 수 있도록 설계되고 배치되어야 한다.

❼ 학교시설은 신축 단계에서 건축비용이 절약되고, 완공 후에는 유지·관리비를 절약할 수 있어야 한다.

❽ 학교시설은 각종 안전사고, 화재, 공해로부터 보호받을 수 있도록 안전성이 고려되어야 한다.

❾ 학교시설은 시대의 흐름에 맞추어 항상 새롭게 변모시켜 첨단화해야 한다.

❿ 학교시설은 전체가 학습의 장이 될 수 있도록 창의적으로 관리해야 한다.

⓫ 학교시설은 교육시설과 관련되는 제반 법령사항의 기준에 맞아야 한다.

(3) 교육시설의 종류

학교시설은 '학교시설·설비기준령'에 따라서 다음과 같은 종류가 있다.

❶ 교지

교사용 대지, 옥외 체육장, 실습지(실과교과를 위한 실습지, 양어장, 농업실습지)가 있다.

❷ 교사

교수·학습활동에 직·간접으로 필요하고 보건 위생에 적합한 시설로서 보통교실, 특별교실(과학실, 음악실, 미술실), 시청각실, 도서실, 상담실, 관리실(교장실, 교무실, 서무실, 숙직실, 창고), 보건위생실(양호실, 화장실, 휴게실, 탈의실, 샤워실), 실험실습실(부속사 및 농업실습실, 공업실습실, 상업실습실, 수산실습실, 가사실, 재봉실) 등이 있다.

❸ 전기시설

❹ 급수시설

수질검사의 결과 위생상 무해하다고 판명된 것이어야 하며, 온수를 공급할 수 있는 시설을 갖추어야 한다.

❺ 소방시설

❻ 권장시설

강당, 체육관, 수영장, 기숙사, 급식시설, 교원사택, 온실, 어학실습실, 생활지도관, 학습자료실, 온수공급실 등이 있다.

❼ 기타 시설

회의실, 교과협의실, 강사실, 학부모접견실, 교직원식당, 담장 및 출입문 등의 공작물, 체육 및 놀이기구 등이 있다.

(4) 학교시설 및 설비의 관리

학교시설은 학생과 교원의 교수·학습과 건강관리, 지역사회 구성원들의 이용을 위하여 쾌적하고 안전하게 관리되어야 한다. 최근 학교의 각종 시설 및 설비가 고급화되고 첨단화됨에 따라 이들을 효율적으로 활용할 수 있게 하기 위하여 올바른 관리가 필요하다. 또한 학교시설이 지역사회에 개발되어 이용되기 때문에 특별히 유지·관리할 필요가 있다. 나아가서는 천재지변, 화재, 도난 등에 대비하여 비상시에 각종 기능이 확실히 작동할 수 있도록 유지·관리되어야 한다. 학교시설과 설비를 유지·관리할 내용은 다음과 같다.

첫째, 보수 및 수선을 하여야 한다. 학교시설이 설비의 정상적인 성능을 유지하기 위하여 수시로 소모품 교체, 부품 교환 및 정비가 필요하다. 고장이 난 후에는 '사후보전'을 위하여 보수·수선하여야 한다. 둘째, 건물 내외의 환경을 청결하게 하여야 한다. 청결한 실내·외 환경유지는 건물의 미관을 보호할 뿐만 아니라 건물의 수명연장, 업무의 효율화, 구성원의 건강관리 등의 차원에서 필요하다. 청소는 바닥, 벽체, 창호 부분의 재질에 맞게 조심스럽게 행해야 한다. 셋째, 정기적으로 진단과 점검을 하여야 한다. 점검·진단을 통하여 건물의 기능 및 성능의 상태, 소모의 정도를 파악한 후에 고장이 발생하기 전에 예방적인 조치를 취하는 '예방보전'을 하여야 한다. 넷째, 보안에 철저하여야 한다. 화재, 태풍, 도난 등에 대처하기 위한 설비가 비상시에 정상적으로 가동할 수 있도록 관리에 각별히 유의해야 한다. 다섯째, 안전사고 예방을 위한 점검을 하여야 한다. 학교안전사고란 학생과 교직원이 자신의 의사와 관계없이 입게 되는 각종 사고를 말한다(서울특별시 교육정보원, 2006). 학교에서 발생할 수 있는 안전사고는 위험장소의 붕괴, 맨홀의 방치, 이동식 체육시설의 고정조치 소홀, 놀이기구의 부실, 교실창문 · 외벽타일 · 벽돌 등의 추락, 실험 · 실습에서 부주의, 교실 출입구 · 복도 모퉁이 · 계단에서 충돌 등이 있다. 안전사고를 예방하기 위해서는 일상점검, 정기점검, 정밀안전진단 등이 필요하며, 수시로 안전교육도 실시하여야 한다. 여섯째, 필요시에는 관할 교육청에 기술지원을 요청해야 한다. 구조체의 균열발생, 시설물 추가 설치, 바닥하중의 증가, 증 · 개축 및 용도변경, 기존벽체 철거 및 개구부 설치, 인근지역 대형공사 등의 경우에는 관할 교육청에 연락하여 기술지원을 받아서 처리한다.

지도자의 첫 번째 의무는 특별한 노력없이 자신이 사랑 받게 만드는 것이다
어느 누구에게도 심지어 스스로에게도 아부하지 않고 자연히 사랑 받는 것이다.
〈앙드레 말로〉

Check! Check!

01 다음 중 교육을 효율적으로 계획하고 운영하며 평가하는 행위를 무엇이라 하는가?

① 교육자치제
② 교육행정
③ 교육평가
④ 교육정책

02 교육행정의 원리를 설명하시오.

03 교육인사관리의 범위와 영역을 서술하시오.

04 교육행정의 성격에 대하여 설명하시오.

객관식 정답 01. ②

Chapter 12

교직과 교사

교육목표

- 교직의 중요성과 전문성을 이해한다.
- 교직의 유형(성직자관, 노동자관, 전문직관)을 이해한다.
- 교사의 윤리강령을 이해한다.
- 교사의 임무, 윤리, 바람직한 교사상에 대해 이해한다.

1 교직의 의미

'교육'은 인간의 성장과 발달 또는 개인의 자아실현을 돕고 바람직한 사회의 성원으로서 적응할 수 있도록 안내하는 일이다. '교직'이란 전문직으로서 사람을 가르치고 기르는 일을 하는 직업으로 이에 필요한 고도의 지적 능력과 남다른 사명감을 가지고 준비 기간도 비교적 장시간이 요구된다. 교직을 좀 더 이해하기 위해 전문직에 대한 준거와 전문직으로서의 교직의 특성, 교직관을 중심으로 살펴보고자 한다.

1) 전문직으로서의 교직

교직이 전문직이기 위해서는 다음의 준거(김종철 외, 1983)를 만족하여야 한다.

❶ 고도의 지성을 요구하는 정신적 활동을 위주로 한다.
❷ 심오한 학문의 이론과 그 응용에 기초를 둔다.
❸ 그 직업에 들어가려는 자에게 엄격한 자격기준을 확립한다.
❹ 고도의 자유를 갖는 반면에 중대한 사회적 책임을 느낀다.
❺ 이기적 활동보다는 애타적 동기를 중시하는 봉사활동을 한다.
❻ 스스로 자체의 행동을 규율하는 윤리강령을 갖는다.
❼ 자율적 조직체를 통하여 사회적·경제적 지위를 향상시키고 전문성을 제고한다.

위의 내용을 토대로 전문직으로서의 교직 특성을 살펴보면, 다음과 같다.

❶ 고도의 지적 능력을 필요로 하며 교직 수행을 위하여 계속적으로 연구해야 한다.

❷ 교원이 되기 위해서는 장기간의 준비교육이 필요하며 교원이 된 후에도 계속적인 자기성장을 위한 노력을 해야한다.

❸ 교원은 자신들이 지켜야 할 윤리강령을 가지고 있다.

❹ 교원은 봉사 지향적이어야 하며 사회적 책임이 강조된다.

❺ 교원은 자율성을 가지며 단체교섭활동을 위한 자치적인 단체를 조직한다.

2) 교직과 교직관

교직관이란 교직의 본질과 성격을 이해하는 관점을 의미한다. 이러한 관점은 실제 그 일과 관련된 사람들이 상호작용할 때 기본 태도나 신념을 결정하기 때문에 매우 중요하다. 고전(1997)이 전통적인 교직관과 근대적인 교직관을 정리하여 설명한 표를 살펴보면 다음과 같다(박은혜, 2003/2011).

표 12.1 ● **교직관**

교직관	교사지위 유형	교직원 본질	교사 지위 명칭	교사지위 기능
성직	인격자	인격성(윤리성)	스승(선생)	본질적 지위
전문직	전문가	전문성(자율성)	교육자(교사)	
노동직	근로자	근로성	교육 근로자(교육 노동자)	수단적 지위
공직	공직자	공공성	교원(교육 공무원)	

교직관은 성직관, 전문직관, 노동직관, 공직관의 다양한 관점으로 생각해 볼 수 있다. 이러한 다양한 관점은 교사가 자신의 교직관을 어떻게 가지고 행동하느냐에 따라 그 의미가 달라진다. 자신이 '교육하는 행위'를 소명이라고 생각하고 헌신한다면 이는 성직이 되지만, 단순히 임금을 받고 그만큼만 가르치겠다고 생각한다면 그 사람에게 교직은 단순한 노동직일뿐이 된다.

2 교사의 직무

1) 교사의 법적 직무

현행 교사의 직무에 관련되는 사항은 헌법 제31조 제6항에 의거하여 법률로 정해져 있으며, '교육기본법', '초·중등교육법 및 시행령', '교육공무원법', '국가공무원법', '학교보건법' 등에 제시되고 있다.

교사의 직무 영역은 다음과 같다.

❶ 학생 교육 및 관리 영역

❷ 전문성 신장 영역

❸ 복무 영역

❹ 대외관계 영역

교사는 법령에 따라 학생을 교육하되 교육과정을 운영하는 한편, 방송 프로그램과 정보통신매체, 교외 체험학습 등과 같이 다양한 매체를 활용하여 수업지도를 하게 되어 있다. 학생 지도는 학업성취도뿐만 아니라 인성 등을 종합적으로 관찰·평가하여야 한다. 학생 생활지도 역시 학생의 인격을 존중하여 훈육과 훈계 등의 방법을 활용하여 지도해야 하는 것이 규정되어 있으며, 학생의 자치활동을 권장·지도하게 되어 있다.

교사 자신을 위해서도 교육자로서 갖추어야 할 품성과 자질을 향상시키는 노력을 기울임과 동시에 교육공무원으로서의 직책을 수행하는 데 필요한 연구와 수양을 쌓는 것에 노력하게 되어 있다. 또한 수업에 지장이 없는 범위 내에서 소속기관장의 승인을 얻어 연수를 받을 수 있다.

표 12.2 ● 교사의 법적 직무

영 역	하위 영역	내 용	관련 근거
학생교육 및 관리	교육과정 및 수업	• 교사는 법령에 정하는 바에 따라 학생을 교육한다. • 교육과정을 운영하며, 방송 프로그램, 정보통신매체, 교외 체험학습 등을 활용하여 학생에게 수업할 수 있다.	• 초·중등교육법 제20조 제3항 • 초·중등교육법 제23조 제1항 및 동법 시행령 제48조
	학생평가	• 학생의 학업 성취도 및 인성 등을 종합적으로 관찰·평가하여 학생 지도 및 상급학교의 학생 선발에 활용할 수 있는 자료를 작성·관리한다.	• 초·중등교육법 제25조
	학생 생활지도	• 학생의 인격이 존중되는 교육적 방법으로 훈육과 훈계 등으로 지도할 수 있다.	• 초·중등교육법 제18조 및 동법 시행령 제31조
	학생 자치 활동지도	• 학생의 자치활동을 권장·보호하기 위하여 필요한 사항을 지원해야 한다.	• 초·중등교육법 시행령 제30조
	건강증진지도	• 학생의 영양관리, 질병의 치료와 예방 등을 위해 필요한 지도를 해야 하며, 체력 향상을 도모하기 위하여 신체검사를 실시한다.	• 학교보건법 제7조, 제9조 • 학교신체검사 규칙 제2조
전문성 신장	자질함양	• 교원은 교육자로서 갖추어야 할 품성과 자질을 향상시키기 위하여 노력해야 한다.	• 교육기본법 제14조 제2항
	연구개발	• 교육공무원은 그 직책을 수행하기 위하여 연구와 수양에 노력해야 한다.	• 교육공무원법 제38조 제1항
	연수	• 교원은 수업에 지장이 없는 한 소속기관장의 승인을 얻어 연수기관 또는 근무 장소 이외의 시설/장소에서 연수할 수 있다.	• 교육기본법 제14조 제2항
복무	이행의무	• 공무원은 성실, 복종, 친절, 공정, 비밀엄수, 청렴, 품위 유지의 의무 등을 수행해야 한다.	• 교육공무원법 제41조 제1항
	금지의무	• 직장 이탈 금지, 정치운동 금지, 영리업무 및 겸직 금지, 집단 행위 금지의 의무 등을 수행해야 한다.	• 국가공무원법 제56-61조, 제63조-66조
대외관계	전문/교원 단체 참여	• 교원은 상호 협동하여 교육의 진흥과 문화의 창달에 노력하며, 교원의 경제적·사회적 지위를 향상시키기 위하여 각 지방자치 단체 및 중앙에 교원단체를 조직할 수 있다.	• 교육기본법 제15조 제1항

2) 교사의 일상적 직무

교사가 일상적으로 수행하는 직무는 다음과 같다.

❶ 교과지도(수업준비, 수업진행, 수업정리 및 평가)

❷ 특별(재량)활동지도

❸ 학급담임으로서의 생활지도(생활지도계획, 생활지도실행, 생활지도결과의 정리 · 평가, 학생들에 대한 진로 · 진학지도)

❹ 학급경영

❺ 학교경영 참여

❻ 학부모 · 지역사회관계

❼ 전문성 개발 등이다.

그중에서 특히 학생들과 직접적으로 접촉하면서 이루어지는 교과지도, 특별(재량)활동지도, 학급담임으로서의 생활지도, 학급경영 등의 영역에서 직무수행의 중요도가 높다.

표 12.3 ● **교사의 일상적 직무**

영 역	직무내용
교과지도	• 수업준비 −학생의 학습활동 관련 특성 파악 −교재연구 −학습지도안 작성 −수업자료 및 각종 기자재 준비 • 수업진행 −학생의 동기유발 −수업 주제 및 목표의 명료화 −학습지도안에 따른 수업 운영 −적절한 학습지도 방법 활용 −효과적인 질문 −효과적인 의사소통 −수업자료와 각종 기자재의 적절한 활용 −학생들의 개인차 고려 −간결 명료한 판서 −학습기회의 균등한 분배

(계속)

영 역	직무내용
교과지도	• 수업의 정리 및 평가 −수업내용의 정리 및 차시 예고 −과제물 부여와 처리 −학습활동에 대한 평가 −수업지도에 대한 교사 자신의 반성과 평가
특별(재량) 활동지도	• 적절한 특별(재량)활동계획 수립 • 특별활동에 대한 적극적 자세 지도 • 특별활동지도에 필요한 능력과 기능의 구비 • 학생 전체의 적극적인 참여 유도 • 학생의 특별활동결과에 대한 평가 • 특별활동지도에 대한 교사 자신의 반성과 평가
학급 담임으로서의 생활지도	• 생활지도계획 −학생의 개인적 문제와 부적응 행동에 대한 자료 수집 −학생들의 일반적인 성장 패턴과 행동의 이해 −생활습관의 생활화 지도 • 생활지도실행 −적절한 생활지도방법의 활용 −각종 심리검사의 활용 −생활습관의 생활화 지도 −교내외 순시지도 −생활지도에 대한 자세 • 생활지도결과의 정리 및 평가 −생활지도 및 결과의 정리·기록 −생활지도에 대한 반성과 평가 −상담결과의 비밀유지 • 학생들에 대한 진로(진학)지도 −학생들의 진로(진학)지도 관련 자료 수집 −진로(진학) 자료의 활용 −합리적인 진로(진학)지도 −진로(진학)지도에 대한 적극적인 자세 −졸업생에 대한 추후지도
학급 경영	• 자율학습지도 • HR 및 학급생활위원회 활동지도 • 학습 환경 조성 • 학급 내 제장부 관리 • 조·종례 실시 • 학생들의 신상 파악 • 성적 유지 및 향상 독려 • 학급 내 규율·질서유지 • 각종 성금 침 폐품 등의 수합·독려 • 학급 학생들의 사기 양양 • 학급 전체 학생에 대한 공평한 관심

(계속)

영 역	직무내용
학교경영 참여	• 직원회의 참여 • 각종 위원회 참여 • 다망 교무분장 업무처리 • 각종 규정, 규칙, 내규의 숙지 • 각종 학교행사 참여(자아·국토 탐구, 졸업식 등) • 학교운영 개선에 관한 건설적 제안
학부모·지역 사회관계	• 학생의 학교 및 가정생활에 대한 정보 교환 • 학교 일에 대한 학부모의 관심과 참여 • 학부모와의 원만한 인간관계 유지 • 학생문제 해결을 위한 학부모와의 긴밀한 협조 • 학교, 학급 일에 대한 동문들과의 협조관계 유지 • 지역사회 주민과의 협조관계 유지
전문성 개발	• 교내 자체연수 참여 • 각종 교외 연수 및 워크숍 참여 • 교과교육 연구모임 참여 • 동료 교사들 간 공동연구·협의 및 자료 개발 • 교내외 연구·공개 수업 참여 • 대학원 과정 이수 • 개인별 연구·저술·창작활동 • 전문단체·기관 방문을 통한 교육 자료 및 정보 수집 • 교육관련 서적과 시청각매체를 통한 전문지식 습득 • 녹음·녹화를 통한 자기 수업분석 • 교사로서의 능력 개발을 위한 학원·사회교육 강좌 수강

3 교사의 자질

교사에게 요구되는 자질이 무엇인가에 대한 논의는 다양하게 이루어져 왔다. 일반적으로 ① 성향적 접근, ② 유형적 접근, ③ 기능적 접근방법의 세 가지를 중심으로 논의가 이루어져 왔다(윤종건, 전하찬, 1988).

성향적 접근은 바람직한 교사가 어떠한 특정의 성향 또는 특성을 갖고 있는가 하는 문제에 초점을 두어 바람직한 교사와 그렇지 못한 교사를 구별 짓는 심리적인 성향 특성을 찾아내려는 접근방법을 말한다. 바람직한 교사는 어떤 특정한 가치관, 태도, 흥미, 적응 형태 등을 갖는다는 것을 상정한다. 이러한 특성들은 학생의 특성이나 교수학습 상황의 특성과 비교적 독립적으로 교사의 능률성을 결정한다는 것이다. 대체로 바람직한 교사는 건전한 자아개념을 갖고 있으며, 정서적으로 안정되어 있고, 객관성을 유지하고, 친근감이 있으며, 사교적인 성향 특성을 갖고 있다는 것 등의 주장이 성향적 접근에 기초한 주장이다.

유형적 접근은 교수-학습 상황에서 관찰되는 교사의 행동유형에 따라서 교사를 분류하는 접근방법이다. 교사가 수업 장면에서 보여주는 행동양식은 몇 가지 유형으로 묶을 수 있다는 것이다. 예를 들면 교사의 언어적 행동에 초점을 두어 지배적 행동과 통합적 행동으로 유형화한 것(Anderson), 지시적 통제와 비지시적 통제로 유형화한 것(Flanders) 그리고 교사를 전제적 지도형, 민주적 지도형, 자유방임적 지도형으로 구분한 것(Lewin 외) 등이 유형적 접근에 기초한 연구이다(윤종건 · 전하찬, 1988: 70-72에서 재인용).

기능적 접근은 교사의 능률성이 수업활동이 이루어지고 있는 교실 상황에서 교과목의 내용상 특성, 학습자 특성, 수업 상황, 구조적 과정적 특징 등과 관련되어 있음을 상정한다. 따라서 바람직한 교사의 자질은 교육내용, 대상, 수업 환경에 따라 달라질 수 있다는 것이다. 이는 교사와 학생 간의 상호작용 과정 속에서 학습효과를 높이는 교사의 행동을 확인하려는 접근방법이다. 일반적으로 처해 있는 상황에서 적절히 교수방법을 바꾸어 가며 융통성과 창의성을 발휘하여 효과적인 교육을 할 수 있는 교사가 바람직한 교사라고 하겠다.

바람직한 교사의 자질은 보는 관점에 따라서 달리 인식될 수 있지만, 훌륭한 교사는 교직에 대해 바람직한 태도와 가치관을 가져야 하며, 교직수행에 필요한 지식 및 이해, 기술 및 실기능력을 가져야 한다. 또한 건전한 인성과 정신적 건강, 신체적 건강 등의 개인적 영역에서도 바람직한 특성이 요구된다.

4 교직윤리

윤리란 사람으로서 마땅히 행하거나 지켜야 할 도리로서 도덕성에 관한 비판적 숙고를 포함한다. 어떤 직업에서 요구하는 도덕적 원칙이 있다면, 그것은 직장 내에서 해야 할 것과 하지 말아야 할 것에 대한 기준을 말해준다(이영애, 2001). 윤리는 강제력이 수반되는 법률과는 달리 인간의 자율적 판단에 근거하며, 사람들의 양심이나 사회의 습관을 기본으로 하여 사회적 규범에 합치된다.

전문직의 윤리강령은 전문직 구성원이 집단적, 조직적으로 수행하는 과업에 관한 비판적 숙고에 기초하고 있으며, 전문직 종사자들이 과제를 수행하는 도중에 상충된 의무나 책임에 직면하게 될 때 무엇을 해야만 하는지에 대한 지침을 제공한다(이영애, 2001). 우리나라는 모든 교원에게 적용되는 윤리규정인 사도강령과 사도헌장이 있다. 1982년 5월 15일 대한교육연합회 대의원회에서 채택·공포된 사도강령은 전문과 제1장 스승과 제자, 제2장 스승의 자질, 제3장 스승의 책임, 제4장 교육자와 단체, 제5장 스승과 사회로 구분되어 있다.

5 사도강령

민주국가의 주인은 국민이므로 나라의 주인을 주인답게 길러내는 교육은 가장 중대한 국가적 과업이다.

우리 겨레의 오랜 역사와 찬란한 문화를 계승, 발전시키며, 선진국 대열에 합류하여 인류복지 증진에 주도적으로 기여하려면 무엇보다도 문화국민으로서의 의식 개혁과 미래 사회에 대비한 창의적이고 민주적인 인간육성에 온 힘을 기울여야 한다. 그러기 위하여 우리의 교육자는 국가발전에 민족 중흥의 선도자로서의 사명과 긍지를 지니고 교육을 통하여 각자의 능력을 최대한으로 개발하며, 개인의 자아실현과 국력의 신장 그리고 민족의 번영을 위해 열과 성을 다하여야 한다. 또한 교육자의 품성과 언행이 학생의 성장발전을 좌우시킬 뿐만 아니라 국민윤리 재건의 관건이 된다는 사실을 명심하고, 사랑과 봉사, 정직과 성실, 청렴과 품위, 준법과 질서에 바탕을 둔 사도 확립을 위해 우리 스스로 헌신하여야 한다.

이러한 우리의 뜻은 교직에 종사하는 모든 교직자가 주체의식을 가지고 노력해야만 이루어질 수 있다는 것을 인식하고, 사도헌장 제정에 때 맞추어 우리의 행동지표인 현행 '교원 윤리강령'을 '사도강령'으로 개정하여 이를 실천함으로써 국민의 사표가 될 것을 다짐한다.

제1장 스승과 제자

스승의 주된 임무는 제자로 하여금 고매한 인격과 자주 정신을 가지고 사회에 봉사할 수 있는 유능한 국민을 육성하는 데 있다.

- 우리는 제자를 사랑하고 그 인격을 존중한다.
- 우리는 제자의 심신발달이나 가정의 환경에 따라 차별을 두지 아니하고 공정하게 지도한다.
- 우리는 제자의 개성을 존중하며, 그들의 개인차와 욕구에 맞도록 지도한다.
- 우리는 제자에게 직업의 존귀함을 깨닫게 하고, 그들의 능력에 알맞은 직업을 선택하도록 지도한다.
- 우리는 제자 스스로 원대한 이상을 세우고, 그 실현을 위하여 정진하도록 사제 동행한다.

제2장 스승의 자질

스승은 스승다워야 하며 제자의 거울이 되고 국민의 사표가 되어야 한다.

- 우리는 확고한 교직관과 긍지를 가지고 교직에 종사한다.
- 우리는 언행이 건전하고 생활이 청렴하여 제자와 사회의 존경을 받도록 한다.
- 우리는 단란한 가정을 이룩하고 국법을 준수하여 사회의 모범이 된다.
- 우리는 학부모의 경제적·사회적 지위를 이용하지 아니하며 또한 이에 좌우되지 아니한다.
- 우리는 자기 향상을 위하여 전문적인 지식과 전문화된 기술을 계속 연마하는데 주력한다.

제3장 스승의 책임

스승은 제자 교육에 열과 성을 다하여 맡은 바 책임을 다하여야 한다.

- 우리는 사회의 일원으로 모든 책임과 의무를 다한다.
- 우리는 교재연구와 교육자료 개발에 만전을 기하여 수업에 최선을 다한다.
- 우리는 생활지도의 중요성을 인식하여 제자들이 올바른 사람이 될 수 있도록 지도에 철저를 기한다.
- 우리는 교육의 성과를 공정하게 평가하고, 이를 교육에 충분히 활용한다.
- 우리는 제자와 성인들을 위한 정규교과 외의 활동에 적극 참여한다.

제4장 교육자와 단체

교육자는 그 지위의 향상과 복지 증진을 위하여 교직단체를 조직하고 적극 참여함으로써 단결된 힘을 발휘할 수 있다.

- 우리는 교직단체 활동을 통하여 교직자의 처우와 근무조건의 개선을 꾸준히 추진한다.
- 우리는 교직단체 활동을 통하여 교직자의 자질 향상을 기함으로써 교원의 확립에 박차를 다한다.

- 우리는 편당적·편파적 활동에 참여하지 아니하고 교육을 그 방편으로 삼지 아니한다.
- 교직단체는 국가 주요 교육정책 결정에 참여하여 교육자의 여망과 주장을 충분히 반영시킨다. 교직단체는 교육자의 혁신과 국가의 발전을 위하여 다른 직능단체나 사회단체와 연대 협동한다.

제5장 스승과 사회

스승은 제자의 성장 발달을 돕기 위하여 학부모와 협력하여 학교와 사회 간의 상호작용의 원동력이 되고 국가발전의 선도자가 된다.

- 우리는 학교방침과 제자의 발달상황을 가정에 알리고, 학부모의 정당한 의견을 학교교육에 반영시킨다.
- 우리는 사회 실정을 정확하게 파악하고 지역사회의 생활과 문화향상을 위하여 봉사한다.
- 우리는 사회적 요구를 교육계획에 반영하며 학교의 교육활동을 사회에 널리 알린다.
- 우리는 국민의 평생교육을 위하여 광범위하게 협조하고 그 핵심이 된다.
- 우리는 확고한 국가관과 건전한 가치관을 가지고 국민의식개혁에 솔선수범하며, 국가발전의 선도자가 된다.

나는 교사다. 교사는 누군가를 이끌어 주는 사람이다.
여기엔 마법이 있을 수 없다. 나는 물 위를 걸을 수 없으며,
바다를 가를 수도 없다. 다만, 아이들을 사랑할 뿐이다.
〈마바 콜린스(Marva Collins)〉

Check! Check!

01 다음 중 전문직의 특징으로 옳지 않은 것은?

① 사회적인 봉사보다 개인적인 이익을 강조한다.
② 장기간의 전문화된 훈련이 필요하다.
③ 강력한 전문적 단체를 갖는다.
④ 자격증을 필요로 한다.

02 교원의 의무 중 '교원은 항상 사표가 될 품성과 자질의 향상에 힘쓰며, 학문의 연찬과 교육의 원리와 방법을 탐구·연마하여 국민교육에 전심전력해야 한다'와 관계가 깊은 것은?

① 비밀엄수의 의무
② 품위유지의 의무
③ 성실, 복종의 의무
④ 교육 및 연구활동의 의무

03 다음 중 교사의 학생과 관련된 윤리의 내용에 해당하지 않는 것은?

① 공식적으로 주어진 법적 의무를 성실히 수행해야 한다.
② 학생들을 하나의 인격체로 공정하게 대우해야 한다.
③ 개인차를 존중하고 개인의 특성에 적합한 교육적 처방을 내려야 한다.
④ 교사는 학생에 대한 사랑의 마음을 가져야 한다.

04 교원의 전문성을 신장하는 방법에 대해 서술하시오.

객관식 정답 01. ① 02. ④ 03. ①

참고문헌

강갑원 외 3인(2005). 교육학개론. 서울: 교육과학사.

강봉규(1988). 교육심리학. 서울: 형설출판사.

강영삼 외(2007). 새로운 교직과정을 위한 교육학개론. 서울: 교육과학사.

고벽진 외 4인(2006). 신 교육사회학. 서울: 교육과학사.

권건일 외 1인(2006). 교육학개론. 경기: 양서원.

권대훈(2005). 교육평가. 서울: 학지사.

권대훈(2006). 교육심리학의 이론과 실제. 서울: 학지사.

권은순(2003). 수학과 수행평가에 대한 분석 연구. 경희대학교 석사학위논문.

김경범(2017). 학교 교육제도의 변화. '대한민국 미래교육보고서' 출간 기념 : 4차 산업혁명시대에 대응하기 위한 차기 정부 미래교육 혁신 방안 정책 세미나 자료집.

김경식 · 이병환 역(2005). 교육사회학. 서울: 교육과학사.

김병희 · 김형구 · 배재학 · 이기용 · 이영애 · 정길영 · 최병욱(2008). 교육학개론. 경기: 공동체.

김성곤(2005). 수행평가 유형과 수학 학업 성취도의 상관관계에 관한 조사 : 서술형 검사법과 포트폴리오법을 중심으로. 국민대학교 교육대학원 석사학위논문.

김승현(2011). 대학생들의 평생교육에 관한 인식연구. 대진대학교 석사학위논문.

김신일(1993). 교육사회학(개정증보). 서울: 교육과학사.

김운삼 · 구서연 · 심성희 · 이길동 · 이은희 · 이치균 · 장석경(2017). 교과교재연구 및 지도법. 경기: 양성원.

김이영 · 백경숙 · 전재선 · 최윤희 · 한용기 · 홍성훈(2014/2015). 교육심리학. 경기: 양서원.

김자영(2013). 성인여성 평생교육에서 '자기 삶 성찰 교육' 사례분석. 이화여자대학교 대학원 석사학위논문.

김종서 외(1989). 교육과정과 교육평가. 서울: 교육과학사.

김종철(1978). 교육행정의 이론과 실제. 서울: 교육과학사.

김준규 외 4인(2005). 예비교사를 위한 교육방법의 이론과 실제. 서울: 학지사.

김진숙(2017). 미래사회 변화와 교육의 방향. KERIS 종합교육연수원 초등교원 직무연수 : 4차 산업혁명시대의 미래교육 준비하기 자료집. p.3-9.

김한욱(2018). 4차 산업혁명 시대의 음악대학 교육과정 연구-음대생들의 인식을 중심으로. 가톨릭대학교 글로벌융합대학원 석사학위논문.

김희수·최정선·홍성훈(2014/2017). 이해하기 쉽게 쓴 교육학개론. 서울: 동문사.

남명호·김성숙(2005). 수행평가 이해와 적용. 서울: 문음사.

남명호·김성숙·지은림(2000). 수행평가 이해와 적용. 서울: 문음사.

남명호(1995). 수행평가의 타당성 연구. 고려대학교 박사학위논문.

라경석(1998). 중학교 생활지도의 조직과 운영에 관한 교원 만족도 연구. 목포대학교 대학원 석사학위논문.

문은식·박선환·정미경(2007/2015). 2판 교육심리학. 경기: 공동체.

박균섭(2006). 화랑제도에 대한 일본인 연구자들의 사각 비판. 박연호 편. 논문으로 읽는 교육사(pp.103-135). 서울: 문음사.

박영숙 외(1999). 학교급별, 직급별, 취득자격별 교원 직무수행 기준에 관한 연구. 한국교육개발원.

박영진·장성화(2014/2016). 개정판 최신 교육학의 이해. 서울: 동문사.

박은혜(2003/2011). 유아교사론. 서울: 창지사.

박은희(2003). 수행평가를 통한 수학학습지도의 효과와 방향. 성신여자대학교 교육대학원 석사학위논문.

박인희(2006). 평생교육관점에서 본 초등교사의 자기개발 요구분석. 이화여자대학교 교육대학원 석사학위논문.

박종배(2003). 조선시대 학교의례 연구. 서울대학교 대학원 박사학위논문.

백순근(1995). 교수-학습 평가의 새로운 대안: 수행평가를 중심으로 초등교육연구. vol.6.No. p.3-20.

백순근(1998). 수행평가의 이론과 실제. 서울: 원미사.

백영균 외 7인(2007). 교육방법 및 교육공학. 서울: 학지사.

변영계·김영환·손미(2006). 교육방법 및 교육공학. 서울: 학지사.

변영계(2006). 교수·학습 이론의 이해. 서울: 학지사.

사회복지교육연구센터(2015). 인간행동과 사회환경. 서울: 나눔의 집.

사회복지교육연구센터(2016). 사회복지조사론(사회복지사 1급 기본서). 서울: 나눔의 집.

손유식(2006). 교육철학 및 교육사. 서울: 도서출판 경남.

신득렬 외(2005). 쉽게 풀어 쓴 교육철학 및 교육사. 경기: 양서원.

신차균·안경식·유재봉(2006). 교육철학 및 교육사의 이해. 서울: 학지사.

신천식(1995). 고려교육사연구. 서울: 경인문화사.

안종배(2017). 제4차 산업혁명시대 대한민국 미래교육 패러다임 대전환. '대한민국 미래교육보고서' 출간 기념 : 4차 산업혁명시대에 대응하기 위한 차기 정부 미래교육 혁신 방안 정책 세미나 자료집.

오성삼 · 구병두 · 양영선(2002). 교육학의 이해. 서울: 양서원.

오성삼 · 구병두(1997). 교육과정 및 평가의 이해. 서울: 양서원.

오윤선(2017). 교육심리학. 서울: 창지사.

오인예(2016). 영유아 생활지도에서 보육교사가 갖는 보람과 어려움. 중앙대학교 교육대학원 석사학위논문.

우용제(1999). 조선후기 교육개혁론 연구. 서울: 교육과학사.

유지선(2009). 수행평가의 문제점 분석과 개선방안 연구. 목포대학교 교육대학원 석사학위논문.

윤정일 외(2005). 신교육학의 이해. 서울: 학지사.

윤희면(2005). 조선시대 서원과 양반. 서울: 집문당.

이돈희 · 조화태(1995). 교육철학. 서울: 한국방송통신대학교출판부.

이병승 · 우영효 · 배재현(2006). 쉽게 풀어 쓴 교육학. 서울: 학지사.

이봉재(2016). 사회복지조사론. 서울: 신정.

이선화(2017). 교육학-상, 하. 서울: 미래가치.

이성무(1994). 한국의 과거제도. 서울: 집문당.

이영애(2001). 유아교육에서의 교직윤리. 유아교육담당 장학사 연수 교재. 서울: 한국어린이육영회.

이용남 · 신현숙(2010/2017). 교육심리학. 서울: 학지사.

이윤식(2001). 학교경영과 자율장학. 서울: 교육과학사.

이정아 · 장석경 · 고연경 · 박은주 · 남규(2013/2016). 수정판 영유아를 위한 보육과정. 서울: 동문사.

이종각(2006). 교육사회학. 서울: 동문사.

이종욱(2017). 우리에게 4차 산업혁명이란 무엇인가. 2017년 신구대학교 엑스포 보육 컨퍼런스 자료집. p.1-11.

이채욱(2017). 직업 흥미, 가치, 지식, 역량과 제4차 산업혁명에 따른 고용 대체 위험도 분석. 고려사이버대학교 융합정보대학원 석사학위논문.

이철웅(2010). 교직실무의 이론과 실제. 서울: 서현사.

이칭찬 외(2003). 교육학의 이해. 서울: 학지사.

이형행 · 고전(2001). 교육행정론. 서울: 양서원.

이형행(2006). 교육학개론. 경기: 양서원.

임연기(1998). 교육에 대한 국민의식 조사연구. 한국교육개발원.

임일남 외(2006). 교육학개론. 서울: 동문사.

임재윤(2006). 교육의 역사와 사상. 서울: 문음사.
임종헌 · 유경훈 · 김병찬(2017). 4차 산업혁명사회에서 교육의 방향과 교원의 역량에 관한 탐색적 연구. 한국교육 Vol.44, No.2. p.5-32.
장재천(2000). 조선조 성균관교육과 유생문화. 서울: 아세아문화사.
정순목(1989). 한국서원교육제도 연구. 영남대학교 민족문화연구소.
정혜정(2005). 한국교육사상. 서울: 문음사.
Comenius 저 · 정확실 역(1996). 대교수학. 서울: 교육과학사.
진동섭 · 이윤식 외(1995). 중동학원 교원 평가 · 보상 및 연수 체제 연구. 서울대학교 교육연구소.
채선희(1998). 교육학 대백과사전. 서울: 서울대학교 교육연구소.
Aristotle/Xenophon 저 · 최자영 · 최혜영 역(2002). 고대 그리스 정치사 사료: 아테네 스파르타 테바이 정치제도. 서울: 신서원.
최철용 외(2006). 교육방법의 기초. 서울: 문음사.
팽영일(2004). 교육의 철학과 역사. 경기: 양서원.
한방교 · 윤길근(2007). 교육의 이해. 서울: 동문사.
황성동(2015). 알기쉬운 사회복지조사방법론. 서울: 학지사.
황정규 · 이돈희 · 김신일(2006). 교육학개론. 서울: 교육과학사.

Adler, M. J.(1982). *The Paideia Proposal*. NY: Macmillan.
Blake, N., Smeyers, P., Smit, R. & Standish, P.(2003). *The Blackwell Guide to the Philosophy of Education*. Oxford: Blackwell Publishers Ltd.
Bloom, B. S.(1954). *Taxonomy of Educational Objectives*. Book1 Cognitive Domain. New York and London: Longman.
Bloom, B. S.(1956). *Taxonomy of Educational objectives*. Handbook Ⅰ: Cognitive Domain. NY: David Mckay Co.
Bloom, B. S.(1976). *Human characteristics and school learning*. NY: McGraw-Hill Book Co.
Boredens, K. S., & Abbott, B. B.(2008). *Research design and methods*. Boston: McGraw-HILL.
Brubacher, J. S.(1966). *A history of the problems of education*. NY: McGraw-Hill Book Co.
Bruner, J. S.(1960). *The process of education. Cambridge*: Harvard University Press.

Campbell, R. F., Cunningham, L. L., Nystrand, R. O., & Usdan, M. D.(1985). *The Organization and Control of American Schools*(4th ed.). Columbus, Ohio: Charles E. Merrill, A Bell & Howell.

Carroll, J. B.(1963). *A model of school learning*. Teachers College Record, 64, pp.723-733.

Chambliss, J. J.(1996). *Philosophy of Education: An Encyclopedia*. NY: Garland.

Cronbach, L. J.(1987). *Educational psychology*(4th ed.). NY: Harcout Brace Jovanovich, Inc.

Dewey, J.(1916). *Democracy and Education*. NY: The Macmillan Co.

Dewey, J.(1938). *Experience and Education*. NY: Macmillan Pub. Co.

Dukheim, E., *Education and sociology*.(S. D. Fox, Jr.). The Free Press. 이종각 역(1985). 교육과 사회학. 서울: 배영사.

Gagene, R. M.(1970). *The conditions of Leaning*. NY: Holt, Rinehart & Winston.

Gagnene, R. M., Brggs, L. J. and Wager, W. W. (1998). *Principle of instructional design*(3rd ed.). NY: Holt, Reinhart & Winston.

Gagn R. M.(1971). *The conditions of learning*. NY: Holt, Rinehart & Winston.

Gagn R. M.(1975). *Essentials of Learning for Instruction*. NY: Holt, Rinehart & Winston.

Gagn R. M.(1987). *Instructional technology: Foundations*. Hillsdale, NJ: Erlbaum.

Gagn R. M., Briggs, L. J., & Wager, W. W.(1988). *Principles of instructional design*. Fort Worth, TX: Holt, Rinehart and Winston.

Gall, M. D., Borg, W. R. & Gall, J. P.(2006). *Educational research*. NY: Longman Publishers.

Garder, H.(1983). *Frames of Mind: The Theory of Multiple Intelligence*. NY: Basic Books.

Gardner, H.(1993). *Creating minds*. NY: Basic Books.

Getzels, J. W., & Jackson, P. W.(1962). *Creativity and intelligence: Explorations with gifted students*. NY: Wiley.

Glaser, R.(1962). *Psychology and instructional technology*. In R. Glaser(ed.). Training research and education. Pitts.: University of Pittsburg Press.

Herbart, J. F.(1894). *Textbook of Psychology*. NY: Appleton.

Hoy, W. K., & Miskel, C. G.(2005). *Educational Administration: Theory, Research, and Practice*. NY: McGraw-Hill Companies, Inc.

Joyce, B., & Weil, M.(1986). *Models of Teaching. Englewood Cliffs*. NJ: Prentice-Hall.

Kaminsky, J. S.(1993). *A New History of Educational Philosophy*. Westpor, Connecticut: Greenwood Press.

Kneller, G. F.(1971). *Introduction to the philosophy of education*. NY: Willy & Sons, Inc.

Kohlberg, L.(1981). *Philosophy of moral development*. San Francisco: Harper and Row.

Langford, G.(1968). *Philosophy and Education: An Introduction*. Basingstoke: Macmillan.

Lieberman, M.(1960). *Education as a profession*. NY: Prentice-Hall Inc.

Lunenburg, F. C., & Ornstein, A. C.(2004). *Educational Administration: Concepts and Practices*(4th ed.). Belmont, CA: Wadsworth/Thomson Learning.

Mager, R. F.(1962). *Preparing Objectives for Programmed Instruction*. San Francisco: Feardon.

Piaget, J.(1970). *Science of Education and the Psychology of the Child*. NY: Grossman Publishers, Inc.

Power, E. J.(1996). *Educational Philosophy: A History from the Ancient World to Modern America*. NY: Garland.

Reigeluth, C.(1983). *Instructional-Design Theories and Models: An overview of their current status*. Hillsdale, NJ: Lawrence Erlbaum Associates.

Reiser, R. A.(2002). What field did you say you were in? Defining and naming our field. In R. A. Reiser, & J. V. Dempsey, Trends and issues in instructional design and technology(pp.5-15). Upper Saddle River, NJ: Merrill Prentice Hall.

Rogers, C. R.(1942). *Counseling and Psycbotberapy; Newer Concepts in Practice*. Cambridge: Houton Mifflin Co.

Rousseau, J. J.(1979). *Emile, trans. by A*. Bloom. NY: Basic Books.

Scheffler, I.(1966). *Philosophy and Education*. Boston: Allyn and Bacon.

Seels, B. B., & Richey, R. C.(1994). *Instructional technology: The definition and domains of the field*. Bloomington. IN: AECT.

Sergiovanni, T. J., Kelleher, P., McCarthy, M. A., & Wirt, F. M.(2004). *Educational Governance and Administration*(4th ed.). MA: Allyn and Bacon.

Skinner, B. F.(1971). *Beyond freedom and dignity*. NY: Knopf.

Skinner, B. F.(1953). *Science and Human Behavior*. NY: Macmillan.

Spencer, H.(1988). *Education: Intellectual, Moral and physical*. NY: Appleton.

Sternberg, R. J.(1985). *Beyond IQ: A triarchic theory of human intelligence*. NY: Cambridge Univ. Press.

Sternberg, R. J.(1988). *Mental self-government: A theory of intellectual styles and their development*. Human Development, 31, pp.197-224.

Sternberg, R. J.(1996). *Successful intelligence*. NY: Simon & Schuster.

Sternberg, R. J.(1986). *The Triarchic Mind: A New Theory of Human Intelligence*. NY: Viking

Sternberg, R. J., & O'Hara, L. A.(1999). Creativity and intelligence, In R. J. Sternberg(Ed.), Handbook of creativity(pp.251-272). NY: Cambridge Unive. Press.

Taba, H.(1962). *Curriculum development: Theory and practice*. NY: Harcourt.

Thorndike, E. L.(1918). The nature, purposes and general methods of measurements of educational products. In G. M. Whipple. The Measurement of Educational Products, Seventeenth Yearbook of the National Society for the Study of Education, Part Ⅱ, pp.16-24. Bloomington, IL: Public School Co.

Torrance, E. P.(1988). Creativity as Manifest in Testing. In R. J. Sternberg(Ed.), *The nature of creativity: Contemporary psychological perspectives*(pp. 43-95). N.Y.: Cambridge University Press.

Tyler, R. W.(1942). General statement on evaluation. Journal of Educational Researcher, 35, pp.492-501.

Tyler, R. W.(1949). *Basic Principles of Curriculum and Instruction*. Chicago: University of Chicago Press.

Vygotsky, L. S.(1978). *Mind in society: The development of higher mental process*. MA: Harvard University Press.

Vygotsky, L. S.(1986). *Thought and Language*. Cambridge, MA: MIT Press.

Waller, W.(1965). *The Sociology of Teaching*. NY: John Wiley.

Waston, J. B.(1924). *Behaviorism*. NY: W. W. Norton & Co. Inc.

Webb, R., and R. R. Sherman.(1989). *Schooling and Society*. NY: Macmillan.

Wilson, J.(1963). *Thinking with Concepts*. Cambridge: Cambridge Univ. Press.

Zais, R. S.(1976). Curriculum: Principles and Foundations. NY: Thomas Y. Crowell Co.

찾아보기

ㄱ

ㅅ

ㅇ

ㅋ

ㅌ

ㅍ

ㅎ

저자약력

안영진(安榮珍)

현 한양여자대학교 유아교육과 교수

- 교육학 박사(유아교육 전공)
- 한양여자대학교 유아교육과 초대 학과장
- 한양여자대학교 아동심리 교육센터 초대 교육 센터장
- 교육부 연구(프로젝트 스펙트럼-유아의 사회적 능력 발달 교육활동 자료)
- 건국대학교 박사 우수 논문상 수상
- 한양여자대학교 우수 저술상
- 전문대학협의회 "교수－학습 프로그램" 연구－개발: 한국 직업능력 원장상 수상
- 교육부장관상 수상
- (AP)부모교육 전문가
- 한국 영유아보육행정학회 부회장 역임
  서울대학교, 숙명여자대학교, 경희대학교 등 대학원 강의
- 한국몬테소리연구학회 이사
  한국 영유아보육행정학회 이사, 여성심리학회 이사, 한국심리학회 회원
  서울·경기 스펙트럼 연구회 수십 기관 교육 자문위원
- 한국 프로젝트 스펙트럼 연구회 회장
- 몬테소리·미술 치료사 전문가
- 북부 유치원 장학지도 역임
- 광진구 보육정보센터 자문위원, 성동구 보육정보센터 자문위원
- 아동심리전문가·청소년 상담 연구원(교육부 산하 한국교육연수원)
- 우리들은 1학년 교과부 심의위원 및 정책자문
- 한국 프로젝트 스펙트럼 제2저작권 소유(다중지능에 의한 아동 연구교육 프로그램 Ⅰ, Ⅱ, Ⅲ) : 〈하버드 대학연구〉
- Building on Children's Strengths : Project Spectrum(1)
  (다중지능에 의한 아동의 다양한 능력 개발 프로젝트, 창지사)
- Project Spectrum : Early Learning Activities(Project Spectrum2)
  (다중지능에 의한 아동의 다양한 능력 개발을 위한 프로그램, 창지사)
- Project Spectrum : Preschool Assessment Handbook(Project Spectrum 3)
  (다중지능에 의한 아동의 다양한 능력 개발을 위한 평가, 창지사)

■ 저서

부모교육. 나경. 2014
아동발달. 나경. 2014
누리과정에 따른 새 유아 사회교육. 2013. 교육과학사.
누리과정에 따른 생활 지도 및 상담. 2013. 창지사.
교육학개론. 창지사. 2012
다중지능에 의한 유아교육프로그램 평가: 한국적 스펙트럼 프로젝트의 활동과 평가 2. 창지사. 2011
다중지능에 의한 유아교육프로그램 평가: 한국적 스펙트럼 프로젝트의 이론과 활동편. 창지사. 2010

인성교육. 장지사. 2010
신 교육심리학. 정민사. 2010
가치로운 삶을 위한 리더십. 정민사. 2009
교육심리. 정민사. 2009.
21세기 적응하는 부모교육. 양서원. 2008
새로운 유아교육과정에 따른 유아사회교육. 2008
현대인의 정신건강. 창지사. 2007
아동발달. 공동체. 2006
아동상담. 동문사. 2006
다중지능에 의한 아동의 다양한 능력 개발을 위한 평가. 창지사. 2005
다중지능에 의한 아동의 다양한 능력개발 프로젝트. 창지사. 2004.
아동심리와 부모교육. 꾸벅. 2002
새 아동발달 연구. 꾸벅. 2002
다중지능에 의한 아동의 다양한 능력 개발을 위한 프로그램. 창지사. 2001
교육심리학. 창지사. 2001
아동상담. 동문사. 2001
유아의 사회적 능력 발달 교육활동자료. 교육인적자원부. 2000
유아생활지도. 삼광출판사. 1998
아동 심리의 발달과 이해. 정일. 1997
특수 아동 교육. 정일. 1997
新 영. 유아 발달 총서. 정일. 1997
부모교육 총론. 정일. 1996
특수아동지도. 길안사. 1996
新 아동발달 심리. 길안사. 1996

■ 논문

누리과정에 기초한 인성교육활동을 통한 유아 인성 행동변화와 친사회성 행동변화와의 관계. 2015.07.3
유보통합에 대비한 사립유치원의 바람직한 운영 모델안 연구. 2015.03.07.
유보통합에 대비한 사립유치원의 정보공시 방법론적 제안. 2015.03.07.
사례분석활동이 유아교사의 지식변화에 미치는 영향: '유아생활지도' 개념도를 중심으로. 한국영유아교원교육학회. 2011
다중지능 강점영역과 유아의 정서지능과의 상관관계분석. PECERA. 2010
프로젝트 스펙트럼 사회적 이해활동이 유아의 자아효능감과 친사회성에 미치는 영향. 2009전문대학 혁신 프로그램: 교수-학습 개선지원 사업 자료집. 2008
다중지능에 기초한 프로젝트 스펙트럼에 따른 유아의 강점 확인과 과정 고찰. 2007
다중지능에 기초한 프로젝트 스펙트럼에 따른 유아의 강점 구체화와 부모인식 변화과정 고찰. 한국유아교육보육정보학회. 2007
A Study on the day care prog ram to emhance the social and emotional development of Children. PECERA. 2006
종일제 유아교육 프로그램 모형개발- 프로젝트 스펙트럼 프로그램을 중심으로. 한국유아교육보육행정학회. 2006
다중지능에 의한 프로젝트 스펙트럼 바람 활동을 통한 유아의 자연탐구과정 조망. 한양여대 논문집. 2006
다중지능에 의한 스펙트럼 연구-'그림자' 프로젝트 & '거북선' 프로젝트. 서울초등다중지능교육연구회. 2005
Multiple Intelligence by Project Spectrum Activities: Prospect of assembly activities process. PECERA. 2005
다중지능 적용수업의 이론과 실제. 한국영유아보육행정학회. 2004
유아교육의 새로운 방향제시 및 평가 방법 모색. 한국영유아보육행정학회. 2004
한일 예비교사의 다중지능과 친사회적 행동의 관계연구. 한국영유아보육행정학회. 2004
프로젝트 스펙트럼에 의한 영역별 교육 연구 프로그램. 한국 영유아보육행정학회. 2003
프로젝트 스펙트럼에 의한 유아의 사회적 능력 발달 프로그램. 교육인적자원부. 2001
유아의 사회적 능력발달 프로그램 연구. 교육부. 2000.
다증지능 이론에 의한 프로젝트 스펙트럼 활동 유아의 사회적 능력발달 교육활동자료. 교육인적자원부. 2000
갈등상황 토론학습이 아동의 추론 능력과 조망수용능력에 미치는 효과. 1998
프로젝트스펙트럼에 의한 사회성 능력발달 프로그램이 유아의 정서지능에 미치는 효과 한양여대 논문집 2002
아동의 딜레마 토론 프로그램이 도덕추론과 조망수용 능력에 미치는 영향 연구
다중지능이론에 의한 프로젝트 스펙트럼 활동 유아의 사회적 능력발달 교육활동자료, 교육인적자원부 2000

저자약력

고연경

현 경인여자대학 아동보육과 초빙교수
한양여자대학 유아교육과 강의

전 르호봇·아이사랑·구리시청 직장 구리사랑어린이집 원장

■ 저서

유아논리 논술 교육. 동문사. 2012
영유아를 위한 보육과정. 동문사. 2013/2016

■ 논문

3, 4세 유아의 음운인식과 읽기 능력과의 관계. 건국대학교 석사학위논문
교육실습 후 유아예비교사가 바라는 실습지도교사 역할 내용분석-실습 지도교사역할 개념도를 중심으로 (공동연구). 2005
다중지능에 기초한 프로젝트 스펙트럼에 따른 유아의 강점 구체화와 부모인식 변화 과정고찰(공동연구). 2007
유아예비교사와 현직교사의 수학교육 교과내용에 대한 지식비교와 현직교사의 유아수학교육 실천적 지식의 내용에 대한 연구(공동연구). 2009
예비 유아교사의 효능감과 인성 및 행복감 간의 관계 연구(공동연구). 2013

교육학개론

초판 1쇄 인쇄 / 2018년 2월 20일
초판 1쇄 발행 / 2018년 2월 25일

공저자 / 안영진 · 고연경
발행인 / 이 중 수
발행처 / **동 문 사**

서울특별시 서대문구 홍제원 1길 12
(홍제동 137-8)
Tel : 02)736-3718(대), 736-3710, 3720
Fax : 02)736-3719
등록번호 : 제9-17호
가격 : 17,000원

ISBN : 978-89-8251-988-8 (93370)
E-mail : dong736@naver.com
www.dongmunsa.com

저자와의 합의하에 인지는 생략합니다.